A Vida do Iniciado

A Vida do Iniciado

Um Guia para o Caminho do Desenvolvimento Acelerado

Compilado das Palestras e Notas
de Estudo de Geoffrey Hodson

Tradução:
Raul Branco

EDITORA
TEOSÓFICA

The Initiate Life – A Guide to the Path of Hastened Unfoldement
Theosophical Publishing House,
Auckand, New Zealand, 2018

H692 Hodson, Geoffrey

A vida do iniciado – Um guia para o caminho do desenvolvimento acelerado / Geoffrey Hodson. Tradução Raul Branco – Brasília-DF: Editora Teosófica, 2021.

292 p.

ISBN: 978-65-88797-41-9

1. Teosofia 2. Ciências Ocultas Especiais, Ocultismo
I. Raul Branco (Trad.) II. Título

CDU 133.5: 141.332

Tradução: Raul Branco

Revisão: Cristiane Schu dos Santos e Zeneida Cereja da Silva

Diagramação e capa: Ana Paula Cichelero

Sumário

CAPÍTULO 3
A Aproximação ao Caminho

CAPÍTULO 4
O Relacionamento Mestre e Discípulo

CAPÍTULO 5

Adversidade e *Karma*

CAPÍTULO 6

Qualidades e Faculdades a Serem Desenvolvidas

CAPÍTULO 7

Orientação Prática para Aspirantes, Discípulos e Iniciados

CAPÍTULO 8

Vida no Centro e no *Ashram*

CAPÍTULO 9

As Grandes Iniciações

CAPÍTULO 10

Correspondências

CAPÍTULO 11

O Caminho e Seu Papel na Evolução

CAPÍTULO 12

O Mundo da Super-Humanidade

Prefácio da Edição Brasileira

No Congresso Internacional da Sociedade Teosófica, em agosto de 2018, que ocorre a cada sete anos em um país diferente, nessa oportunidade em Singapura, houve o lançamento na língua inglesa desse importante livro.

É com alegria d'alma, depois de poucos anos da sua publicação internacional, que disponibilizamos em língua portuguesa, aos estudantes de espiritualidade, as reflexões desse proeminente e dedicado irmão, fiel à causa teosófica (complemente-se aqui caso o digno leitor não saiba, que a causa teosófica tem como princípio a Fraternidade Universal, abrangendo os estudos de todas as grandes religiões e filosofias, tendo entre os seus objetivos despertar as virtudes e os poderes latentes em cada um de nós).

Como comentado pelo autor nesse livro: "A tarefa dos teósofos que realmente querem ser sinceros é transformar sua Teosofia em experiência de vida e praticamente aplicá-la a fim de controlar cada vez mais seu próprio destino, purificando, desenvolvendo e dominando as forças ocultas do corpo, da emoção, da mente e do ego; em resumo, a aceleração deliberada de sua própria evolução."

Para que possamos ter um vislumbre do conteúdo valioso presente nesse livro, o Sr. Geoffrey Hodson solicitou que o mesmo só fosse publicado depois do seu desencarne, por tratar de assuntos que poderiam despertar veneração em torno dele. Logicamente não sendo esse o propósito, mas mostrar para toda a humanidade que, se dedicados e altruístas formos, verdades ocultas serão reveladas a cada um de nós, de forma reservada, para quando chegado o momento, o caminho do desenvolvimento acelerado seja trilhado.

Convidamos o leitor a consultar o nosso catálogo, no qual constam diversas outras obras do referido autor e também outros temas relacionados.

Ótima leitura e reflexões.

Ígor Mendonça Câmara
Presidente da Editora Teosófica

Prefácio da Edição Inglesa

Geoffrey Hodson nasceu em Lincolnshire, Inglaterra, no dia 12 de março de 1886, e faleceu no dia 23 de janeiro de 1983, em sua casa em Auckland, Nova Zelândia. Ele ingressou na Loja de Manchester da Sociedade Teosófica ainda jovem e, desde então, até o fim de sua vida de 96 anos, viajou por todo o mundo ensinando, dando palestras e escrevendo sobre Teosofia.

Ele é internacionalmente respeitado por seus poderes clarividentes, que usou tanto para curar quanto para pesquisas ocultas, algumas das quais foram realizadas em colaboração com médicos, físicos e antropólogos. Autor de mais de sessenta livros e brochuras, destacando-se os da hierarquia angélica, da interpretação bíblica e do simbolismo. Assim como na Sociedade Teosófica, ele atuou em vários movimentos similares idealistas.

O Sr. Hodson é reconhecido mundialmente por sua dedicação, ao longo da vida, em divulgar a Sabedoria Antiga, a Teosofia, e por seu profundo conhecimento de seus aspectos multifacetados. Ele era tão respeitado que, por onde quer que viajasse, as pessoas procuravam seu conselho e eram guiadas por sua visão ímpar. Quem o conheceu dessa maneira prestará testemunho de sua sabedoria, de sua compaixão e bondade infalível. Portanto, não é surpreendente que, devido às demandas contínuas de seu tempo, ele não tenha conseguido publicar tudo o que pretendia antes de sua morte. Os livros *Light of the Sanctuary*[1] e *Illuminations of the Mystery Tradition* (*Luz do Santuário* e *Iluminações da Tradição de Mistério* são

[1] Hodson, Geoffrey. *Luz do Santuário*, São Paulo: Editora do Conhecimento, 2017. (Nota Ed. Bras.)

exemplos de publicações subsequentementes compiladas e concluídas por sua esposa, Sandra Hodson.

Este livro é um exemplo adicional e é o resultado de alguns anos de compilação de registros digitados de notas de estudo e palestras acumuladas pelos Hodsons ao longo da vida. Esses registros foram confiados aos atuais editores pela Sra. Hodson, com a intenção de que tudo o que fosse adequado e de valor para um aluno da Sabedoria Antiga, fosse preservado e publicado. Mais recentemente, notas adicionais nos foram disponibilizadas por dois membros da Sociedade Teosófica, que receberam coleções de anotações e artigos do Sr. Hodson alguns anos antes de sua morte.

O Caminho do Desenvolvimento Acelerado é um de seus principais ensinamentos e, este livro, é composto de material referente a esse assunto. Portanto, ele é particularmente relevante para o estudante sério, seja ele ou ela um aspirante, discípulo ou Iniciado. Apesar de muitas dessas palestras terem sido endereçadas a membros e audiências da Sociedade Teosófica, a mensagem da Sabedoria Antiga e do Caminho do Desenvolvimento Acelerado é universalmente aplicável a toda a humanidade. O leitor não familiarizado com esses assuntos é referido em primeiro lugar no Capítulo 1, que fornece uma visão geral lúcida.

Como reconhecido em *Luz do Santuário* e *Iluminações da Tradição de Mistério*, muitos dos ensinamentos do Sr. Hodson originaram-se dos Mestres de Sabedoria. A Sra. Hodson, na introdução de *Luz do Santuário*, referiu-se à técnica de sua recepção como entrar no estado de "folha branca", de hiper-reconhecimento da consciência. A técnica também é referida neste livro como sendo o resultado da união *Átmica* entre Mestre e aluno. Os ensinamentos resultantes, ao longo de muitos anos, foram adaptados para livros, artigos, folhetos e palestras para diferentes grupos e variaram de notas abreviadas a passagens inteiras escritas. Como nas duas publicações póstumas anteriores, a integridade do estilo escrito foi preservada.

A língua antiga, sânscrito, é usada por estudantes e professores do Ocultismo porque uma palavra em sânscrito, às vezes significa um parágrafo inteiro, ou pelo menos uma frase inteira, de uma forma que pode ser mais penetrante do que a nossa fraseologia em inglês. O leitor não familiarizado com esses termos, em itálico no texto, pode consultá-los no Glossário.[2] Note-se também que, em algumas passagens, o ser humano é referido como "homem" e o aspirante ou aprendiz apenas como "ele", embora o significado seja genérico e tão inclusivo para homens e mulheres. (No nível Egoico[3], toda essa distinção desaparece).

Sempre que possível, as citações foram verificadas quanto à precisão da transcrição, e as fontes foram fornecidas, quando não faziam parte do manuscrito original. As notas explicativas, adicionadas editorialmente [no original em inglês], são referidas com "Ed.", mas aquelas que não são marcadas faziam parte do manuscrito original. Referências cruzadas e a maioria dos títulos são editoriais.

---

[2] BLAVATSKY, Helena. Glossário Teosófico, 7ª edição. São Paulo: Editora Ground, 2020.

[3] Neste livro, o autor utilizou, na maioria das vezes, a nomenclatura Ego, que se refere ao Ego Superior ou Eu Superior, Tríade Superior ou imortal que reencarna e evolui, conquista que caracteriza o estágio evolutivo humano, distinguindo-se dos animais, cujas alma é grupal (Vide LEADBEATER, *A Gnose Cristã*, Ed. Teosófica). Não se deve confundir com o ego da psicologia moderna, que, em contraposição, refere-se à personalidade mortal, quaternário inferior ou corpo, conforme o denominava São Paulo, que ainda o subdividia em corpo natural, abrangendo o corpo físico e o corpo etérico (às vezes, também chamado confusamente de espiritual, mas que abrange o corpo astral ou emocional, e o corpo mental – I Coríntios 15:44. Também não confundir com o Espírito ou Mônada, a Centelha Divina que é eterna e perfeita, porque está fora da dimensão evolutiva do tempo. (Nota Ed. Bras.)

Achamos que a maior parte desta compilação não estava antes disponível na forma impressa, porém, em vista do extenso registro de publicações do Sr. Hodson, não foi possível confirmar isso. Incluídos neste livro, no entanto, estão vários pequenos extratos dos trabalhos publicados do Sr. Hodson, alguns que não estão facilmente disponíveis ao leitor. Eles foram incluídos para fornecer uma cobertura mais ampla e completa do assunto específico em questão, sendo a publicação original detalhada nas notas de rodapé.

Nestas páginas, o leitor encontrará a declaração: "O Discipulado continuará sendo o grande princípio esotérico entre os ensinamentos transmitidos ao mundo pela Sociedade Teosófica". Portanto, não poderia haver palavras mais apropriadas para finalmente introduzir este livro do que aquelas com as quais Sandra Hodson apresentou o diário oculto de Geoffrey Hodson, *Luz do Santuário*, pois ambos os volumes têm o mesmo objetivo. Ela escreveu:

"Desde as primeiras lembranças de Geoffrey de sua infância, as experiências, as comunicações e os ensinamentos dos anjos e, ao longo dos muitos anos maravilhosos em que se tornou um agente mensageiro dos Mestres da Sabedoria, uma Luz iluminou a sua vida e o seu caminho escolhido – a Luz do Santuário da Grande Fraternidade dos Adeptos. Ele foi um portador dessa Luz para os homens e, com ela, consciência e conhecimento da realidade daqueles Seres super-humanos, os Perfeitos, que, durante nossa evolução, guardam, guiam e nos inspiram na longa jornada de volta em nossa peregrinação à fonte ilimitada de todo Amor, Sabedoria, Paz e Alegria.

"Que aqueles que leem as páginas a seguir encontrem a inspiração e a profundidade da realização de que, por sua vez, podem servir à humanidade e aos Grandes Seres. Eles podem, assim, seguir o mesmo caminho que leva ao Discipulado de um Mestre de Sabedoria, às Grandes Iniciações e à libertação final de todas as limitações humanas – a conquista do *Adeptado*."

Os Editores

[aqueles privilegiados em ajudar Sandra Hodson na compilação de *Luz do Santuário* e de *Illuminations of the Mystery Tradition*[4] *(Iluminações da Tradição de Mistério)*].

[4] Neste livro, os títulos das obras que foram publicadas no Brasil serão mencionados em português. Os que não foram publicados no Brasil serão mencionados em inglês, com a tradução entre parênteses. (Nota Ed. Bras.)

Declaração de um Cientista

"Eu tive a oportunidade de trabalhar em estreita colaboração com Geoffrey Hodson por alguns meses, no final dos anos cinquenta, testando seus poderes clarividentes em fragmentos de fósseis de homens primitivos com cerca de dois milhões de anos. Cada sessão, realizada no local geográfico de onde as amostras foram obtidas, foi registrada num gravador. Nenhuma indicação foi dada a ele, sobre o que eu pensava de suas informações, até depois que a série de testes foi completada e analisada. Muitas das perguntas feitas a ele exigiam respostas que não podiam ser verificadas positivamente em relação aos espécimes originais conhecidos. A análise mostrou que todas as afirmações feitas por ele, que podiam ser positivamente verificadas em amostras conhecidas, eram absolutamente precisas, e a maior parte do que não podia ser positivamente confirmado, estava em estreita concordância com o que se pensava ser correto.

"Naquela época, quase todo o material fóssil conhecido desses primeiros hominídeos estava em meu laboratório, e Geoffrey somente o viu depois que as investigações foram concluídas. Fiquei impressionado com o cuidado extremo que ele tomava para ser o mais preciso e claro possível nas observações que fazia, bem como em suas descrições sobre elas, de maneira que suas palavras fossem tão precisas quanto possível, oferecendo o mínimo de possibilidade de má interpretação.

"Em cada sessão, um pequeno número (2-4) de espécimes foi estudado, e alguns foram apresentados várias vezes em mais de uma sessão, sem lhe dizer isso. Ele nunca tocou nos espécimes; eu os colocava em sua testa, enquanto ele estava deitado de costas, com os olhos fechados, em um estado de *Yoga*. Duas espécies diferentes de hominídeos foram usadas, misturadas aleatoriamente, apenas pequenas amostras sendo usadas, por exemplo, um único dente.

"Ele nunca identificou erroneamente um espécime ou deu declarações conflitantes sobre um espécime que foi apresentado mais de uma vez. Tanto quanto pude determinar, suas informações sempre foram precisas e ele me deu uma forte impressão de total confiabilidade."

Professor J. T. Robinson, D.Sc. (4 de janeiro de 1982).

Liberdade de Pensamento

Geoffrey Hodson costumava frequentemente iniciar uma palestra com comentários, tais como: "Nos reunimos numa atmosfera de completa liberdade de pensamento, de opinião, de decisão e até mesmo de afirmação, dentro dos limites da cortesia. Se escrevo ou falo com alguma convicção, isso não deve ser confundido com dogma. Tudo o que é apresentado é feito para consideração."

Este livro é oferecido aos leitores na mesma ótica, e eles vão encontrar, entre os seus ensinamentos, o princípio da Sabedoria Eterna, que é a habilidade para conhecer a verdade diretamente, por meio do desenvolvimento da percepção interior, que está dentro de cada um.

Como Geoffrey Hodson escreveu em *Luz do Santuário*, "Na Sociedade Teosófica ninguém está sob a menor obrigação de aspirar ao Discipulado de um Mestre de Sabedoria; muitos dos membros ainda não o fazem; alguns o fazem; para alguns, não há outro Caminho a percorrer."

CAPÍTULO 1

Introdução ao Caminho do Discipulado

O Propósito Espiritual da Existência[5] (Uma Introdução à Teosofia, a Sabedoria Antiga)

Qual é o propósito da existência humana? Por que estamos aqui na Terra como seres humanos? De onde viemos? Para onde estamos indo e como chegaremos lá? Desde os tempos mais remotos, essas grandes perguntas têm absorvido a atenção da mente humana. Elas são plena e satisfatoriamente respondidas pela Teosofia[6].

Deixe-me apresentar essas respostas de forma clara e breve. De acordo com a Teosofia, o homem é definido como aquele ser em quem o espírito mais elevado e a matéria mais baixa estão unidos pelo intelecto. O espírito mais elevado significa o Habitante no mais Profundo Interior, a Centelha Divina no homem. A matéria mais baixa refere-se ao seu corpo e natureza física, enquanto o princípio unificador do intelecto refere-se à sua mente e seus poderes mentais. Assim, é dito que a unidade da existência humana essencial, o Eu Interior ou o Espírito, a Mônada, se manifesta primeiro como um Eu Interior imortal ou Eu Superior ou Ego e, segundo,

[5] As primeiras duas palestras abrangendo este capítulo foram publicadas com pequenas modificações em *Theosophy in Australia*, com títulos semelhantes, em 1952 e 1953. (Ed.)

[6] "Theosophia" é derivada de duas palavras gregas: *theos* (deus) e *sophia* (sabedoria). Ela é também conhecida por vários outros nomes. Vide termos sinônimos.

como uma personalidade externa em forma mortal e corporal, o homem aqui embaixo.

Por que é isso? Porque o Eu Interior do homem se manifesta e ganha experiência e conhecimento através do homem exterior. Em parte por esse meio e em parte por um desabrochar interior, o Eu evolui perpetuamente, sendo imune à morte. A forma física externa do homem, por outro lado, desenvolve-se até a plena maturidade corporal e depois declina, morre, desintegra-se e desaparece para sempre. As faculdades e capacidades do eu exterior são recebidas e perpetuamente preservadas no Eu Interior; pois existe apenas uma consciência e vida nos dois.

Assim, aprendemos que o objetivo imediato do Eu Interior do homem é o desenvolvimento de faculdades. O objetivo a longo prazo é a genialidade plena ou o desenvolvimento do mais elevado grau, pelo Eu Interior, de todas as faculdades humanas possíveis. Essa conquista é denominada *Adeptado* e é o objetivo da existência humana.

No entanto, o Espírito humano, que chamei de Eu no Recôndito mais Interior, a Mônada, é um fragmento da Divindade, uma concentração do Espírito universal, com o qual na origem, natureza, substância e potencialidade é idêntico. O Eu mais profundo do homem é como uma centelha em uma chama, uma gota no oceano, um microcosmo dentro do macrocosmo. Esta é a verdade mais elevada a respeito de nós mesmos como homens. "Somos apenas luzes partidas de ti", como Tennyson disse.[7] A plena realização em consciência dessa verdade das verdades – unidade com Deus – é a maior iluminação possível do homem.

Muito antes da estatura do homem perfeito ser alcançada, no entanto, lampejos de realização da unidade de toda a vida e de todos os seres

[7] Paráfrase: "Em Memória", por Alfred Lord Tennyson.

são experimentados, mas é somente com a realização do *Adeptado*, ou perfeição, que a identidade do Ser Mais Interior do homem, com o Ser Mais Interior do Universo é plenamente vivenciada.

A individualidade é então dissolvida; o homem aperfeiçoado permanece em perpétua consciência da identidade com o Espírito universal. Isso é perfeição. Este é o *Nirvāna*, como dizem os budistas. É a salvação – salvação da ilusão de uma individualidade separada. Esta é a mais alta realização humana e o propósito espiritual da existência.

Como, então, isso acontece? Os meios para tal conquista consistem no desabrochar interior e na experiência exterior. O desenvolvimento interior é contínuo, enquanto o renascimento ou reencarnação física repetida fornece o tempo necessário, a oportunidade e a experiência externa.

O próximo passo no pensamento é este. Uma lei cósmica de compensação, operando sobre o homem como causa e efeito (*karma*), garante justiça absoluta a todo ser humano. Os lugares e as condições em que nascem os indivíduos e as raças[8], bem como aqueles nos quais foram posteriormente inseridos, são exatamente os lugares e condições "apropriados", pois somente neles a justiça pode ser feita e a experiência necessária para a consecução do *Adeptado* ser obtida.

A Teosofia agora leva ainda mais longe a grande história do homem. Homens e mulheres já alcançaram o estado do *Adeptado*. Alguns desses Adeptos permanecem na Terra como membros de uma fraternidade altamente organizada por agentes super-humanos dos propósitos e das leis da vida e como diretores da evolução planetária. Podemos conhecer esses seres? Sim, nós podemos; pois, em sua compaixão pela humanidade, alguns

[8] A palavra "raça" é usada ao longo deste livro no contexto da Evolução humana e não carrega nenhuma das conotações prejudiciais prevalecentes nos tempos modernos.

desses grandes Sábios aceitam homens e mulheres individualmente para treinamento no modo de vida e pensamento que aumenta a velocidade do progresso evolutivo, que é chamado de Caminho Acelerado da Evolução e, no Cristianismo, o Caminho Estreito e Apertado.

Esses Adeptos que ensinam e treinam alunos são conhecidos como Mestres. Eles podem ser abordados com sucesso por aqueles que preencham as condições necessárias e solicitam a presença Deles na forma indicada. Essas condições e o método de solicitação são descritos na literatura teosófica antiga, medieval e moderna. Tais, portanto, são os ensinamentos essenciais da Teosofia a respeito do homem. Eles foram entregues continuamente à humanidade por seus superiores evolutivos, os Adeptos planetários e Seus discípulos.

Três leis e um ideal ético ainda precisam ser declarados. São eles: o aumento segue à renúncia da aquisição pessoal. A redução segue à adoção do motivo da aquisição pessoal. A felicidade duradoura é alcançável apenas pela fusão dos mais elevados interesses e aspirações nos interesses de outro indivíduo, grupo, nação, raça, de fato, na criação como um todo. Somente o serviço direcionado com sabedoria garante felicidade duradoura. O cumprimento do dever é o mais elevado ideal ético e a maior garantia de progresso rápido para o *Adeptado*.

É possível testar e provar ou refutar esses ensinamentos maravilhosos? Qual é o teste final da verdade de todos os ensinamentos religiosos e filosóficos? Esse teste é duplo; consiste na observação suprafísica direta, por um lado, e na aplicação experimental das ideias à vida física, por outro. Assim como o aluno de geografia, primeiro, obtém informações de professores, livros, mapas e fotografias, mas deve visitar o local estudado para obter conhecimento completo, também o estudante de Teosofia, depois de entrar em contato, compreender e aplicar à sua vida seus ensinamentos, deve acrescentar a percepção e a experiência direta a eles, para se tornar um "conhecedor".

Com isso o aluno bem-sucedido da Teosofia passa por fases sucessivas de descoberta, de exame, de testes da razão, de aplicação à vida e, finalmente, da investigação pela observação direta da plena experiência de seus ensinamentos. Essa última fase – a observação direta – é a mais valorizada e os estudantes de Teosofia, sejam nas Escolas de Mistério, nas comunidades ocultas ou no mundo exterior, sempre são aconselhados a buscar essa percepção interior, essa experiência e compreensão individuais, somente pelas quais a Verdade pode ser conhecida.

Como isso, deve ser feito? O ensinamento teosófico, antigo e moderno, está repleto de orientações para o desenvolvimento dos poderes e das faculdades necessários para a investigação direta de ideias metafísicas e espirituais. A Teosofia é, portanto, uma ciência completa e uma filosofia completa. Ela também fornece um ideal religioso, uma doutrina e uma prática satisfatórios.

Agora uma pergunta. O homem pode atrasar ou acelerar o processo de alcançar a perfeição? Ele tem alguma liberdade nesse assunto? Definitivamente, ele pode tanto acelerar como desacelerar sua evolução; pois o homem difere do resto da natureza física. O homem é um ser autoconsciente. Ele pode dirigir a operação em si mesmo daquilo que nos reinos subumanos é automático. O homem pode atrasar ou acelerar o processo de alcançar a perfeição. A aceleração deliberada do processo descreve com precisão como trilhar o Caminho Acelerado da Evolução. Por muitas vidas, o homem não realiza o propósito de sua existência. O homem perfeito em potencial que existe em seu interior ainda não foi despertado. Ele não pode responder ao ideal do caminho para a perfeição. A ideia de acelerar não lhe ocorre. Ele está à deriva.

Entretanto, chega o momento, na evolução humana, quando o impulso do espírito, o chamado e a pressão da Mônada-Ego desperto afetam de tal forma o homem pessoal, que ele experimenta, tanto a insatisfação com as limitações existentes, quanto as aspirações a picos de grandes realizações. A lentidão do progresso e a escassez de realização perturbam o homem desperto. Impulsionado pelo Ego, ele se determina a viajar rapidamente, alcançar poderosamente, conquistar a si mesmo ou morrer. Essa fase evolutiva é simbolizada nos Evangelhos pelo ministério de João Batista, pelas Virgens sábias, pelos homens que duplicaram seus talentos (dinheiro), pelas ovelhas separadas dos cabritos[9] e pelos discípulos que abandonaram tudo e seguiram o Mestre em resposta ao Seu chamado.

Apesar da força do passado, da resistência do mundo e frequentemente da família, com crescente determinação, o homem desperto segue adiante. Ele cresce em visão, determinação, compreensão, compaixão e idealismo. Sua alma está acesa. Seu coração está em chamas. O dever se torna sua estrela guia. A glória de seu futuro, o *Adeptado* começa a iluminar sua humanidade atual. Sua lâmpada está acesa. Então, seu Mestre intervém diretamente. O caminho do Discipulado se abre diante dele.

Tal, em parte, é o ensinamento da Teosofia sobre o homem.

O Caminho do Desenvolvimento Acelerado (o Neófito encontra seu Mestre)

Suponho que muitas pessoas experimentam ocasionalmente o anseio pela ajuda de um amigo sábio, forte e iluminado, uma espécie de irmão mais velho espiritual. Esse anseio por um verdadeiro guia, filósofo e ami-

[9] Mateus 25.

go pode ser realizado? O Discipulado, por exemplo, é possível mesmo nos tempos modernos? A Teosofia responde afirmativamente, ensina que alguns dos Homens Perfeitos do nosso planeta permanecem em contato conosco, Seus irmãos mais novos da raça humana. Esses oniscientes, os irmãos mais velhos de nossa raça discípula, inspiram e protegem continuamente a humanidade, servindo como guardiões e pastores de almas para toda a humanidade. Quando, portanto, um ser humano começa a buscar orientação na busca do conhecimento e como seguir um modo de vida inteligente e com um propósito, esse indivíduo fica sujeito à observação direta de um ou outro daqueles a quem São Paulo se refere como "homens justos que se tornaram perfeitos"!

Vamos examinar mais de perto esse ensino teosófico inspirador. Todos os seres humanos seguem sua peregrinação da fonte espiritual por meio da matéria e de volta à fonte outra vez, ao longo de um dos sete caminhos. Sobre cada um dos sete grupos, preside uma inteligência super-humana. Cada um dos sete raios,[10] como esses Caminhos são chamados, tem seu Chefe Adepto, que levou por si mesmo todos seus poderes à perfeição. Uma vigilância incessante sobre cada ser humano é mantida por esses Adeptos. O Chefe do Raio é o Mestre de cada alma nesse Raio.

Durante muitas vidas na Terra, Ele assistiu e amou a alma peregrina, invisivelmente guiou e inspirou o homem interior. Sempre que, em virtude do progresso evolutivo, um indivíduo mostra sinais do despertar espiritual e o reconhecimento do dever como princípio governante da vida, ele começa a ficar sob uma vigilância mais direta dos Adeptos, recebe ajuda dos Adeptos.

---

[10] Raios: vide: WOOD, Ernest. *Os Sete Raios*. São Paulo: Editora Pensamento.) (Nota Ed. Bras.)

No devido tempo, dois eventos importantes ocorrem, um físico e outro suprafísico. No nível físico, o homem espiritualmente desperto encontra ocultistas e se une a uma sociedade oculta, de seus colegas de jornada, ele aprende sobre a existência dos Mestres de Sabedoria e do Caminho do Discipulado. No nível Egoico, durante o sono físico do corpo, ele termina sendo atraído para a presença de seu Mestre. Lá, ele vê Aquele que encarna e exibe todos os seus ideais mais elevados de perfeição humana, o Chefe Adepto de seu Raio.

Essa experiência permanece para sempre inesquecível. O neófito se vê plenamente consciente fora de seu corpo e na presença de um Ser Super-Humano de aparência notável; pois o Adepto exibe toda perfeição de feição e forma. Seu semblante é gravado com a impressão de poder espiritual e profundidade de pensamento. Os olhos são grandes e acesos com o fogo interior. O olhar deles é inteiramente penetrante. Eles são os olhos de um vidente e juiz infalíveis, ainda que repletos de simpatia, compaixão e compreensão. Quando o Mestre olha para um homem, sabe tudo o que precisa saber sobre seu passado, presente e futuro. Como Ele é um mentor, e vê tudo, Ele compreende tudo. O aspirante sabe isso e não tem medo. Como, inspirado e exaltado, ele permanece na presença de seu futuro Mestre, vê nele uma força irresistível, sabedoria abrangente, desapego e serenidade que não podem ser perturbados.

Ele é então questionado quanto à sua vontade de ensaiar o Caminho "do fio da navalha", como também é chamado. Dizem a ele que, se ele concordar, será chamado a tomar sua futura evolução em suas próprias mãos, subjugar todo desejo terrestre, aniquilar a vontade própria e sofrer e suportar até o fim as provações e os testes ardentes inseparáveis do caminho da evolução acelerada. Para seguir com sucesso o Caminho do Discipulado, ele deve trabalhar continuamente para aperfeiçoar seu caráter e, sem pensar em recompensa, desinteressadamente servir o mundo como todos os seus antecessores fizeram. Assim, em parte, um possível discípulo recebe o chamado antigo e imutável: "Siga-me, e eu farei de você pescador de homens".

Se ele consentir, como na presença de seu mestre, ele quase certamente o fará, ele será aceito como discípulo em provação. Por um processo oculto, o Mestre então melhora a relação entre sua Mônada, seu Ego e sua personalidade, isto é, entre o Eu Mais Recôndito, o Eu Interior e o homem exterior. Uma verdadeira nova fase da evolução humana é, em consequência, iniciada. A partir de então, o aspirante a discípulo dirige e acelera cada vez mais e rapidamente seu próprio progresso, tornando-se cada vez mais o mestre de seu destino. Um nome místico às vezes é dado a ele por seu Mestre – um nome que expresse sua nova fase da vida como discípulo. Aparentemente, o Senhor Cristo seguiu essa prática.[11] O ensino espiritual e oculto direto também é dado; pois para ele agora é dado conhecer diretamente os mistérios e não mais em parábolas. Nosso Senhor disse aos discípulos: "Porque a vós foi dado conhecer os mistérios do Reino dos Céus, mas a eles não." [12]

Concordar com o chamado do Mestre não é, contudo, forçado a nenhum neófito. É permitido declinar. Cada um é perfeitamente livre para fazê-lo, como fez o jovem regente rico a quem Cristo indicou o caminho do Discipulado. Ele "virou-se tristemente, pois possuía muitos bens."[13] Quando, no entanto, um certo estágio evolutivo for alcançado, no qual o Eu mais Recôndito, o *Ātmā*, está desperto e ativo como vontade espiritual dentro do homem exterior, "não há nenhum outro caminho a seguir."

---

[11] Marcos 3:14-17.

[12] Mateus 13:11.

[13] Paráfrase Mateus 19:22.

Uma característica da presença do Mestre é que, quando nela, as dificuldades tendem a desaparecer e os problemas parecem de solução fácil. De fato, muitos deles deixam de existir como problemas. Além disso, o poder de realização do aluno parece ser notavelmente aumentado, como se a partir de então tudo fosse possível para ele.

Sob essa influência maravilhosa, o neófito embarca alegremente no Caminho. Ajoelhado, ele é recebido como aluno, abençoado, inspirado e ligado estreitamente ao seu Mestre. Depois disso, onde quer que ele esteja no mundo, seu Mestre pode usá-lo como um canal para Seu poder e bênção, como um posto avançado para Sua consciência e, ocasionalmente, como um veículo para Sua presença. Nosso Senhor disse a Seus discípulos que eles eram Seus representantes no mundo. "Quem vos recebe, a mim me recebe, e quem me recebe, recebe a quem me enviou."[14] O trabalho a ser realizado é então delineado e, talvez, algum campo de ação especial, grupo de pessoas ou mesmo indivíduos sejam considerados. Melhoras necessárias de caráter são indicadas. Dessa forma, é mostrado ao novo estudante o seu trabalho que é tornar-se um "pescador de homens".

Durante essas experiências, como nos encontros subsequentes com seu Mestre, o neófito é elevado a um estado indescritível de êxtase interior. O trabalho e a aspiração de muitas vidas e os sonhos espirituais da vida atual são então realizados. Ele sabe que o verdadeiro Bem-Amado Que nunca vai lhe falhar foi finalmente encontrado, que seu Pai em Deus lhe envolveu como um filho em Seu coração. Seu próprio coração se abre como nunca antes tinha ocorrido. Ele ama e reverencia seu Mestre com o mais elevado e sagrado poder de sua alma. Mesmo diante da maior tensão, sofrimento e cansaço inseparáveis da Provação, seu conhecimento e amor por seu Mestre não lhe abandonarão. Aliados com sua vontade desperta,

---

[14] Mateus 10:40.

eles lhe sustentarão em meio a todas suas futuras dificuldades. Toda a experiência é de um valor inestimável.

A entrada consciente no Caminho do Discipulado pode terminar com a dúvida e com o vacilar. O neófito sabe, além de qualquer questionamento, o que sua existência significa, para que ele foi criado. Ele é um Adepto em formação, um Mestre que está se tornando um futuro *Logos*. A Mônada, que é seu Ser mais recôndito, há muito conhece o esse propósito e esse objetivo, mas suas personalidades sucessivas ignoram a vida. A conquista da autossatisfação atingiu o motivo da vida. Na ignorância ou na dúvida do propósito da vida, a única aspiração nobre, o homem terreno viveu para si mesmo e para o prazer do dia. Agora, finalmente, ele está acordado! Agora, finalmente, ele sabe! Pois, em seu Mestre, ele viu aquele que cumpriu o propósito da vida para a humanidade, alguém que alcançou o objetivo da vida, o fim de todas as jornadas humanas. Um propósito dominante agora absorve seu interesse. A sua vontade está definida para uma conquista. É ser como seu Mestre, tornar-se perfeito como Ele se tornou perfeito, especialmente para alcançar a perfeição do poder de ajudar.

Esta é, então, a resposta para a pergunta que fiz no começo. Sim, é possível, mesmo entre os deveres mundanos e as necessidades prementes do nosso modo de vida moderno, encontrar nosso Mestre e ser recebido e servir como Seu discípulo.

A Tríade do Eu Espiritual

O Eu Interior – *Manas* Superior e *Buddhi* – existe como o poder, a energia por trás de toda ação. Ele está imóvel, em paz, em harmonia e em unidade. Não tem senso de existência separada por conta própria. Está em harmonia com seu Mestre, com a Hierarquia, com o Eu universal. Ele vive apenas para promover a vontade única, o *Ātmā*.

O eu exterior é apenas a crosta do Interior, a máscara, a concha. É o oposto do caráter do Interno, pois nele a matéria predomina e está no arco descendente para a substância material. O Eu Interior é espiritual, o eu exterior, material. O interior está presente no exterior. *Yoga* leva à união desses dois, ao domínio do exterior pelo interior e à transferência da consciência das limitações do inferior para o superior. Portanto, o *Yoga* é a única solução para os problemas da vida.[15]

A justificativa para a disciplina é que, com a indulgência, a submissão ocorre em nível mais baixo, para a matéria, enquanto na disciplina, o espírito domina. Toda vitória na conduta da vida fortalece o poder do Eu Interior sobre o eu exterior e acelera o tempo de sua completa ascendência. Portanto, a disciplina deve fazer parte do *Yoga*. A disciplina enfrenta e resolve problemas a partir do exterior; a experiência da identificação os resolve a partir de dentro e, além disso, leva o aspirante constantemente em direção ao objetivo do *Adeptado*.

Até o momento do despertar, o Eu Exterior tenta perpetuamente escapar do Eu Interior. Toda indulgência é uma escapada do " cão de caça

[15] *Yoga, the Path, and Selfless Service* (*Yoga*, o Caminho e o Serviço Altruísta) p. 126-8.

do céu"[16]. Mas o "Grande Amante" sempre aparece e, no final, o eu exterior é capturado pelo Espírito.

O início do *Yoga* é a cessação das tentativas de fuga e o começo do casamento celestial. O início desse "noivado", a prática do *Yoga*, é como a trajetória de um cometa, um sol para dominar, destruir e ainda assim criar. Mesmo assim, o Eu Interior e a consciência elevada do exterior permanecem perfeitamente calmos, ainda que expectantes. Não há medo depois que o despertar ocorre; somente a ânsia alegre de se fundir no Espírito, de ser recriado, de ser livre.

[16] Francis Thompson, *O Cão de Caça do Céu.*

CAPÍTULO 2

A Natureza do Caminho e sua Importância

Princípios Previstos no Ocultismo e na Teosofia

O Ocultismo é a ciência das forças ocultas da Natureza e do homem. Teosofia é a ciência que abrange tudo o que existe, visível e invisível, oculto e revelado, por todo o Universo.

No Ocultismo não há escolha. O estudante de Ocultismo deve dar atenção ao oculto. No momento em que ele se volta seriamente para o Ocultismo, ele se junta a uma hierarquia de seres. Os ocupantes dessa escada oculta da vida encontram-se degrau após degrau acima ele. Para entrar em contato e aprender com eles, ele deve obedecer às leis ocultas, reconhecer a posição oculta, prestar homenagem à superioridade oculta e inclinar a cabeça na presença daqueles a quem a reverência é devida. Ele se encontra em um reino interior da vida que é governado por um autocrata absoluto e no qual nem a mais leve sombra da democracia pode ter lugar. Classe após classe hierárquica, seus superiores estão acima dele. Ele sabe disso, porque ele vê. Vendo e sabendo, ele admite isso e se submete aos seus superiores.

Eles, por sua vez, enquanto reverenciando e preservando inviolável seus direitos inalienáveis, no entanto, não hesitam a sujeitá-lo à disciplina, ao treinamento, aos testes e aos rigores pelos quais cada um deles passou com sucesso. No momento em que ele obtém a aceitação de sua presença entre eles, ele recebe seu lugar, de forma impessoal e imparcial, e seu trabalho lhe é mostrado. Ele deve obedecer às leis eternas e imutáveis que governam, tanto a Hierarquia dos Ocultistas, como o processo de forçar deliberadamente a evolução da alma.

Na Teosofia, prevalecem princípios opostos. Uma ciência publicamente disponível é livre para todo o mundo. Todo estudante é livre, e o espírito de democracia prevalece por toda parte. Em virtude da decisão, em dias modernos, de misturar esses dois caminhos na maior intimidade, surgiram dificuldades inevitáveis...

As leis ocultas são tanto invioláveis como impessoais. Uma delas é que todas as falhas no caráter devem ser destacadas sob uma luz clara e inconfundível; pois somente assim elas serão reconhecidas e removidas. Muito melhor ir até a morte com uma falha revelada, do que morrer usando uma coroa de louros e com os olhos cegos, não tornados cegos pela própria vitória alcançada, mas pelas fraquezas e limitações ocultas da alma. Aprenda a olhar para as coisas à luz da realidade, que nunca fica obscurecida, e não à luz do dia que "vem e vai, de forma impermanente". Esse é o caminho da sabedoria ...

O Discipulado e as iniciações aceitas têm todas as suas correspondências cósmicas, são encenações microcósmicas de grandes fases cósmicas do desabrochar divino. Eles são, portanto, duplamente sagrados, primeiro porque tudo o que é divino dentro do estudante e do Iniciado está envolvido em cada Etapa oculta, e segundo, porque o divino em toda a natureza é representado e diretamente influenciado em cada Etapa.

O Caminho Oculto e o Discipulado – A Esperança do Mundo

Aqueles que entram no Caminho do Ocultismo, portanto, não podem levar suas experiências muito a sério. Todo ocultista se torna de maneira íntima responsável pelo "Ego" ou "alma espiritual" de sua raça; pois seu sucesso eleva todos os homens, e seu fracasso joga-os para baixo.

Essa profunda seriedade da vida oculta não deve, contudo, deixar os aspirantes tristes, introspectivos e mórbidos ou mentalmente amedrontados. Ninguém recebe os privilégios do Discipulado e da Iniciação, que não tem em si o poder de justificar sua doação e viver com crescente, e não brilhante, felicidade, a gloriosa vida do Discipulado – a única vida verdadeiramente digna do nome; a vida ao lado da qual toda a outra vida é apenas uma morte viva.

Uma profunda seriedade deve marcar a vida do ocultista, deve estar estampada em sua testa. No entanto, uma grande alegria deve brilhar em seus olhos e a felicidade permanecer sempre em seu coração. Os portões da liberdade se abriram diante dele, seu Mestre o toma pela mão, pronto para conduzi-lo para fora da prisão da individualidade separada, para a liberdade da vida universal. Ele tem apenas que encontrar em si mesmo a força e a inteligência para atravessar os portões, deixar para sempre as trevas de todas as suas vidas anteriores e entrar na luz inefável, na qual, se ele conseguir, todo o seu futuro será vivido. Tal é o Caminho do Ocultismo, suas responsabilidades, sua seriedade, sua alegria.

O segredo do sucesso consiste na união da vontade despertada a um intelecto inspirado. Estes, unidos numa autoconsagração absoluta aos ideais do Caminho da Santidade[17] e da progressão humana, garantirão o mais glorioso sucesso.

No coração de todas as instituições da nova era, à medida que ela avança, a ciência oculta será encontrada. Religião, educação, política, artes, ciências, serão todas fundadas na nova era naquele Ocultismo que é a maior de todas religiões, educação, políticas, artes e ciências.

A razão do fracasso contínuo até o dia das instituições e civilizações tem sido a inabilidade dos líderes e da maioria das pessoas para receber a luz que só pode ser encontrada no Ocultismo. O dia está chegando, na verdade não está longe, quando o mundo se voltará para a Religião-Sabedoria e seus poderosos Guardiões em súplica pela ajuda que somente Eles podem dar.

A tarefa dos teósofos que realmente querem ser sinceros é transformar sua Teosofia em experiência de vida e praticamente aplicá-la a fim de controlar cada vez mais seu próprio destino, purificando, desenvolvendo e dominando as forças ocultas do corpo, da emoção, da mente e do ego; em resumo, a aceleração deliberada de sua própria evolução.

O motivo que deve ser enfatizado constantemente não é a gratificação pessoal ou a libertação pessoal, mas a obtenção de maior eficácia como servos da Grande Fraternidade e do mundo. O problema da paz ou da guerra depende menos de acordos internacionais do que do número de pessoas que buscarão, encontrarão e trilharão o Caminho da Santidade. Cada uma dessas pessoas alivia o pesado *karma* do mundo, libera forças de amor, luz, paz, acelera a evolução de toda a raça humana e, ao mesmo tempo, aumenta sua própria eficácia como servo da humanidade. Assim,

[17] "*Path*", que pode ser traduzido também como "Senda" (Nota Ed. Bras.)

a esperança do mundo hoje consiste na tradução da Teosofia exotérica em seu aspecto esotérico por um número crescente de indivíduos. Toda a ênfase deve estar na questão do **motivo**.

Do Discipulado depende a esperança do mundo. O Discipulado permanecerá sempre o grande princípio esotérico entre os ensinamentos entregues ao mundo pela Sociedade Teosófica.

Os Mestres são apenas homens sublimados. Embora tenham evoluído além da humanidade, Sua humanidade ainda permanece. Sendo ainda homens, Eles têm corações. Tendo corações, Eles entendem e amam as almas aspirantes dos homens, bem como os pensamentos voltados para o elevado, que os homens de coração puro dirigem a Eles. É a pureza de coração, sobre a qual depende quase que inteiramente o sucesso na busca do *Adeptado*. Pois a pureza de coração implica sinceridade de mente, sentido unidirecional e liberdade de todo e qualquer pensamento do eu.

Pureza de coração também implica transcendência de todos os desejos mundanos. Somente aquele que não se importa mais com a riqueza e o brilho do mundo dos homens, puro de coração, pode entrar no mundo dos Super-Homens. Somente aquele que está livre do mais leve pensamento de recompensa, material ou espiritual, em troca de sua labuta, pode um dia seguir o caminho íngreme e estreito que leva à vida eterna. Bem-aventurados os puros de coração, pois eles não apenas verão e conhecerão aquele Deus que é o seu Ser mais elevado, mas também conferirão seu poder de visão a seus semelhantes.[18]

---

[18] Paráfrase. Mateus 5:8.

A Natureza do Ocultismo[19]

O Ocultismo infalivelmente mostra a pessoa como ela é. Tudo de bom ou ruim mostra-se nele. Esse é o valor do Ocultismo para os fortes e o perigo para os fracos. O Ocultismo é uma força que pode queimar a escória e revelar o ouro fino, ou acender a paixão, inflamar o desejo, acentuar o orgulho. O mesmo agente é capaz de efeitos opostos. Todos os que se aproximam dessa chama devoradora devem tomar cuidado; pois ela tanto exalta como consome. Os puros de coração nada têm a temer. O orgulhoso e o passional estão em perigo desde o primeiro passo.

"Esteja atento" é proclamado sobre a porta que leva ao Recinto Externo. "Observe atentamente" está escrito nas paredes internas. "Conheça a si mesmo" aparece acima da porta que leva ao Santuário.

Não são os hierofantes que são responsáveis pelos perigos, pelos testes e pelas quedas. É a própria natureza – especialmente a natureza manifestada como ser humano. Os hierofantes não têm o direito nem o poder de negar entrada a nenhum indivíduo, a qualquer porta que ele possa encontrar aberta e atravessar. Eles podem avisar, guiar, inspirar, mas não podem usar a força. A alma ardente que pressiona para ir adiante toma a própria vida em suas próprias mãos. Os Hierofantes apenas observam, sabendo que tanto a vitória como a iluminação, a derrota e o fracasso ocorrem. Eles também sabem que isso é experimentado dentro do invólucro áurico do candidato ao *Adeptado*.

---

[19] Uma versão mais extensa do livro *The Yogic Ascent to Spiritual Heights* foi publicada originalmente como "Fracasso ou Sucesso", em *Theosophy in New Zeland*, 1942, vol. 3, Nº 3, p. 66-7. (Ed.) [HODSON, Geoffrey. *A Suprema Realização Através do Yoga*, Brasília: Editora Teosófica, 2001. (Nota Ed. Bras.)].

CAPÍTULO 3

A Aproximação ao Caminho

Evolução Egoica

Um dos departamentos da Hierarquia Oculta está intimamente engajado na evolução daqueles Egos que tiveram sucesso em inspirar suas personalidades com o idealismo em geral, especialmente o voltado para o Caminho. Estes são considerados como sendo de especial importância e demandam orientação muito mais direta do que os que não despertaram espiritualmente. Eles são observados, valorizados e auxiliados de várias maneiras que merecem ser estudadas.

Até chegar nessa fase, a própria vida e a Grande Lei têm todos os Egos sob seus cuidados. Nenhuma intervenção especial no fluxo, na direção e na função da vida é necessária. É deixado à operação natural da lei cíclica e às funções que a natureza exerce a todos em seu berçário. Poeticamente, "por baixo estão os braços eternos", preservando e cuidando de todos igualmente. Assim, todos os seres vivos e todas as Mônadas-Egos são valorizadas e cuidadas pelos membros da Hierarquia.

Em certo estágio de evolução, o Raio Monádico e a "estrela" no Corpo Causal começam a brilhar com um esplendor adicional. Entre outras coisas, isso indica que o futuro Adepto está potencialmente motivado, ainda que em nível germinal, num grau extraordinário. Isso corresponde ao estágio em qualquer embrião quando as primeiras indicações de forma tornam-se aparentes. Em termos de consciência, O Ego está "despertando" para seu próprio futuro, bem como para suas possibilidades atuais. Essa é uma mudança dramática e muito importante, em que, até então, o Ego poderia ser descrito como estando dormindo.

O despertar traz alguns Adeptos especialistas à cena. O evento é importante, pois diz respeito à evolução do planeta que está sob os cuidados diretos da Fraternidade. As reencarnações não são mais deixadas aos cuidados da operação natural da lei cíclica. Os seguintes fatores e ações passam a ser envolvidos:

1. Avaliação e auditoria *kármica*. Isto torna possível a compreensão completa dos aspectos *kármicos* do Ego e inúmeras combinações e combinações. Pode-se dizer que a carta *kármica* é lida por Aqueles que são oniscientes.

2. Até que ponto o Ego e a personalidade podem ser sabiamente guiados por Eles se torna conhecido e passa a ser realizado.

3. Não uma, mas um grupo de encarnações futuras são estudadas, tendo em vista, em particular, o objetivo de identificar a intervenção dos Adeptos em níveis pessoais durante essas vidas. Nesse particular, uma lei da vida espiritual está sendo obedecida, uma vez que a lei não tolera negação nem atraso.

4. Tanto quanto o *karma* permite, as novas vidas são planejadas, especialmente com referência à nação, aos pais, às finanças, à educação e à saúde.

5. O Ego, assim que é capaz de fazê-lo, é atraído para as deliberações, sendo que isso aumenta à medida em que ele avança.

6. Atenção é direcionada à nova personalidade e arranjos são feitos para que ela venha a encontrar a Sabedoria Antiga quando começa a procurá-la fisicamente, seja de forma consciente ou instintiva. Isso, de certa maneira, é uma fase tão vital quanto o despertar do Ego, da qual é um produto. Os Adeptos fazem com que isso torne-se realidade, tanto quanto o *karma* permite, que todo pedido autoconsciente por luz e verdade seja atendido. A personalidade é guiada, sem ficar consciente disso, estando sob a observação e orientação do Adepto, por meio do Ego, no momento em que a sede por sabedoria é experienciada. Essa sede, ou tanha, é de dois tipos. Uma é por vida, experiência, desenvolvimento, contato mais pleno com o conhecimento do universo material e de seu conteúdo. Isso contribui para o processo da reencarnação, leva o Ego para dentro do corpo. *Tanha* é também a sede pela vida superior e liberdade das restrições da matéria sobre a consciência, essas tendo se tornado cada vez mais incômodas.

7. A personalidade é guiada a um dos centros de serviço dos Adeptos para a humanidade, tal como uma loja da Sociedade Teosófica, ou para sua literatura. Se o *karma* for favorável, ajuda humana apropriada será recebida desde o início. Mas, caso contrário, a personalidade pode ser inicialmente dissuadida. O Mestre observa e continua a guiar o recém-desperto, vida após vida, especialmente durante os estágios iniciais da vida pré-natal, pois estes são críticos.

8. O efeito dessas assistências varia naturalmente com cada pessoa, algumas das quais perdem o caminho por algum tempo ou mesmo uma vida. Em última análise, porém, o próprio fato do desabrochar Egoico, que produz cada vez mais pressão em direção da espiritualidade, e da ajuda do Mestre, leva a personalidade para a presença do Mestre. Depois disso, as fases do Discipulado e da Iniciação vão gradualmente prosseguir.

No entanto, todos esses Egos estão numa categoria especial e recebem orientação e cuidados especiais, sendo todos conhecidos na Fraternidade. Fenômenos estranhos podem ocorrer, pois o Ego é imprevisível. Alguns podem subir rapidamente às alturas espirituais e ocultas, enquanto outras personalidades não são facilmente manipulados por seu Ego e, por algumas vidas só respondem intermitentemente à influência Egoica. Mas elas não podem escapar em última análise, pois o Ego tem, cada vez mais, o neófito sob o seu domínio.

Estes Egos espiritualmente despertos e progredindo rapidamente são como um grupo parcialmente segregado, seguindo linhas especiais de estudos em uma universidade. Embora eles se misturem com os outros alunos, eles realmente não fazem parte deles. Uma sensação estranha, peculiar, e muitas vezes difícil, resulta de não ter contato com o mundo dos homens. Em relação ao Ego, também, eles estão realmente numa classe separada, recebendo treinamento especial e ajuda de um caráter totalmente organizado. Pode-se dizer, simbolicamente, que eles têm a letra «P» brilhando em suas auras e "Caminho", como a palavra sobre o berço em que nascem. Esse grupo especial de Egos é valorizado pela Hierarquia, porque pode ser utilizado para produzir homens e mulheres capazes de realizar trabalhos especiais em um determinado momento da história mundial, seja de natureza espetacular ou despercebida. A maioria dos líderes destacados do mundo e todos os verdadeiros instrutores e líderes espirituais são retirados desse grupo e enviados para encarnar em momentos especiais para atender a certas necessidades e ajudar em certos desenvolvimentos.

A busca sincera pela iluminação, que se estabelece como o propósito interno da vida, é o sinal seguro de que o Ego alcançou a fase de total autoconsciência no Corpo Causal. Este é o estágio em que os Mestres tomam o Ego-personalidade espiritualmente desperto sob Seus cuidados especiais. Eles estão limitados pelo *karma*, se o início da vida deve ser gasto para suportar as flechas e os ventos da adversidade e, nesse caso, sua ajuda começa a ser sentida mais tarde na vida – ou se podem guiar o Ego para um nascimento com relações diretas já estabelecidas com a Gnose e a Hierarquia. O que quer que seja seguido, a tutela e a adoção muito cuidadosas e compassivas ocorrem assim que chegar o momento.

No seu devido curso, a aspiração à sabedoria é fortalecida pela determinação, e o Ego-personalidade então avança cada vez mais movido por seu próprio poder interior. Os Passos oficiais no Caminho seguem-se e as velas são direcionadas para o *Nirvāna*. Assim como há tempestades no mar e pode até haver naufrágios, o neófito no Ocultismo também alcança seu triunfo por meio de tempestades e até de desastres de intensidades diferentes. Mas, em meio a tudo, a vontade interior torna-se cada vez mais forte, o propósito interior domina o pensamento e a vida, apesar de todas as dificuldades na maior de todas as viagens – aquela que traz o viajante para o porto da paz eterna. A partir de então, se ele assim escolher, ele torna-se, por sua vez, um observador das almas, um guardião e padrinho de aspirantes e guia de uma crescente família.

O Discipulado e Como Nos Aproximarmos Dele

O mais elevado de todos os ideais. O mais sagrado e mais lindo de todos os relacionamentos. Suas implicações são pelo menos seis:

(a) Um certo nível de evolução foi alcançado pelo Ego, que conseguiu levar a personalidade à Teosofia, ao ideal do Caminho e à prontidão para as renúncias, altruísmo, autotreinamento e serviço envolvidos. Isso é raro. Poucas pessoas realmente aspiram ao Discipulado. No entanto, a aspiração deve ser forte para que o sucesso seja alcançado em breve.

(b) O *karma* precisa ser razoavelmente favorável em pelo menos quatro sentidos: saúde; liberdade doméstica e financeira (existente ou a ser alcançada posteriormente); um centro válido da vida oculta do planeta ao seu alcance e aberto (a Escola Esotérica da Sociedade Teosófica, por exemplo); os mais experientes dispostos a ajudar e ajudando.

(c) Útil, mas talvez não essencial: elos de vidas passadas com os Mestres, Seus discípulos e o trabalho especial da Fraternidade. Isso é útil, mas deve haver um começo.

(d) A atitude necessária em relação à vida: de forma simplificada, deve ser voltada para fora, cuidando muito mais da humanidade do que de si mesmo. A compaixão pela humanidade é o único motivo permitido – voltado parao alto ou para o interior, numa determinação invencível de alcançar o mais elevado grau de utilidade e o mais elevado nível evolutivo possível na vida atual e nas futuras, o mais rápido possível. Isso implica urgência sem estresse, intensidade equilibrada. Abnegação e compaixão são as grandes salvaguardas contra se tornar um mago negro, maior ou menor (buscar conhecimento e poder exclusivamente para seu próprio benefício).

(e) A vontade: poderosa e capaz de se voltar para a tarefa de erradicar propensões indesejadas, de desenvolver faculdades desejadas, de continuar apesar de toda frustração, sofrimento, injustiças aparentes e falhas reais. Flutuar esperançosamente não trará sucesso rápido. Ceder significa falha. Por mais gentil (e gentileza é uma qualidade essencial), despretensioso, impessoal e flexível que a pessoa externa possa ser, é necessário uma vontade implacável e quase irresistível. Isso é difícil porque é paradoxal. O desenvolvimento da vontade traz consigo o perigo de dureza, severidade, arrogância, dominação e "usar as pessoas" e crueldade. Isso deve ser evitado. A pessoa deve estar "acordada", determinada e deve ser impossível de ser dissuadida. O Discipulado torna-se a primeira coisa na vida. Realismo é essencial.

(f) É necessária alguma aptidão para o *Yoga*.

Tais são, em resumo, algumas das implicações do Discipulado. Você verá como, mesmo por essas, que não esgotam de forma alguma o assunto, o Discipulado é para poucos. Não há intenção de dissuadir um aspirante. Felizmente, temos muitas vidas nas quais podemos nos preparar para realizar essas qualificações e, mais tarde, entrar mais plenamente na única vida que é verdadeiramente viver, a vida oculta, e estudar a ciência oculta, a maior ciência de todas.

Qualidades Essenciais Requeridas

A aceitação como aspirante pelos Mestres depende de:

(a) Uma decisão irrevogável de renunciar à vida mundana e embarcar no caminho do Discipulado e perseverar até o fim, aconteça o que acontecer.

(b) Resolva viver o ideal de "A Escada de Ouro" [20], *Luz no Caminho*[21] e *A Voz do Silêncio*[22], em todas as suas implicações, na íntegra.

[20] Vide Apêndice II.
[21] Collins, Mabel. Brasília: Editora Teosófica, 7ª ed. 2020. (Nota Ed. Bras.)
[22] Blavatsky, H.P. Brasília: Editora Teosófica, 2021. (Nota Ed. Bras.)

(c) Prontidão para trabalhar duro, sem pensamento de reconhecimento ou recompensa de qualquer tipo – serviço impessoal.

(d) Pureza de vida e do coração.

(e) A adoção da causa do progresso e bem-estar da humanidade como sua própria, e viver para esse fim.

(f) Prontidão para submeter-se à disciplina e treinamento constantemente para ser digno e ficar pronto para a Primeira Iniciação.

(g) Profundo interesse pela ciência oculta.

* * * * *

Quando o aspirante tiver aprendido sobre o Caminho, começar a aspirar a ele, tiver tentado desenvolver *viveka, vairagya, upeksha* e *kenosis*,[23] e começar a trabalhar na Sociedade Teosófica e por boas causas, ele terá atraído a atenção do Mestre. Então, dois obstáculos começam a se apresentar e devem ser superados: fadiga psicológica, a morte espiritual do primeiro entusiasmo: e uma série de fortes atrações para longe do idealismo elevado do Caminho.

Então, uma quinta qualidade – uma que é essencial – deve ser desenvolvida ao máximo: ela é persistência, sem rendição, perseverança obstinada, ou seja, uma determinação inabalável de seguir em frente. Isso culmina na resolução final e irrevogável: "aconteça o que acontecer, vou encontrar os Mestres ou morrer"[24], para trilhar o Caminho ou perecer.

---

[23] *Viveka, vairagya, upeksha* e *kenosis*: traduções simplificadas são, respectivamente: discernimento, ausência de paixão, renúncia e abnegação. Vide Glossário Teosófico. (Nota Ed. Bras.)
[24] Paráfrase, JINARAJADASA, C., Transc. e Comp. *Cartas dos Mestres de Sabedoria*. Brasília: Editora Teosófica, 3ª ed., 2019, p. 273. (Nota Ed. Bras.)

Este é o espírito que faz o discípulo. Essa é a qualidade pela qual todos os obstáculos podem ser superados.

Além disso, o aspirante deve abrir um caminho para seus pés, conduzindo-o do mundo humano, onde o egoísmo reina ao mundo super-humano, onde a abnegação e o cumprimento do dever são os ideais. Isso é alcançado adotando-se as causas e os propósitos para os quais a Grande Fraternidade existe e em que é ativa. O estudo revela alguns destes:

(1) popularizar um conhecimento da Teosofia;
(2) formar uma Fraternidade universal;
(3) uma Sociedade Teosófica forte, eficiente e em expansão;
(4) promulgação de religião comparada para libertar a humanidade da intolerância, da casta sacerdotal e do medo da divindade;
(5) recrutar discípulos;
(6) restaurar os antigos mistérios.

O aspirante, ao adotar e trabalhar para o maior número possível desses propósitos, coloca-se em sintonia com a Grande Fraternidade; e, se ele persistir no desenvolvimento do caráter e no trabalho, irá se aproximar indubitavelmente de seu Mestre.

Aviso: o progresso traz reconhecimento pelos associados, pelo público e, finalmente, pelos Mestres. Posição, prestígio, cargos serão os resultados. Eles podem ser armadilhas, tentadoras ao egoísmo, orgulho, desejo de que continuem e grande desapontamento e insatisfação, se não ocorrerem. A pureza do motivo é então maculada O indivíduo corre o risco de cair e falhar sob o teste do poder.

Quando estiver pronto, com total flexibilidade, independentemente de suas inclinações pessoais, para trabalhar em qualquer departamento e por qualquer causa que se harmonize com o trabalho da Grande Fraternidade, é útil conhecer algo dos Adeptos individuais que aceitam discípulos e Seu trabalho particular. A partir desse conhecimento, pode-se fazer uma escolha natural e instintiva do Adepto em particular de quem se almeja tornar um aspirante a discípulo, ou em cujo trabalho se deseja compartilhar especialmente. Quando a decisão é tomada – não importa realmente qual Mestre é escolhido – todo o trabalho deve ser feito em Seu nome e por Ele. Aprenda a conhecê-Lo, a visualizá-lo. Pense Nele como faria um filho ou filha de um pai muito reverenciado. Dedique sua vida e seu trabalho a Ele, servindo em Seu nome e invocando Sua ajuda em tudo que você faz para ajudar a humanidade. Mantenha sempre o pensamento do Mestre em sua mente.

Assim, o caminho é aberto, o reino dos céus tomado pela força. Se e quando finalmente ocorrer a dedicação completa, tudo deve ser mantido estritamente privado, trancado no coração como um tesouro sagrado, escondido de todos, exceto dos irmãos mais íntimos do aspirante.

O lema daquele que deseja tornar-se um aspirante é "querer, ousar, ficar calado"[25] A isso poderia ser acrescentado "e nunca desista".

Humildade, Percepção e Sinceridade

Até que um homem descubra o que ele é e, com toda sinceridade, comece a tentar se refazer, é improvável que faça muito progresso no Caminho ou seja muito útil à humanidade. O primeiro passo consiste no reconhecimento de sua própria falta de dignidade. O próximo, consiste em

[25] Paráfrase. [JINARAJADASA, C., Comp. *Cartas dos Mestres de Sabedoria*. Brasília: Editora Teosófica, 3ª ed., Carta 65, 2019, p. 273. (Nota Ed. Bras.)]

uma determinação de continuar, apesar disso e, o terceiro, em um esforço varonil e inabalável de se modificar. A satisfação pessoal é uma imensa barreira, tanto para o desenvolvimento oculto quanto para a utilidade oculta. Humildade, sinceridade e uma visão clara de si mesmo: esses são três elementos essenciais para o sucesso. Quase todos os fracassos ocorreram porque, no início, essas várias condições não foram cumpridas de forma suficiente, especialmente a humildade, cuja ausência causou mais quedas do que todos os vícios juntos.

A sinceridade absoluta e completa é uma virtude muito rara. Muito poucos a possuem. Em algum lugar, sob a pele da maioria das pessoas, há uma veia de egoísmo, de desejo de recompensa. Onde isso existe, a sinceridade absoluta é impossível. Juntamente com a sinceridade está a unicidade de coração e de propósito. Isso também é extremamente raro. No mundo exterior, o conselho é que não é prudente colocar todos os ovos na mesma cesta. No Ocultismo, a dificuldade do neófito geralmente é a pequenez dos ovos e a insuficiência do número deles. A maioria das pessoas tem muito pouco para oferecer, especialmente no começo.

Honestidade, retidão austera, é outra qualidade básica essencial para o sucesso no Ocultismo. Tentações para desonestidade, especialmente nos assuntos mais sutis da vida interior, colocam constantemente em risco a integridade da alma, seu bem mais valioso. Sem integridade, que significa "expressar a verdade por toda a natureza", nenhum progresso seguro é possível.

Progresso no caminho e um trabalho teosófico ativo são sinônimos. Eles realmente são assim. O apoio à Sociedade Teosófica é uma das maneiras mais seguras de conquistar o interesse e a boa vontade pessoal dos Mestres e de seus Chefes. Um trabalhador bem-sucedido da Sociedade Teosófica é um indivíduo raro em um mundo moderno de interesse próprio, busca de favores e orgulho ilimitado. Humilde, sincero, quieto, sábio e imerso na Sabedoria Antiga, o verdadeiro teósofo é realmente um ser humano único e valioso.

É um fato triste que deve ser encarado, que o homem se recusa deliberadamente a ser ensinado por aqueles que são mais sábios do que ele ou, na melhor das hipóteses, apenas faz de conta que segue as orientações dos fundadores das religiões e das verdades que ensinam. É triste constatar, portanto, que a humanidade deve aprender suas mais elevadas lições por meio da operação da lei cármica.

O amor – em sua mais elevada, mais ampla e grandiosa interpretação e expressão – é a panaceia para todos os males humanos, o único ideal sobre o qual pode ser estabelecida uma vida ou uma civilização que será feliz e que perdurará.

Obstáculos para Entrar no Caminho

Os obstáculos ao ingresso no Caminho do Discipulado incluem:

(a) impulso somente da personalidade, para estar num grupo esotérico – o impulso, esforço, realização deve ser interior;

(b) interesse próprio, motivo para ganhar poder, prestígio, honra, títulos – o motivo deve ser altruísta; orgulho é a grande fonte de quedas, o autoelogio é um anátema;

(c) expectativa de que outra pessoa avance um Degrau no Caminho – ninguém pode ser um substituto do próprio aspirante; conforme São Paulo: "... operai a vossa salvação com temor e tremor. Pois é Deus quem opera em vós,"[26] "Cristo em vós, a esperança da glória"[27];

(d) falta de entusiasmo e esperança de sucesso sem ardor – total sinceridade é essencial;

(e) mistura de escolas, métodos de treinamento e professores; decida seu caminho e siga em frente;

(f) desviar-se, abandonar a busca e, especialmente, atacar e vilipendiar – qualquer uma dessas coisas pode atrasar e até mesmo impedir o sucesso.

* * * * *

Para ter sucesso, o ocultista deve ter o poder de persistir diante de todos os obstáculos, frustrações, dificuldades. Ele deve persistir em superar as três barreiras entre ele e a fonte do poder de que precisa – sua Mônada-Ego.

Quais são as barreiras? Nosso corpo: resistente, inerte; nossas emoções: variáveis e, ocasionalmente, insistentes, rebeldes, ambivalentes; nossa mente: instável, distraída, difícil de controlar, egoísta, sem ver, sem pensar com clareza, separativa, em busca de poder, ressentida. Os atributos do caráter não são facilmente vencidos. É difícil manter a determinação diante da atração pelo poder e pelo prestígio.

Esses veículos e características mortais não devem ser destruídos, mas conquistados, transmutados, transformados em aliados e depois treinados para agir como uma equipe coordenada com um objetivo – a consciência divina. Este é o trabalho do esoterista no que diz respeito à sua

[26] Filipenses 2 : 12-13.

[27] Colossenses 1 : 27.

personalidade. Entende-se por que H.P. Blavatsky disse que o Ocultismo é para poucos.

Desenvolvimento do Caráter

... "O que um homem pensa ele se torna; pense, portanto, no eterno", diz a escritura hindu. É assim. Estamos construindo o nosso caráter, o tempo todo, pela natureza de nossos pensamentos habituais. Se continuarmos repetindo determinadas linhas de pensamento, formaremos hábitos mentais, pois, em certo sentido, nossa personalidade é gerada por nossos hábitos. Mas a Teosofia diz que podemos mudar nossos hábitos e, quando o fazemos, mudamos a nós mesmos. Nós literalmente nos tornamos novas criaturas. Uma das descobertas mais encorajadoras da psicologia moderna é que a pessoa pode formar novos hábitos em qualquer momento da vida.

O que um homem pensa, ele se torna, e essa é uma parte importante do caminho para a autorredenção, a autocura, a autocorreção, pelo exercício de seus pensamentos. Consiste em uma operação inversa do mesmo processo pelo qual o hábito original foi formado. Se acharmos que temos um mau hábito, que ele está ficando mais forte, que está nos incomodando e que é um sinal desagradável no ser humano, então há uma maneira pela qual podemos curá-lo. Se é algo sério, como raiva repentina ou irritabilidade aguda, não se concentre no problema, mas no seu oposto. O contrário da raiva é o amor, o domínio próprio, o equilíbrio. Todos os dias você terá que dedicar um quarto de hora. Você precisa pensar neste caso no amor, um amor completamente impessoal, sem pensamento de retorno, de autodomínio e equilíbrio. "Amor," você deve pensar. Diga a palavra, se quiser. Continue e insista até você se sentir pleno com a palavra que você está usando. Dessa forma, você é modificado pela forma-pensamento que você criou.

O que acontece fisicamente no cérebro e em nosso sistema nervoso à medida que aprendemos um novo hábito ou quebramos um antigo? Quando realizamos um ato, estabelecemos uma espécie de caminho cerebral ou nervoso, levando aos centros motores e à matéria dos corpos astral e mental. Assim, na próxima vez que o impulso ou o desejo da ideia de realizar o ato nos atingir, uma vez que o caminho já está marcado, um impulso ou desejo mais fraco percorrerá o mesmo caminho, levando-nos a agir, realizar o desejo, ou o impulso, ou a ideia. Isso pode continuar indefinidamente até que, conforme repetimos o processo, as células nervosas e a matéria dos corpos astral e mental se tornam tão bem-organizadas e integradas que o comportamento resultante se torna quase automático.

Por esses processos e pelo pensamento constante ao longo das linhas desejadas, podemos reconstruir nossas personalidades e adicionar qualidades que até agora não eram aparentes. Você pode mudar a si mesmo. No entanto, gostaria de alertar sobre a preocupação excessiva consigo mesmo, com a introspecção mórbida e o interesse excessivo nos próprios estados mentais e emocionais. Em vez disso, pratique o desinteresse, o esquecimento e o serviço.

Reta Conduta

O progresso oculto não depende de que sejam alcançados elevados níveis de consciência, de poderes, de visões, de sonhos. Depende quase inteiramente da conduta ao longo das horas e dias de nossas vidas e, para a reta conduta, não há substituto.

Honra e posição mundanas, dons físicos e intelectuais brilhantes, alta realização cultural – tudo isso não elevará o aspirante um passo em direção aos Mestres, a menos que seu pensamento, fala e ação diários estejam em conformidade com o ideal do Caminho.

* * * * *

O homem ou a mulher que mora sozinho é livre para buscar o conhecimento oculto, pois nenhuma outra pessoa é afetada. Quando, no entanto, o novo estudante é casado ou adquire outras responsabilidades, então um cuidado especial deve ser tomado para nunca permitir que o interesse em desenvolvimento o isole da família. Tampouco deve obrigar outro (o parceiro, por exemplo) a responder de maneira semelhante. Tais erros podem ter resultados adversos. Um é criar divisão entre os membros de uma família até então intimamente unidos. O outro é afastar a pessoa, que já se sente angustiada, e que está sofrendo por uma assunto que lhe causou tanta dor. Em todos os casos, a atenção daqueles que são queridos e por quem são amados deve controlar todos os interesses e ações que possam criar uma divisão na vida familiar ou em outras associações. As obrigações existentes devem vir em primeiro lugar.

Talvez seja possível estabelecer um acordo no qual, sem romper os laços estreitos, o amor e a atenção habituais possam ser mantidos, permitindo, também, que o novo aspirante possa ter tempo e oportunidade para estudar Ocultismo. Sob tais circunstâncias, é muito mais provável que companheiros próximos se voltem para os mesmos interesses, fortalecendo e aprofundando assim o relacionamento – uma consideração importante. Se isso for possível, também será alcançado um valioso desenvolvimento de caráter: o da capacidade de adaptação a todas as situações, particularmente às difíceis. Isso pode se incorporar ao temperamento e provar ser de imenso valor, especialmente quando, mais tarde, posições importantes forem alcançadas.

O Caminho Está no Interior

Todo aspirante ao Caminho descobre, mais cedo ou mais tarde, que todo o processo é realizado em seu interior. O caminho está dentro dele. O poder do sucesso está dentro dele. Os obstáculos estão todos dentro dele, até mesmo os *kármicos*; pois o efeito do *karma* é decidido por sua reação a ele. Eventos externos, mesmo os Níveis alcançados, são apenas externalizações do que se passa dentro dele. Todas as grandes realizações são interiores. Todas as grandes batalhas, derrotas e vitórias ocorrem em seu interior. A vida externa é apenas um reflexo da experiência e da condição interior. Portanto, o grande esforço deve sempre ser direcionado para dentro, para purificar e aperfeiçoar o caráter, refinar toda natureza e, acima de tudo, para desenvolver poder, sabedoria, compaixão e inteligência. É essencial que a mente seja mantida sempre no ideal. O aspirante deve dedicar seu coração e sua alma às mais importantes coisas da vida. Ele deve viver para essa dedicação.

O Valor das Primeiras Aproximações ao Caminho

A vida dedicada ao Caminho é para poucos e, de fato, para muito poucos. Muitos são atraídos por ela como mariposas ao redor de uma vela, mas muito poucos suportam o "calor", ou seja, o estresse, as renúncias e disciplinas implícitas e, em particular, a incerteza da realização. Mesmo assim, a tentativa deles é útil; pois ela marca a entrada numa fase na qual, finalmente, o Caminho será procurado, encontrado e trilhado em um estágio posterior. Tais aspirantes... podem estar sofrendo de uma sensação de fracasso e derrota. Na verdade, eles não foram derrotados, nem falharam, pois o tempo deles ainda não chegou e os rigores do Caminho não são para eles... Nesses casos, os Egos fizeram o melhor possível, progresso foi feito e elos formados, que serão todos úteis e darão frutos mais tarde.

A esperança de uma rota mais fácil é muito atraente e sua escolha não é anormal nem deve ser condenada. O mundo perde um ajudante e a Fraternidade perde um recruta, o que é lamentável, mas é melhor que a pessoa seja sincera.

Aqueles que não têm dentro de si total coragem e domínio próprio e que ainda não sentiram o chamado às alturas, não se tornarão alpinistas de sucesso. É melhor para eles ficarem em terreno plano e praticar no sopé da montanha, sendo perfeitamente correto e justificável para eles, ou na verdade, muito sábio. Mas, lembre-se, eles não alcançarão o cume da *Kailasa* e Daqueles que nela habitam. Que eles sigam um caminho que deve ser "natural" e, portanto, verdadeiro e estudem psicologia, particularmente a psicologia da intuição. Mas a isso pode ser acrescentado: embora um certo grau de percepção intuitiva possa, porventura, ser desenvolvido sem treinamento e domínio da mente, eventualmente esse treinamento terá que ser realizado e aquele domínio atingido. Caso contrário, os frutos da intuição não podem ser totalmente compreendidos, nem, por essa razão, definidos e compartilhados. Em outras palavras, em sua ascensão, nenhum homem pode ignorar a mente.

Não se pode tornar proficiente em nenhuma ciência sem obedecer às regras e dominar as leis por meio de trabalho árduo. Isto é especialmente verdade para a maior de todas as ciências, a da vida mais elevada e sua realização antes da prova.

O Caminho – Um Princípio da Natureza

O aspecto administrativo do Caminho é tão impessoal quanto a contabilidade. Se o "saldo" de um aspirante não estiver correto no final do "exercício financeiro", os auditores, Nós mesmos, não poderão assinar "auditados e considerados corretos", por mais que Nós pessoalmente desejemos fazê-lo.

Isso não significa, de forma alguma, que o Caminho esteja de alguma maneira fechado, dentro ou fora da Sociedade Teosófica. Não temos poder para abrir ou fechá-lo. O Caminho é um princípio da Natureza, que uma seção da Fraternidade se comprometeu a administrar – o da possibilidade de acelerar a evolução de homens espiritualmente despertos. Quer eles sejam orientados ou não em suas personalidades, os [conjuntos] Ego-personalidades determinados e altruístas podem e conseguem apressar seu crescimento espiritual. Nada pode parar esse processo.

A Sociedade Teosófica não é a única porta de entrada para o Caminho. Místicos e ocultistas determinados podem encontrá-lo e segui-lo até o fim, em qualquer lugar do mundo, juntos ou sozinhos. As Leis do Caminho não mudam. As recompensas da obediência nunca são retiradas. E, de fato, o Caminho está mais aberto agora do que há muito tempo na Terra, devido ao período intensamente crítico pelo qual estamos passando.

CAPÍTULO 4

O Relacionamento Mestre e Discípulo

A Impessoalidade e a Bondade do Mestre

Os Mestres, como Adeptos, são a encarnação da impessoalidade – Eles mantêm os olhos no trabalho. Mas como seres humanos (e lembre-se, no sentido corporal Eles são). Eles têm corações e respondem ao apelo da beleza, são tocados por um ato de devoção, de autossacrifício e por ações nobres.

Às vezes, algumas pessoas os veem na grandeza e poder de Seu *Adeptado*, mas outras vezes, na verdade, frequentemente, como seres super-humanos maravilhosos e bondosos. Por serem super-humanos, são superlativamente gentis e até mesmo em Sua severidade (e Eles podem ser muito severos) e isso tem um motivo benigno: trazer o discípulo de volta ao caminho certo novamente e salvá-lo da dor.

Como Adeptos Eles são "Deuses" do amor universal; como Super-Humanos Eles são grandes amantes do mundo.

Imperfeições no Discípulo

No nível Causal, quando o Mestre olha com Seu olhar profundamente penetrante para o discípulo ou aspirante, o fato extraordinário é que um olhar penetrante, de Seus olhos e consciência, é suficiente para revelar inteiramente a Ele a condição psicológica do discípulo. É como se Ele soubesse instantaneamente tudo sobre o discípulo, particularmente a relação entre o Ego e o cérebro e quaisquer obstáculos, por assim dizer, na aura e nos corpos sutis que interferem com um intercâmbio bom e eficaz. Além disso, seu conhecimento é completo, de modo que Ele conhece uma pessoa por dentro e por fora imediatamente. Em sua mente formal, pode-se pensar que ele conhece e tem diante de si o horóscopo e as progressões completas da pessoa, incluindo vidas passadas relevantes – em um *flash* tudo compreende, tendo um vislumbre perfeito.

O Mestre se une ao Ego do discípulo e, por meio dessa unidade sagrada e mística, ajuda-o e, por assim dizer, sussurra a sabedoria secreta numa unidade mística. Isso não é necessariamente uma comunicação de ideias. Nada parece ser dito ou precisa ser dito. Existe uma unidade silenciosa e dinamicamente significativa do lado da vida, na qual tudo o que o Ego pode receber é concedido... Essa comunicação diz respeito aos segredos mais profundos da alma do homem, alguns dos quais a personalidade nem sequer está ciente, embora ideias gradualmente possam se infiltrar.

O Mestre ajuda principalmente no nível Causal, como se a personalidade estivesse sob a influência de vários *karmas* com os quais Ele pouco pode interferir e com os quais Ele sabe que a pessoa está aprendendo e crescendo, embora Ele possa operar sobre alguma dificuldade especial na personalidade. A natureza pessoal da encarnação certamente é observada e muito afetuosamente considerada, quando as pessoas são devotas verdadeiras e sinceras e têm o Ocultismo em primeiro plano nos seus pensamentos e vidas, e têm amor pelo Mestre.

Naturalmente, todo aspirante à vida oculta está cheio de falhas, tem muitas falhas humanas. Se ele se torna um discípulo, seu Mestre, muito raramente observa essas falhas no corpo físico. Ele as considera como não sendo de sua alçada, mas do Seu discípulo, seus assuntos particulares, nos quais não é costume o Mestre se intrometer. O Mestre olha para a alma e não para o corpo. Se a alma é pura, tudo está bem com Seu discípulo.

O corpo deve necessariamente ser impuro, pois ainda é do mundo. Nenhum aspirante vivendo e trabalhando no mundo, mesmo em nome de seu Mestre, pode escapar do mal que existe no mundo. Na verdade, ele deve conhecê-lo intimamente, mesmo que o conhecimento traga impureza à sua forma externa. Porém, enquanto a alma for pura, seu Mestre continuará a efundir por meio dele Sua vida, Sua luz e Suas bênçãos. Em última análise, é claro que seu corpo também deve se tornar puro, livre de qualquer mancha, a vida corporal branca[28], sagrada, santificada no mais elevado grau. Então, quando tanto a alma como o corpo forem brancos e puros, ele será realmente o discípulo perfeito, aproximando-se rapidamente da estatura do homem perfeito.

É uma exceção e não a regra, quando a experiência interior do Ego é levada diretamente para a consciência do cérebro. Também é a exceção e não a regra para a vida corporal se adaptar imediatamente à iluminação do Ego. No seu devido tempo, é claro, deve-se alcançar plena consciência em todos os veículos, e esse deve ser o ideal diante de cada discípulo. Esse ideal é extremamente difícil de ser realizado por todos que não podem se retirar para o *ashram* ou um retiro religioso.

[28] "Branca" por ser pura e livre de egoísmo.

O trabalhador bem-sucedido nunca sabe quanto deve ao Mestre – a inspeção silenciosa e não revelada, a inspiração e a aceleração Egoica, que o Mestre promove constantemente, e cujos frutos pessoais podem não chegar até muito tempo depois, por meio de algum trabalho efetivo ou uma grande ideia.

Ensinamento Egoico

O que é considerado ensino no nível pessoal, que depende da transferência de um para outro, não pode ser comparado em importância à sintonia espiritual dentro do Eu Interior ou à unificação[29], o que faz com que o conhecimento percebido intuitivamente surja de dentro de si mesmo. Mentalmente descrito, o Mestre toca, unifica-se com o *Ātmā* do Ego e, assim, carrega o Ego com uma medida de Seu próprio poder frutificante super-humano, *Búddhico* e *Átmico*.

"Mestre" não é a melhor descrição da verdadeira natureza do relacionamento que nunca é magistral ou dominante de forma alguma. É melhor descrito como paterno, uma vez que o Mestre adota completamente o discípulo, da Aceitação em diante, em Sua vida familiar pessoal mais íntima e em seus relacionamentos, do ponto de vista oculto.

* * * * *

O Adepto é um agente de grandes forças, pensamentos divinos e Inteligências, não apenas do planeta, mas muito além dele, uma espécie de

[29] *At-one-ment*, no original em inglês: termo com implicações de intuição pela sintonia com o que lhe é superior (N.T.)

"mapa" das Correspondências continuamente operativo e funcional. A propriedade peculiar e especial da consciência do Adepto é que todos recebem a Ele e o Seu pensamento e influência, não apenas num sentido geral, mas também numa aplicação notável em suas próprias vidas pessoais e pensamento em seu nível de evolução. O Adepto é capaz de combinar, em termos educacionais, a instrução da classe ou do grupo com a direção pessoal para o indivíduo.

A Presença do Mestre Junto ao Discípulo

Onde quer que um dos discípulos esteja, o Mestre está, potencial e efetivamente. Pensamentos e ações dos discípulos chegam instantaneamente na consciência do Mestre. O Mestre aceita a tensão resultante até um certo nível, depois disso alguma forma de válvula opera e desliga as atividades indesejáveis. No entanto, pode-se dizer: "onde quer que o discípulo esteja, lá está o Mestre". A qualquer momento, o Mestre pode estar presente e usar os veículos do aspirante e enviar uma ideia, uma força ou corrente de poder através dele ou dela.

Ele assume a responsabilidade pelo Ego, especialmente, e compartilha, até certo ponto, de suas falhas e totalmente de seus sucessos. Se algum trabalho for realizado e o Mestre achar adequado ou necessário, Ele participa desse trabalho e ajuda ativamente. O aspirante pode ou não estar ciente desse fato, mas geralmente está.

A Natureza Eterna do Discipulado

Quando o Discipulado é alcançado, a associação com o Mestre é contínua em nível Egoico. Existe uma unidade que nunca é rompida, a menos que, havendo um total fracasso, o Caminho seja renunciado. As trevas pessoais não afetam de maneira alguma essa comunhão ininterrupta, desde que o ideal do Caminho seja sustentado e a luz eventualmente recuperada.

Na Iniciação, o mesmo ocorre com toda a Fraternidade dos Adeptos, sendo o *Ātmā-Buddhi-Manas* absorvido nela durante a cerimônia da Primeira Grande Iniciação. Um reflexo e uma promessa disso ocorrem quando um aspirante passa a ser orientado por um discípulo mais avançado, no relacionamento de aspirante querendo estudar, e quando Iniciações menores são conferidas. Esses elos são, no entanto, suscetíveis de ruptura porque dizem respeito apenas ao homem mortal, ainda que os caminhos de um Ego para outro Ego sejam abertos, até certo ponto. Quando um discípulo mais velho se compromete a instruir um mais novo, o exposto acima entra em operação.

Adeptos do nível *Chohan* se comunicam e auxiliam quase inteiramente em níveis Causais e apenas raramente com a natureza pessoal. Uma razão para isso é que, no nível Causal, mal-entendidos e erros são impossíveis, enquanto a personalidade pode interpretar mal ou receber com falhas as instruções que o Mestre possa dar.

A Grande Fraternidade pode ser comparada a uma xícara ou cálice, de cristal transparente, cheio do "vinho" da vida e do espírito do *Logos* Solar. Todo Iniciado de todos os graus, do primeiro ao mais elevado, não está realmente no cálice, mas, parte dele, em nível Causal, formando parte do lado, enquanto que em nível *Búddhico* e *Átmico*, representa o "vinho" interior. Isso aprofunda nossa compreensão do que realmente significa o Discipulado e a Iniciação – a união íntima do espírito com o espírito, da vida com a vida e do intelecto com o intelecto. Além disso, assim como o progresso evolutivo normal é automático, o mesmo ocorre com a evolução acelerada, quando o Caminho é adentrado. O Discipulado e a Iniciação podem ser erroneamente considerados como processos de instrução, embora, na verdade, haja muito menos ensinamentos e muito mais estímulo espiritual, iluminação e aceleração do desenvolvimento do Ego[30].

À noite, quando o corpo dorme, a consciência pessoal é estendida nos níveis Causais no discípulo e nos níveis *Búddhico* e *Átmico* para o Iniciado, bem como a consciência da unidade com o Mestre e a Fraternidade, respectivamente, que é então totalmente experimentada de acordo com a capacidade. Esse conhecimento é importante porque, quando apreendido, proporciona e assegura a equanimidade do coração e da mente, e isso é muito importante para o discípulo, que deve evitar altos e baixos. Obviamente, o *Yoga* é a chave para a realização dessas verdades básicas relativas à vida interior. Não há altos e baixos, humores ou graus variados de felicidade nos níveis Causais, e tampouco labutas árduas ou surtos de atividade, sendo esses limitados à personalidade. A consciência Causal é sempre serena.

O verdadeiro coração do ser é *Ātmā-Buddhi*, e ali o discípulo está sempre "vibrando" com o Mestre e vice-versa. Isso é maravilhoso, pois não há limite para o número de pessoas com as quais o Mestre pode ser unificado. Pois com o Senhor Maitreya e para todos nesse nível e acima, toda a humanidade está assim unida e Ele com todos os Egos que compõe

[30] Está implícito que o "desenvolvimento" referido é da consciência, até que ela alcance a plenitude de *Buddhi* e de *Ātmā* inerente à manifestação de cada Mônada. (N.T.)

a humanidade deste Globo. É claro que há um fluxo de *Ātmā-Buddhi* e até *Paramātmā-Ātmā-Buddhi* através do Mestre para aqueles com os quais Ele está ligado. Portanto, nesse relacionamento, existe um elemento de eternidade ou um eterno entrelaçamento e unificação da essência de cada Ser participante da unidade. O que acontece nos mundos inferiores não pode nunca afetar, no menor grau, essa unidade quase eterna em que o Mestre está para sempre presente no coração. De fato, é isso que é realmente o Discipulado no sentido profundamente oculto.

Como a Fraternidade também se preocupa com o mundo dos homens e das mulheres – uma diferença sem significado no nível Causal – as atividades dos discípulos, Iniciados e aspirantes comprometidos realmente a preocupam por muitas razões óbvias.

O Cuidado Imutável do Mestre com o Discípulo

Dentro da consciência do Mestre e do mundo em que Ele vive, tanto em Si Mesmo como com Seus discípulos e cooperadores, nunca há mudanças. O mundo exterior, com suas tensões, estresses, altos e baixos, não afeta de forma alguma, nem a Sua consciência nem os relacionamentos; pois Ele é como um farol que nunca se apaga, mas sempre brilha de forma constante e da mesma forma ao longo das eras sem fim – uma verdade maravilhosa. Obviamente, exatamente o mesmo se aplica a todos os Mestres que aceitam discípulos. Não devemos pensar neles como pessoas mutáveis ou capazes de ser movidas de alguma maneira em suas associações e vínculos íntimos com os seres humanos. Essa é uma das grandes diferenças entre o mundo Deles e o nosso mundo – a ausência de mudança.

A associação de Mestre e discípulo é como um selo irrevogável em Sua natureza e ser. Nada, exceto uma negação deliberada, flagrante, persistente e desprezo pelo relacionamento sagrado com o Mestre e a Hierarquia, apagará ou poderá apagar o assim-chamado selo. Onde essas negações terríveis e ainda piores ocorrem, é mais provável que Ele torne o selo temporariamente inativo, como colocá-lo em uma prateleira, até que mais tarde a associação seja retomada. Quando isso ocorre, é retomado no mesmo local de antes do desastre da negação.

Veja bem, Ele sabe que um tal fracasso pertence ao mundo de *māyā* e significa que o discípulo caiu sob a ilusão *mayavica*. Esta é a única ação que poderia ser chamada de "pecado". Isso acontece e é realmente muito sério. A recuperação pode levar vidas, mas, mesmo assim, o Mestre espera ou pede que Seu sucessor o faça, estando sempre pronto para receber o neófito novamente.

Adeptos são os seres mais inacreditavelmente maravilhosos, não apenas nestes, mas em muitos outros aspectos. Eles parecem sempre ter os olhos voltados para o futuro, mesmo que necessariamente prestem atenção ao presente. Mesmo esse presente e seus acontecimentos também são considerados estações ou canais para o futuro.

Parece-me que os Mestres veem todos como um Adepto potencial. Ou seja, eles veem e conhecem a capacidade para o *Adeptado* já presente e se preocupam inteiramente em promover as mudanças, ao longo dos degraus e fases, da pessoa humana para o Adepto.

CAPÍTULO 5

Adversidade e *Karma*

Eliminando o *Karma* Adverso

Uma das grandes preocupações de um Mestre com relação a Seus discípulos é saldar a sua conta *kármica*. Ele naturalmente quer que Seus auxiliares de trabalho estejam o mais livre possível de interferência *kármica*. É por isso que tantos discípulos sofrem tanto, têm uma vida tão difícil e passam por tantas dificuldades. Seus Egos concordaram com tais precipitações *kármicas* por sugestão do Mestre. Todos os discípulos, todos aqueles para quem o grande trabalho é planejado, sofrem física ou mentalmente ou ambos. Essa limpeza do *karma* adverso faz parte do grande plano pelo qual os Mestres terão à sua disposição auxiliares confiáveis e livres de *karma*, a quem pode ser concedidos atividades importantes e delegados trabalhos importantes, além de um número muito grande de pessoas que respondem à Sua orientação e estão prontos para trabalhar com eles.

Muitas dificuldades surgem, no entanto, porque o *karma* de exploração e maus-tratos, tão prevalecente aqui na Terra por um período tão longo de tempo, terá que ser enfrentado. Esportes sangrentos, carnificina e vivissecção estão gerando um *karma* realmente terrível, esse aspecto será resolvido aqui na Terra sob a forma de doenças individuais e epidemias.

A Passagem pela Adversidade

O progresso no caminho do Discipulado depende de nós mesmos. Pois nada é mais estritamente imparcial e impessoal do que a vida oculta. Recebemos toda a ajuda possível, mas o progresso depende inteiramente do que somos, do que somos capazes de receber, de quanto podemos responder, o que podemos fazer pelo trabalho e pelo mundo e o que podemos fazer a nosso respeito.

Ao entrar oficialmente no Caminho, simplesmente nos foi dada uma chance sob o olhar imparcial da Lei. O que ganhamos até agora é o direito de ser testado. O Salão do Julgamento[31] é aberto para nós e somos avaliados imparcialmente na balança minuto a minuto, dia a dia, ano a ano e vida a vida, mas especialmente minuto a minuto. "Deus trabalha em instantes", diz um antigo provérbio francês, e isso é especialmente verdade na vida oculta. A pesagem e o trabalho são especialmente incisivos quando nos oferecemos e somos oficialmente aceitos na vida oculta. Em toda pesagem, é o motivo escondido que conta.

Existe uma lei oculta de que o progresso é acompanhado por provação, tensão e estresse. Para alguns, a provação é ardente: tentação, tensão, pura fadiga física, problemas de saúde, dor, frustração, aparente catástrofe, opressão e tratamento ofensivo por nossos sêniores. A coroa de espinhos da solidão e a lança do ódio, ciúme e condenação injusta são lançadas sobre nós e somos crucificados.

A aridez espiritual e as noites escuras da alma nos cercam. Além disso, aqueles que nos são mais próximos e queridos sofrem e nossos corações

[31] "A Câmara Egípcia do Julgamento": vide G. Hodson, *Illuminations of the Mystery Tradition (Iluminações da Tradição de Mistério)*, segunda edição.

são rasgados por causa deles. Sentimos-nos impotentes. Às vezes é uma angústia insuportável. Quase todos nós experimentamos essa resposta ao passo adiante, que consiste na admissão à Câmara Externa do Santuário. Só os fortes sobrevivem.

Como essas experiências devem ser recebidas e a serenidade alcançada? Primeiro, pela compreensão e reconhecimento de que essas são as tempestades que despertam o Cristo adormecido. São também a cruz que todos devem carregar, todos que levam consigo o Cristo na jornada da vida, conforme: "Pegue a sua cruz e siga-me" [32] e "Saia do seu mundo e venha para o nosso"[33]. "Antes que a alma possa estar na presença dos Mestres, seus pés devem ser lavados no sangue do coração." [34] O *karma* é precipitado, débitos são pagos, a alma é provada no fogo e pesada na balança. Tudo dentro de nós deve ser trazido à tona, conhecido e visto, o bem e o mal. Este é um princípio que governa a vida no Caminho.

Em meio a essas tribulações probatórias, é importante lembrar que todas essas formas de sofrimento, do ponto de vista oculto, são bons sinais. Eles indicam que o progresso está sendo feito, que o passo é real e que a pessoa está em treinamento. Nossas próprias ações e as reações que elas provocam são nossos verdadeiros professores.

Como essas dificuldades devem ser enfrentadas? A resignação, como um poder positivo e fundamentada na compreensão, é a chave para a passagem bem-sucedida pela adversidade. A justiça e a beneficência da experiência devem ser reconhecidas. A resistência simplesmente complica e atrasa o equilíbrio dos pratos da balança no fio da navalha do julgamento

[32] Paráfrase. Mateus 16:24.
[33] Paráfrase. [*Cartas dos Mahatmas para A. P. Sinnett*, Editora Teosófica, Vol. I, Carta II, p. 45. (Nota Ed. Bras.)]
[34] Collins, Mabel. *Luz no Caminho*. Brasília: Editora Teosófica, 2021, p. 29-30. (Nota Ed. Bras.)

imparcial sob a lei *kármica*. Renuncie a si mesmo ou aceite mentalmente de forma inteligente. Fique quieto interiormente e em paz, conhecendo a lei – isso seria o ideal. Devemos estar prontos para toda a experiência, para as profundezas e as alturas, por dentro e por fora, e busca-o com uma profunda obediência da alma à tênue estrela que arde no interior".[35]

A parte de nós que sofre é *ahamkāra*, o sentido de eu, de ser eu mesmo, a ilusão da separatividade, da personalidade separada. Se pudermos nos livrar disso em rendição total à Vontade do Um e uma completa impessoalidade que literalmente não se importa com o eu, então a dor por nossas próprias razões não poderá nos tocar, acusações e afrontas pessoais, injustiças, fofocas não nos causarão nem um momento de tristeza pessoal. Aquele que sacrificou o eu encontrou o caminho para a paz.

Rendição é a única garantia de serenidade. "Não a minha, mas a Tua vontade seja feita"[36] é a palavra do ocultista da Ordem Branca. "Então descobriremos que nossos corações, quando colocados na balança, pesarão menos do que uma pena e estaremos no estado egípcio de '*mer kheru*' e no tibetano '*gotrabhu*'".[37]

Sob Ataque

Quando estiver sob tensão ou perturbado por uma crise ou choque, permaneça sozinho. Existe uma arte de receber ataques corretamente – uma grande arte:

---

[35] Collins, Mabel. Brasília: Editora Teosófica, 2021, p. 31. (Nota Ed. Bras.)

[36] Lucas 22:42.

[37] *Mer kheru* (Eg.); *Gotrabhu* (Tib.): Verdadeira voz.

1. Nenhuma reação de má vontade em relação ao atacante – apenas inalterada benevolência, para com tudo o que vive.

2. Nenhum sentimento de mágoa, injúria ou injustiça; porque o atacante é simplesmente um instrumento do seu próprio *karma*.

3. Nenhuma resposta até que exista perfeito desapego e calma. Caso haja uma inevitável sensação de mágoa, dor real, como no caso de um ataque de um amigo próximo, não aja nem responda às pressas. Sempre espere (a) por calma mental, (b) por uma mensagem da intuição ou (c) orientação inspirada. Acima de tudo, não faça nada às pressas e enquanto estiver sentido.

4. Se você está errado, reconheça e corrija o que está errado.

* * * * *

O verdadeiro ocultista nunca se defende. Se ele o fizer, a força de sua defesa volta-se contra ele. Se ele relaxa sem ressentimento, as forças do ataque passam inofensivamente por ele. Não há necessidade de legítima defesa para os justos, pois a verdade deve inevitavelmente prevalecer, o direito de ser vitorioso no final. O ocultista está contente em depender dessa lei.

Da mesma forma, diante do erro de outra pessoa em que ele próprio está envolvido, o ocultista fica em silêncio, permitindo que o outro descubra o seu próprio erro, como é certo que fará com o tempo. Então, o próprio silêncio se torna mais poderoso do que qualquer repreensão falada. A repreensão silenciosa é infinitamente mais potente que a falada. Fique quieto. Fique quieto. O silêncio é a réplica insuportável.

“Fracassos” e Provações no Caminho

Aqueles que falham – e quem não falha nos estágios iniciais – sempre evocam a mais profunda simpatia no coração daqueles que amam a humanidade; pois esses “fracassos” podem torná-los desamparados e completamente desanimados equivocadamente, porque acham que seu fracasso é o final. Isso nunca será verdade. Essa pessoa, que finalmente alcança a visão clara, passa a saber que todos os erros podem ser e são retificados pelo *karma*. E a sabedoria obtida com as experiências mostra-se como um aprofundamento do caráter e uma crescente compaixão por todos, seja no sucesso ou no fracasso.

Talvez seja verdade, para muitas pessoas, que essas realizações de compaixão, compreensão e paciência sejam qualidades que só podem ser alcançadas após o fracasso, com seu efeito benéfico de humildade pessoal.

* * * * *

Quando um discípulo está doente ou passa por um período em que o *Yoga* regular é impossível, o Mestre o vigia e aprofunda sua consciência. Para o verdadeiro discípulo “praticante” não há perda de tempo e ele encontrará todo o equipamento funcionando bem quando, finalmente, recomeçar o *Yoga*. A provação, seja lá o que for, deve ser suportada com bravura, para que o Mestre possa ficar satisfeito com sua resistência moral. Pois todos esses momentos de dificuldade são provas pelas quais ele deve passar na vida oculta. O *karma* terá sido enfrentado e eliminado, e o caminho no futuro será liberado com isso.

Tempo "perdido" não deve ser razão para preocupação nem aborrecimento. A aquisição de serenidade depende muito da reta atitude em relação à passagem do tempo e ao aparente atraso. A maravilhosa afirmação que pode ser repetida diariamente é: "Estou sob os cuidados do Mestre, estou seguro em Sua guarda, pois Ele é meu e eu sou dele, agora e para sempre." Que seja esse o *mantra* e a alegria interior; pois é verdade além de qualquer dúvida e, no devido tempo, será provada ao discípulo.

Ego e Personalidade na Adversidade

O *karma* físico adverso não é de modo algum um impedimento ao Ego em seus corpos mental e astral, assim como no corpo físico, no mundo e na vida. A partir disso, quando aceito como razoável e ainda mais como fato, certas deduções óbvias podem ser feitas. Entre elas estão a importância do total cumprimento do *dharma* nesta vida e evitar cuidadosamente a geração de mais adversidades pela conduta que produza dor para os outros. Este último ponto é de vital importância *kármica*, porque o estudante de Ocultismo sabe muito bem isso e não age na ignorância. Por outro lado, esse conhecimento pode possivelmente reduzir a sensação de estar sendo demasiadamente observado, testado e restrito, principalmente quando existe uma forte aspiração para viver inteiramente para o estudo teosófico, o idealismo ocultista e o serviço à humanidade.

O desenvolvimento do Ego pode ocorrer de maneira ainda mais rápida e completa nessas condições de resistência e dificuldade do que na relativa calma e paz do *ashram*, da caverna ou da cela. Uma vez que o Ego tenha sido dedicado ao serviço do *Logos* e que a personalidade o ratifique, pelo menos mental e fisicamente, tanto quanto possível, nunca por um só momento o neófito está totalmente fora da mente do Mestre. Todos os envolvidos recebem, continuamente, toda a ajuda que o *karma* permite que o Mestre dê. Que cada um mantenha a alta resolução, o cumprimento do dever e o serviço que esse dever permitir. Este é o caminho através da escuridão para a luz.

O progresso suprafísico e Egoico continua quase sem referência às adversidades físicas e condições restritivas. Todaaspiração, todo anseio espiritual, toda intuição oculta e todo desempenho do *Yoga* – todos produzem seu efeito benéfico diretamente sobre o Eu Superfísico[38] e seus corpos superfísicos. O Mestre estará plenamente consciente de nossas dificuldades, observando o bom sucesso que alcançamos, quando possível, e as profundas aspirações e anseios do coração. Tudo isso é conhecido por eles e evoca a ajuda que pode ser dirigida a nós e que pode ser respondida no momento. Podemos estar fisicamente doentes e psicologicamente deprimidos e angustiados e, ao mesmo tempo, estarmos nos desenvolvendo em beleza em nossa natureza interior...

* * * * *

Todo ocultista e Iniciado têm, na verdade, uma dupla existência e muitas vezes com muito pouco intercâmbio entre as duas partes, mortal e imortal. A partir do momento da aceitação, o Ego leva uma vida própria em seu próprio mundo maravilhoso. Os efeitos dessa vida interior, cada vez mais profunda e cada vez maior, consistem no desejo de viver a vida oculta, aceitar suas disciplinas, que logo não são mais sentidas como restrições, e praticar a meditação como se fosse para satisfazer uma espé-

---

[38] No original em inglês: *superphysical*, podendo também ser traduzido por: Eu Superior.

cie de sede interior. Essa sede é o toque do Ego, penetrando através do véu e da matéria resistente dos veículos, principalmente do físico. É uma sede divina que ataca toda pessoa que anseia e almeja pela luz e pela vida interiores, é uma sede pelas águas da imortalidade, o fluxo abençoado de *Amrita*. Beba, portanto, apesar da densidade resistente da matéria e do *karma* inibir a mente-cérebro, pois essa é uma maneira de alcançar a fonte da vida, onde somente a grande sede pode ser saciada. As fontes e os poços dos Templos de Mistérios se referem, simbolicamente, é claro, a este reservatório sagrado.

Dificilmente é possível perceber completamente quão poderosa é a vontade do Ego de ser livre do *karma* em suas manifestações pessoais. É uma determinação do mais elevado grau em muitos, daí os problemas do Caminho da Vida, que pode realmente ser o caminho da cruz. A libertação é, no entanto, gloriosa além da imaginação.

Pode ser compreensível para nós imaginar que o Ego poderia prestar mais atenção à pobre pessoa física e corporal não iluminada, que vive na escuridão da relativa *avidyā*. Isso não é realmente verdade, mas apenas aparente, pois todo Ego instruído sabe muito bem que deve trazer sua personalidade consigo e faz o melhor possível, especialmente para atender sua sede. Essa sede espiritual é a marca do ser humano desperto espiritualmente. Até chegar, a pessoa está praticamente dormindo.

A Introdução do *Karma* no Desabrochar Evolutivo

Todo o processo da evolução humana, especialmente depois que a *Mônada-Ātmā* tiver ativado o *Manas* Superior despertando-o para sempre, é complicado pela ação do *karma*. Portanto, existem pelo menos dois fatores em ação:

1. O nível evolutivo, com seus efeitos na mente pessoal, causando insatisfações e anseios, é muito valioso e estimula a pessoa, muitas vezes com grande desconforto mental. Em consequência, o indivíduo nunca está realmente em paz porque o reservatório da alma está sendo continuamente agitado pela Mônada, que não o deixa descansar. Isso acontece o tempo todo, além das atividades do corpo. É representado pela tempestade na Galileia.

2. O outro fator é o *karma* que incansavelmente se intromete sobre o que, de outra forma, seria uma questão direta e bastante simples – um modo de vida que se torna cada vez mais espiritualizado. O passado é um tirano, sendo ao mesmo tempo um autocrata benéfico e um governador perturbador e intrometido. O conflito é, portanto, inevitável.

A importante atitude geral da mente deve ser, cada vez mais, a preocupação com o bem-estar da vida divina em todas as formas, inclusive plantas, especialmente animais e humanos. O verdadeiro homem ou mulher ocultista e espiritualizado está inteiramente preocupado com todas as condições adversas e com as dores sofridas pelas formas em que a vida divina está encarnada.

Karma e Ajuda dos Adeptos

Embora qualquer pessoa – cuja posição na vida, *karma* e permissão ao conhecimento – possa atingir a consciência e o poder ocultos a qualquer momento, existem vários fatores que governam o recebimento de ajuda dos Adeptos no processo. Entre eles estão:

1. A convergência ou divergência de certas categorias principais e secundárias nos ciclos na vida do planeta, da raça e da pessoa em questão. Nas convergências, progressos notáveis podem ser feitos e um grau incomum de ajuda pode ser recebido; pois os Adeptos trabalham sempre de acordo com os ciclos e raramente contra ou apesar deles.

Comentário: Desse importante ponto de vista planetário, o presente não é um momento inteiramente favorável. Como os eventos mundiais estão mostrando, o espírito de desunião tende a sobrepor o da unidade.

2. A situação mundial do ponto de vista da raça humana como um todo.

Comentário: A esse respeito, as condições são favoráveis agora, devido ao grande perigo e à grande necessidade existente neste momento. Os Adeptos querem toda a ajuda que puderem obter da própria humanidade. Eles estão, portanto, dispostos a investir energia naqueles que têm alguma esperança. Em momentos em que nenhuma crise séria ameaça ou existe, os Adeptos podem estar menos preparados e aptos a despender tempo e energia com alguém que não esteja muito preparado para responder e ocultamente "maduro".

Todos que estão ansiosos devem fazer tudo o que puderem, nesse momento, para aumentar sua consciência e acelerar sua evolução em obediência às regras estabelecidas, como na "Escada de Ouro"[39], em *Luz no Caminho* e em *A Voz do Silêncio*. Esses escritos apresentam as regras e os neófitos precisam apenas obedecê-las de acordo com sua habilidade e seu *karma*. Nisso, ânsia, entusiasmo e determinação desempenham um papel importante no sucesso. Eles devem cuidar apenas da vida oculta, que se torna para eles a única vida que vale a pena viver.

3. O *karma* do aspirante: O Adepto é tão limitado por ele como é o aspirante. Ele não pode trabalhar contra isso e, se tentasse, não haveria resultado visível ou mesmo um dano definitivo. É por isso que (sem dúvida) todos os casos importantes e sérios são apresentados ao *Mahachohan* antes que qualquer coisa seja feita, pois Ele é um especialista na avaliação do *karma* individual. Sem isso, no entanto, o próprio Adepto pode conhecer a situação razoavelmente bem.

> *Comentário*: Embora a conduta nos anos anteriores ao despertar oculto seja muito importante, aquela da vida anterior é ainda mais importante. Quase tudo depende dos dois fatores, do progresso alcançado e da fidelidade ou não. Isso diz respeito especialmente à vida imediatamente anterior, que desempenha um papel importante em moldar o caráter e as circunstâncias da vida atual.

Algumas pessoas podem se tornar iniciantes e permanecer iniciantes até o fim de seus dias, por falta de capacidade e de força de vontade. Eles terão um momento difícil no início quando recomeçarem numa nova vida, mas não haverá adversidades reais. Outros se tornam iniciantes e fazem um bom progresso antes de morrer, permanecendo fiéis o

[39] Vide: Apêndice II: H.P. Blavatsky, "A Escada de Ouro".

tempo todo. Seu *karma* é muito favorável quando eles retomam a senda. É provável que eles encontrem a ciência oculta com bastante facilidade, sejam atraídos para ela instintivamente, encontrem seniores e sejam ajudados por eles, e que sejam mesmo recebidos em audiência por um Adepto. Se permanecerem firmes e fiéis, farão um progresso muito bom na nova vida e levarão um *karma* favorável para a próxima, quando ainda melhores oportunidades serão oferecidas.

Aqueles que fazem progresso, mas são incapazes de manter o esforço e simplesmente renunciam, porém guardando seus votos de silêncio, não geram adversidade. É provável que recebam e se beneficiem de ajuda no início da nova vida e encontrem poucas barreiras *kármicas*.

Quando um aspirante faz um bom progresso e recebe ajuda valiosa para avançar ainda mais, e mesmo assim entra num modo de vida que é contrário a todo ideal que lhe foi ensinado, ele gera adversidades, barreiras e obstáculos para uma vida futura. Se a conduta imoral é deliberadamente escolhida e seguida por um longo tempo, com a voz da consciência ignorada, as adversidades são realmente muito grandes. Na próxima vida, ele ou ela encontrará portas fechadas, pessoas menos desenvolvidas aparecendo diante dele, e certa desconfiança é sentida instintivamente e expressa por colegas e pelos mais velhos na vida oculta.

Certamente, em todos esses casos, os outros aspectos da encarnação desempenham seu papel *kármico*, em particular no que se refere aos "retos meios de vida", embora todos os oito fatores no Caminho Óctuplo exerçam influência sobre o aspirante em sua nova vida. A classificação que o Senhor Buda deu sob o título "O Nobre Caminho Óctuplo" não é apenas muito valiosa como guia, mas também porque aqueles que seguem os preceitos, mesmo com um sucesso razoável, provavelmente não geram *karma* adverso. Esse é o melhor guia que existe para aqueles que procuram viver da maneira mais nobre e evitar a geração de adversidades.

Embora a parte oculta da vida possa ser distinta das outras partes, e ser mais importante do que todas elas juntas, ela não pode ser dissociada das outras, havendo uma interação o tempo todo. É por isso que a construção geral do caráter e a sábia conduta da vida têm uma parte tão predominante no treinamento oculto, às vezes causando decepção aos aspirantes, que querem apenas o Ocultismo puro o tempo todo. Como regra, é somente após a Iniciação nos Mistérios Maiores que a instrução começa a se tornar exclusivamente oculta. Mesmo assim, o trabalho deve continuar para se livrar dos grilhões e desenvolver as qualidades e poderes desejados.

Como quase todo mundo comete erros no começo e até mais tarde, a grande maioria dos neófitos encontra dificuldades no caminho ascendente. Elas podem dizer respeito à saúde, às finanças, à resistência da família, à incapacidade de encontrar literatura e professores, à solidão, aos anseios insatisfeitos, aos sonhos assustadores das alturas ocultas, às exaltações temporárias e às depressões irracionais. Tudo isso provém de erros em vidas anteriores, acentuados ou reduzidos pela conduta na vida atual.

Geralmente, porém, o presente é um bom momento para fazer progresso oculto e atrair a atenção de um Mestre Adepto, em parte devido à grande necessidade do mundo. A situação atual do mundo é uma grande oportunidade para o aspirante. Afortunado é quem está ciente e aproveita.

As Feridas Místicas

Nenhum buscador da verdade deve jamais ser detido por qualquer dor, sofrimento ou obstáculo. Este é o verdadeiro espírito do Iniciado que ousa o caminho mais elevado. Ele se move cada vez mais do teórico para o real e experimenta em si os inevitáveis procedimentos de eliminação[40]. Toda dificuldade externa do *karma* deve ser enfrentada e superada, ou melhor, suportada, não teoricamente, mas com a profunda dor no coração simbolizada pela ferida da lança no lado do Cristo ...

Isso tem que acontecer, pois os obstáculos das vidas anteriores devem ser removidos, à medida que abordagens cada vez mais próximas da realidade continuam sendo feitas. Para a personalidade externa, isso é tragédia, sofrimento, perda. Para o Eu avançando heroicamente, é um ganho. No entanto, a pessoa precisa passar por ela, e nenhum Mestre, por mais profundamente preocupado e afetuosamente disposto, pode diminuir a maré do infortúnio. De fato, Ele nunca sonharia em fazê-lo, porque conhece o fim e o significado das experiências do futuro Mestre em ascensão. Embora os Mestres realmente observem as tensões pelas quais Seus protegidos, candidatos e Iniciados devem passar, eles podem ajudar apenas o Eu Interior e, ocasionalmente, pela comunicação, promessas e evidências de cuidado vigilante.

É digno de nota que nenhuma das tensões é mortal e que muitas vezes elas são acompanhadas por uma real boa sorte no plano da realidade física. Isso significa uma colheita de ações nobres e generosas nesta vida e em vidas passadas. Mas a Lei é profundamente penetrante e sua operação

[40] No original em inglês: *elimination*, podendo ser traduzido no contexto por: purificação (Nota Ed. Bras.)

passa do exterior para a vida interior, produzindo frequentemente estranhos contrastes de bem-estar externo e dor interior. Raramente o Iniciado pode ver e conhecer o desdobramento profundo interior que ocorre secretamente o tempo todo. Assim, o pintinho bica e bica a casca do ovo como se nunca se abrisse – mas sempre acontece.[41]

Os *Lipikas*

Existe um *Lipika* para todo Ego. Naturalmente, este não é um dos quatro grandes – realmente sete – pois Eles presidem por todo o Esquema Planetário. Mas Eles têm Seus agentes *Sephirothais*, Arcanjos, Inteligências pertencentes ao seu Raio-*Lipika*, e um deles vigia, interpreta e administra a lei harmonizadora do *karma* para cada ser humano. Este é o anjo que preside o Ego durante a vida pré-natal.[42]

O que também deve ser lembrado é que ele tem um relacionamento especial com o Ego com o qual está intimamente sintonizado, daí a associação. É como um árbitro ou juiz assistindo o jogo da vida, mantendo o placar, vendo as falhas e os sucessos, observando as faltas e infrações e todos os erros, bem como os sucessos, equilibrando uns contra os outros, o tempo todo e, como um árbitro, anuncia quem venceu um determinado jogo, e concedendo os favores e as penalidades para obter os melhores resultados evolutivos.

É como um problema matemático, porém muito mais complexo e não é compreensível fora do âmbito da plena atuação da consciência cau-

[41] Vide: "A Realidade no interior da Primeira Iniciação", capítulo 9.

[42] Hodson, Geoffrey. *O Milagre do Nascimento*. Brasília: Editora Teosófica, 2012. (Nota Ed. Bras.)

sal com boa parte de *Buddhi* adicionada. De fato, este é um dos Mistérios, e é simbolizado pelo Deus Tehuti com seu estilete e paleta registrando os resultados da pesagem do coração da alma em relação às regras da vida.[43]

A maior parte da magia *kármica* é feita a partir do momento em que os possíveis pais são escolhidos, sendo essa escolha parte da operação da Lei. *Os Lipikas* certamente conhecem o futuro e, quando fazem essa escolha, o fazem com pleno conhecimento de toda a vida. Portanto, a escolha é a mais certa possível. Eles também têm em vista o futuro do Ego e, assim que julgam que o Ego pode aguentar, "ativam as pressões *kármicas*", especialmente quando o Caminho oculto é adentrado.

Portanto, a principal resposta para a questão do *karma* é que, embora sua operação como mera causa e efeito seja automática (permitindo a modificação pelas ações intervenientes), existem Inteligências individuais, que são virtualmente oniscientes, administrando sua operação em cada indivíduo. Acima desses, existem Seres ainda mais elevados, que coordenam o trabalho de seus subordinados, e cuidam do *karma* de grupos, de cidadãos de cada lugar, nação e raça, enquanto, acima de todos, existe um Soberano, que é o *Lipika* de cada Globo. Esse Ser conhece todo o *karma* do planeta, o que significa o *karma* de cada indivíduo, grupo, nação, raça. Ele é uma mente colossal e trabalha em sintonia com a linha do Terceiro Raio e do Terceiro Aspecto da Trindade.

---

[43] Vide G. Hodson, *Illuminations of the Mystery Tradition (Iluminações da Tradição de Mistério)*, 2ª edição.

CAPÍTULO 6

Qualidades e Faculdades a Serem Desenvolvidas

Ordem e Perfeição

O Ocultismo Ocidental enfatiza a ação. O Ocultismo Oriental enfatiza o pensamento. Uma combinação criteriosa é o ideal para futuros ocultistas.

Toda ação física realizada é um ato oculto. Assim, a vontade de colocar toda sua vida sob tal controle, para que todo ato seja realizado com perfeição é o primeiro passo para o ocultista do Sétimo Raio. Qualquer instrutor verdadeiro começaria com essa instrução: desde a manhã até a noite, deveria ser empregado certo grau de vontade para a ordem, perícia, precisão e habilidade.

Por mais elementar que isso possa parecer, no entanto, quem conseguiu isso é, *ipso facto*, um verdadeiro ocultista e possuirá poderes ocultos. Por que isso é assim? Porque o Ego imediatamente se torna consciente de que o espírito da perfeição se encarnou em sua consciência e corpo pessoal, pois deve ser lembrado que a perícia e a perfeição físicas dependem e implicam também na perícia e na perfeição emocional e mental.

O físico é o veículo do *Ātmā*. A perfeição física inevitavelmente reflete e confere poder ao olhar, à voz, ao gesto, ao aperto de mão e assim por diante. O corpo emocional é o veículo de *Buddhi*. A perfeição emocional libera poderes relacionados a *Buddhi*, em particular a sabedoria e a intuição em termos de consciência, e forças curativas em termos de energia. O corpo mental é o veículo de *Manas* Superior. A ordem mental, desde que não implique rigidez de qualquer espécie, atrai para a mente inferior, para o cérebro e para o conhecimento, as experiências e os poderes acumulados do Ego, bem como seu esplendor.

Essa é a essência de todo *Yoga* e não pode haver verdadeiro desenvolvimento oculto fora dessa tríplice realização. Portanto, comece com esse ideal de ordem, perfeição mental e astral e habilidade física na conduta da vida.

Em seguida, vem o exercício do poder do pensamento para quebrar a barreira entre a mente inferior e a superior. Isso é feito pensando conscientemente, meditando, se você quiser, sobre verdades abstratas, verdades eternas.

A ordem é o ideal físico do sétimo raio.

Silêncio e Discurso Reservado

O maior erro de todos, que deve ser evitado a todo custo, é dizer uma palavra ou executar uma ação que fosse desviar um neófito "mais jovem" do Caminho. Esta é realmente a queda das quedas.[44] Um erro tão grave pode ser evitado pelo estudo e pela prática de dois ideais da vida espi-

[44] Em seu Sermão da Montanha, o Senhor Cristo falou dramaticamente sobre o resultado do potencialmente desastroso de ferir um novo aspirante e afastá-lo do Caminho; pois é relatado que ele disse: "É inevitável que haja escândalos; mas ai daquele que os causar! Melhor lhe fora ser lançado ao mar com uma pedra de moinho enfiada no pescoço do que escandalizar um só desses pequeninos" (Lucas 17:1-2). Nesta tradução do texto original, "pequeninos" podem ser considerados aqueles em quem o idealismo para a grande Busca é novo, seja o corpo jovem ou velho.

ritual, a saber, o silêncio e a fala muito cautelosa. Também é necessária, especialmente na mente formal, a qualidade da quietude, a quietude do pensamento e do sentimento, e também como parte da maneira de viver. O discípulo ideal de um Mestre é calmo, alguém que prefere ouvir a falar, exceto quando chamado, e que possui ou passará a possuir uma capacidade de permanecer em paz, mantendo o silêncio.

Além da calma, é necessária certa atenção na conversa, seja essa leve ou séria. Os neófitos nunca devem permitir que seu discurso "fuja com eles". A mente deve sempre estar a serviço como sentinela defendendo a cidadela da personalidade do inimigo do discurso imprudente e vulnerável. Isso é especialmente necessário na companhia daqueles que estão recém-descobrindo o ideal de progresso evolutivo autoacelerado.

Autodomínio

A natureza das experiências de alguém no Caminho, sejam elas agradáveis ou dolorosas, depende muito do grau de domínio próprio. Especialize-se, por assim dizer, na conquista do autodomínio. A mente deve ser cada vez mais autogovernada a partir do interior e cada vez menos influenciada pelo exterior. O rei, ou seja, a vontade, deve estar sentado firmemente em seu trono, isto é , na mente. Quase todos os problemas (incluindo os pequenos tremores e o pulso acelerado do coração perturbado, bem como os principais distúrbios) surgem da falta de domínio próprio. Perturbações na vida do ocultista se originam de um lapso mental, um fracasso em controlar a mente e, por isso, a fala e as ações físicas. Estabeleça-se firmemente no controle da mente, no autodomínio.

Ātmā e o Desabrochar Espiritual

Embora o *Ātmā* se manifeste como poder em ação, é também o pilar de apoio sobre o qual repousa a paciência. A força de vontade pessoal e egocêntrica inclina-se à irritabilidade. O *Ātmā* impessoal, atuando por meio da mente desapegada do iogue, concede a maior calma, paciência incansável e, em geral, quietude da alma.

O crescimento espiritual deve vir de dentro. *Ātmā* é o poder que o produz e o acelera. Portanto, o *Ātmā* deve assumir uma posição cada vez mais proeminente em todos os aspectos da natureza do aspirante, exceto nas palavras e ações visíveis, externas, cotidianas. Nelas, como Lao-Tse disse há muito tempo, "o Sábio está se retirando como a neve, humilde como um vale, simples como madeira cortada".

Lembrando-se das qualificações acima, a pessoa torna-se alguém com poder. *Ātmā* limpa, acalma e controla *Manas*; confere à consciência do homem exterior uma clareza consistente, uma faculdade para subjugar a emoção, e manter a personalidade como residência do Ego, na condição de uma casa que é organizada e limpa. Se você deseja desenvolver a mente e o cérebro formais no mais elevado grau possível e semear as sementes do desenvolvimento intelectual para a próxima encarnação, *Ātmā* deve ser usado para esse desenvolvimento.

* * * * *

Entre as muitas qualificações necessárias para o progresso no Caminho, há uma que é suprema. Essa é a vontade da qual, em última análise, todas as outras qualidades dependem, em particular para seu contínuo desenvolvimento e expressão. Assim como *Ātmā* é como o esqueleto ou o núcleo de todos os veículos, o poder por trás do trono egoico, assim também uma vontade desperta e aplicada de maneira poderosa é o principal requisito para o sucesso. Isso não é apenas determinação, nem é a prática constante e regular das virtudes, incluindo boa conduta e boa cidadania. É uma determinação interior desperta e até mesmo ardente, que é como uma chama que nunca pode ser apagada. Esse tipo de poder interior não é algo que pode ser assumido ou manifestado artificialmente, por mais útil que seja tentar essa conquista. A verdadeira vontade *Átmica* é realmente desconhecida para a maior parte da humanidade por causa de seu atual estágio evolutivo. Pouquíssimas pessoas estão acordadas para *Ātmā*. Quase todas estão dormindo profundamente por causa da fase de desenvolvimento pela qual estão passando, que não vai muito além da mente.

Quando o germe ou átomo de *Ātmā* começa a se agitar, o Ego sente isso como uma resolução quase instintiva para alcançar rapidamente o *Adeptado*. Finalmente, o Ego será capaz de alcançar o corpo do homem ou da mulher com esse aspecto desperto de si mesmo, e o resultado será encender a pessoa. A própria vontade então se torna um poder ardente. Isso é bem diferente da resolução, determinação e obstinação comuns, que são como o cintilar da luz refletida das chamas do fogo, ainda que valiosa. A vontade interior desperta é como o próprio fogo.

No seu devido tempo, no entanto, a condição do Ego será tão avançada e a influência de *Ātmā* como Vontade se tornará tão forte, que nada poderá desencorajar ou impedir a busca do modo de vida espiritual e o estudo e a prática da ciência oculta. A influência do Ego torna-se tão esmagadora que o cérebro passa a ser iluminado por ela. É essa condição que é de máxima importância no Caminho, suplantando de longe em valor qualquer desenvolvimento dos *siddhis* e das conquistas do *Yoga*, por mais valiosas e importantes que ambas sejam.

Quando essa experiência alcança o cérebro e é por ele reconhecida e colocada em ação na autodisciplina e autotreinamento, existe então a possibilidade de se alcançar todos os graus do Caminho. Se a Vontade não existir no sentido especial descrito, o progresso será lento e os impulsos ocultos e espirituais tenderão a esmaecer. Essa é a principal diferença entre uma pessoa desperta e a não desperta. No primeiro caso, a determinação interior de alcançar as alturas torna-se cada vez mais forte, enquanto no segundo pode desaparecer completamente, permitindo que a pessoa retome a vida mundana normal.

... O *Ātmā* mantém a resolução interna e as aspirações acesas e vivas ao longo de todas as vicissitudes e alegrias sendo, portanto, o poder que leva o discípulo à Iniciação e o Iniciado a se tornar um Adepto. É simbolizado pelas montanhas sagradas como *Meru*, *Kailasa* e Olimpo, onde é dito que os deuses habitam e realmente o fazem no sentido metafórico, pois *Ātmā* é o ápice da existência espiritual do homem e seu mais elevado estado de consciência. *Ātmā* é o poder real, o cetro real e o próprio poder pelo qual o homem se torna um Adepto e torna conhecidas suas realizações.

Os bons, dedicados e fiéis aspirantes à vida superior são valiosos, nobres e muito necessários no mundo. Mas eles são como pedestres, enquanto o ocultista inspirado por *Ātmā* é como um míssil espacial comparado a eles. É útil, portanto, declarar mentalmente na consciência pessoal o Ser *Átmico*, que desperta numa chama de fogo, forte e poderoso, sendo uma manifestação do *Ātmā* Uno de todos e do misterioso Senhor *Átmico*. Mesmo que, por quaisquer razões justificáveis, a pessoa não possa meditar em nenhum dia, afirme então: "O fogo de *Ātmā* queima no interior. Eu sou ISSO, ISSO sou eu."

* * * * *

Um dos frutos mais elevados e valiosos do *Yoga* – especialmente de sua autodisciplina, autotreinamento, meditação e serviço – é a vontade. Esse desenvolvimento, esse resultado, mostra-se de várias maneiras e em particular na determinação de continuar apesar de todos os obstáculos.

Como resultado do *Yoga*, a vontade triunfa sobre o desânimo, a tragédia pessoal, a inércia. O espírito do homem governa cada vez mais a mente e a matéria de seu corpo, enquanto ele medita regularmente e obedece estritamente à sua disciplina em meio a altos e baixos. Essa é a mais segura e, de muitas maneiras, a melhor indicação do progresso espiritual: a vontade de continuar apesar de todas as barreiras possíveis.

Sugiro que, para alguns temperamentos, não para todos, um obstáculo em particular é a ausência de progresso aparente. Há um grande número de aspirantes fiéis que tiveram a força de propósito e o caráter para aderir estritamente às suas disciplinas e, ainda assim, estão conscientes de pouca ou nenhuma iluminação interior ou acesso ao conhecimento, capacidade e poder pessoais. No entanto, eles continuam. Parece-me que isso é uma indicação segura de verdadeiro sucesso, progresso real na vida espiritual.

Dedicação

A mudança da vida puramente mundana para a vida totalmente espiritual ocorrerá naturalmente. Essa mudança é em termos de motivação, autodisciplina, prática de *dhyāna* em associação direta com um Mestre,

Provação e Aceitação a distância, relacionamento direto telepático e intuitivo com um Mestre, encontrar-se com um Mestre fisicamente e permanecer no *Ashram* do Mestre (com tudo o que pode decorrer disso). Esta última realização é extremamente difícil de se obter e geralmente é reservada para aqueles que ganharam esse mérito na vida passada ou na atual, ou estão muito propensos a fazê-lo após o treinamento.

Somente após entrar nesse último estágio (no *Ashram* do Mestre) é que os *siddhis* ocultos especiais são desenvolvidos com segurança e as percepções ocultas aperfeiçoadas, de modo que a consciência psíquica, a clarividência e a clariaudiência, por exemplo, se tornam inteiramente precisas. Naturalmente, essa última realização é a mais valorizada, mas também é a que mais requer do Mestre, que deve admitir o discípulo próximo de Sua pessoa altamente sensibilizada e dedicar muito tempo e energia para dirigir o treinamento e o ensino. Tudo isso é feito para acelerar a velocidade da passagem da humanidade para a super-humanidade, do Discipulado para o *Adeptado*.

Se alguém tentasse identificar uma qualificação especialmente necessária – e até decisiva – para o contato mais direto com o Mestre, quase certamente seria a dedicação, a devoção, como uma qualidade. Isso implica numa decisão completamente obstinada e totalmente unidirecional de entrar na vida oculta, na medida em que as circunstâncias (*karma*) permitirem, e realizar tudo, com a máxima determinação possível, dia a dia, mês a mês, ano a ano. Isso é uma condição *sine qua non* e não há substituto para ela.

Essa tentativa de declaração, totalmente impessoal, não implica julgamento de nenhum ser humano em nenhum dos estágios enumerados acima. A Mônada-Ego de todas as pessoas desiludidas (a vida humana como ela é) sempre atua com força máxima e a personalidade, dominada pelo *karma*, responde da melhor maneira possível, de acordo com seu nível evolutivo. Portanto, não há nenhum ingrediente de julgamento ao definir estágios e Etapas no Caminho.

Chega um momento, porém, em que a Mônada-Ego se torna virtualmente onipotente e a personalidade deve impreterivelmente pegar a centelha e acender uma chama em termos de existência física. Então, as frequentemente citadas palavras dos *Upanishad* são inteiramente apropriadas: "Não há outro caminho a seguir." [45]

Sabedoria – Um Poder Adquirido

É o esforço que eleva a alma às alturas. O esforço criativo é uma das grandes chaves do progresso oculto e, no final, deve levar o aspirante aos Mestres, que existem e mantêm um esforço criativo perpétuo. A força assim gerada produz seus próprios frutos, e o esforço, em qualquer campo, cria oportunidades para mais esforços semelhantes.

A observação inteligente dos efeitos do esforço, do erro, do fracasso e do sucesso, tanto em si como nos outros, é uma verdadeira autoeducação. Em última análise, a sabedoria é fruto de uma observação impessoal, prolongada e continuada da vida e do homem, no triunfo e na derrota. A análise das causas de ambos e a descoberta do melhor modo de agir constituem a verdadeira autoeducação, e essa deve ser a preocupação constante do ocultista.

[45] Paráfrase: *Shvetashvatara Upanishad*, Terceira Parte, 8.

O autodomínio é então necessário para controlar todos os impulsos e garantir que as lições aprendidas sejam aplicadas à vida e ao esforço. Assim, nasce a sabedoria. Não é uma faculdade concedida aos sábios, uma propriedade natural do *Adeptado*, mas um poder adquirido, nascido da observação cuidadosa dos frutos da ação. Aprenda o que fazer e o que não fazer. Aprenda a melhor forma de obter resultados. Torne-se um estrategista e um tático e, assim, torne-se um sábio.

Abnegação, Serviço e Sinceridade

O propósito de vida inerente, desenvolvido e cada vez mais expresso, implícito na motivação de quase tudo que o indivíduo faz, constitui o teste decisivo para: a entrada no Caminho propriamente dito, para a aceitação por um Instrutor Adepto e para o progresso feito em direção à autolibertação ou *Adeptado*.

Inevitavelmente, a motivação pessoal deve estar presente em certas atividades, principalmente no início. (Um motivo para o recolhimento aos centros e *ashrams* é reduzir ao mínimo todas essas demandas). Gradualmente, à medida que o Ego inspira cada vez mais os motivos pessoais e a conduta de vida, esse processo culmina num insistente impulso interior em direção ao serviço altruísta e, não raro, ao sacrifício. Assim, o indivíduo se transforma inteiramente em uma personificação do ministério inspirado no amor, realizado de acordo com o temperamento, as capacidades e os campos de serviço que podem estar abertos. Esse é o grande ideal. Todo treinamento espiritual e mesmo toda prática de *Yoga* conduzem continuamente a esse ideal, a saber, um serviço natural e totalmente espontâneo a todos ao nosso alcance, nascido do amor no coração por tudo o que vive.

Tal é o discípulo, tal é o Iniciado e tal, com perfeição absoluta, é o Adepto, a saber, um servo inspirado e supremamente sábio da Vontade Una e de todas as suas realizações em formas sencientes.

* * * * *

Qual é o princípio fundamental que rege o sucesso no *Yoga*? No fundo de todos os seres existe a pessoa real, a realidade de cada indivíduo. Da mesma forma, no fundo de cada pessoa está o seu verdadeiro motivo, seu objetivo subjacente. Na vida oculta, esses dois – a pessoa real e o motivo real – são muito importantes, a base de tudo, o teste ácido. Em algumas pessoas, eles se destacam com muita clareza, sendo, de maneira geral, altruísta ou egoísta e manipulador do pequenino "eu". Isso é decisivo na vida oculta, que exige compromisso total e franqueza total, lealdade – a joia da sinceridade. Você não pode olhar para um lado e andar para outro.

* * * * *

Proponho compartilhar pensamentos sobre a qualidade da sinceridade profunda, constante e imutável. As pessoas verdadeiramente sinceras defendem para sempre o que veem e sabem ser a verdade. Elas não são influenciadas de forma alguma pela personalidade, pelos relacionamentos pessoais ou pelos desejos. Os Mestres só podem usar plenamente, em todos os níveis, aqueles seres humanos em quem Eles sabem que podem confiar, em todas as circunstâncias: o tipo de pessoas "fiéis até a morte", aqueles que, enquanto crescem e se ampliam intelectualmente, nunca mudam a lealdade impessoal à verdade, como eles a conhecem.

O malandro, sempre à procura de favores e favoritismos pessoais, o alcoviteiro e o buscador de ganhos pessoais, não são o tipo de supostos servos que podem ajudar a construir e a serem usados na construção de grandes e duradouros projetos. Aqueles, que seja sempre lembrado, que reconhecem esses erros em si mesmos e em sua conduta, e então instituem uma autorreforma completa, são sempre bem-vindos, enriquecidos como devem estar por seus graves erros então corrigidos. O objetivo deles deve ser seguir constantemente o Caminho com absoluta sinceridade. Somente assim, esforçando-se continuamente, eles serão capazes de olhar diretamente o Mestre, face a face.

Isso significa que, embora as atividades materiais da vida sejam conduzidas com o interesse e a eficiência necessários, a vida espiritual de uma pessoa deve estar totalmente livre do mais leve pensamento ou mancha de ganho pessoal pela participação no trabalho espiritual e nas atividades ocultas e místicas. É preciso erradicar o pensamento perfeitamente natural de que alguma vantagem pessoal resultaria para a pessoa em consequência de tais atividades; pois esse pensamento de autointeresse vai erguer uma barreira intransponível, que normalmente oferece resistência ao intercâmbio pleno entre o Ego e o cérebro. A pessoa precisa trabalhar muito nessa parte de seu caráter, para que seja alcançada a plena realização do *Yoga* e que o iogue experimente bem-aventurança. Esses dois ideais e expectativas são opostos naturais.

Sem se dar conta ou realmente entender isso, muitos pretensos místicos ocidentais impõem, assim, uma barreira no caminho de seu próprio progresso. Só se pode atravessar o *antahkarana* quando o coração está completamente livre de pensamentos de interesse próprio.

* * * * *

Sinceridade e honestidade não podem ser simuladas. Ninguém pode ou consegue fingir que é um idealista por completo. Qualquer tentativa desse tipo está fadada ao fracasso, tão severos e abrangentes – inclusive interiormente – são os testes de veracidade da própria natureza. Mais cedo ou mais tarde, o egoísmo e o engano inatos inevitavelmente se revelam, até à mente mais simples. Assim, o caráter básico é o campo de testes.

* * * * *

"Saiba que o amor a ti próprio te magoa mais do que qualquer outra coisa no mundo. Com ele para todos os lugares levarás uma cruz. Se procurares tua própria vontade e prazer, nunca ficarás tranquilo nem livre de preocupações, pois em tudo algo estará faltando." [46]

Renúncia

O caminho da renúncia envolve dois propósitos dominantes e complementares: a perfeição o mais rapidamente possível e o desaparecimento do eu. Vamos considerar esse último. Um objetivo estranho – desaparecer? Madame Blavatsky expressou isso como: "o primeiro passo é o sacrifício, o segundo a renúncia"[47], enquanto Mabel Collins, em *Luz no Caminho*, talvez resuma: "Mata todo sentido de separação."[48] Em *A Voz do Silêncio*, lemos: "Renuncia tua vida se queres viver." "Se através da Sala da

[46] Thomas à Kempis, de Rebecca Beard, *Everyman's Search*, p. 85.
[47] H.P. Blavatsky, *Lucifer*, vol. I, no. 1, setembro de 1887, p. 7; também H.P. Blavatsky, *Collected Writings*, vol. VIII, setembro de 1887, p. 14.
[48] COLLINS, Mabel. *Luz no Caminho* (bolso), Brasília: Editora Teosófica, 7ª ed., 2020, p.38. (Nota Ed. Bras.)

Sabedoria queres alcançar o Vale da Bem-aventurança, ó Discípulo, fecha teus sentidos à tremenda e grande heresia da separatividade que te aparta dos demais." "Não desejes nada. Não se amofines contra o *karma*, nem contra as imutáveis leisda Natureza. Mas luta só contra o pessoal, o efêmero e o perecível."[49]

As experiências da vida forçam esse desapego à pessoa pela dor, até que eventualmente o indivíduo se torne translúcido à luz divina. O Adepto é onipotente porque Sua vontade se rende à vontade una, onipresente porque se rende à vida una e onisciente porque é uno com a mente universal. De fato, é relatado que um grande Mestre de Sabedoria disse: "Eu sou apenas o escravo de meu dever para com a Loja e a humanidade."[50] Da mesma forma, nosso Caminho é de renúncia, rendição, sacrifício.

Uma série de paradoxos confronta quem procura trilhar esse caminho. Por um lado, pode-se dizer que não há pressa, porque todo o tempo é nosso; no entanto, cada minuto é importante. O aspirante deve cultivar o esquecimento de si mesmo, mas cada conquista individual é importante para a raça como um todo. Desinteresse por si mesmo, ou abnegação, é outra qualificação. "Cresce como a flor, inconscientemente"[51] é sugerido por um lado, porém, é aconselhado fazer de si mesmo "instrumento de experimentação e experiência",[52] para desenvolver faculdades e aperfeiçoar o caráter. Mais uma vez: "Mata todo o sentido de separação", "no entanto, conserva-te só e isolado, porque nada do que é

[49] BLAVATSKY, H.P., *A Voz do Silêncio* (bolso), 4ª ed., 2020, versículos 21, 37 e 65, p. 97, 104-105, 116. (Nota Ed. Bras.)
[50] Paráfrase. [*Cartas dos Mahatmas para A. P. Sinnett*, Carta nº 29, 2019, p. 151-164. (Nota Ed. Bras.)]
[51] COLLINS, Mabel. *Luz no Caminho* (bolso), Brasília: Editora Teosófica, 7ª ed., 2020, p. 42. (Nota Ed. Bras.)
[52] *Ibid.* p. 60. (Nota Ed. Bras.)

corporificado... nada que esteja fora do Eterno pode ajudar-te".[53] Paradoxos, de fato, mas cada um é um desafio à intuição, na qual, somente, se encontra a solução completa.

Nossos professores e líderes nos dizem que a solução é o altruísmo em relação às recompensas externas pessoais; aspiração para que as causas possam prosperar; impessoalidade no que diz respeito a prestígio, cargo ou poder pessoal, mas a disposição de aceitar todos os três para que os movimentos possam progredir; desapego e ausência de paixão como pessoas, mas buscando e aspirando ardentemente maiores poderes interiores para um serviço mais eficaz. Assim, o Ocultismo é uma atitude em relação à vida. É também um modo de vida, o mais nobre de todos os modos, um caminho muito reto e muito estreito – de fato um fio da navalha – um caminho que leva ao poder onipotente, à felicidade inefável, à sabedoria que tudo sustenta e ao conhecimento que tudo abarca. Esse é o seu apelo. No entanto, o indivíduo é constantemente instruído, nada disso é para si; tudo é para o mundo, para a humanidade, para seus semelhantes. Esta é a grande salvaguarda contra o fracasso: matar a si mesmo, destruir sua própria personalidade, repudiar minimamente todo pensamento de satisfação pessoal, de desejo, de egoísmo, no momento em que surge, dizendo: "Afasta-te de mim, Satanás."[54] Isso deve se tornar um hábito – deve se tornar real.

Isso se torna muito difícil para muitos que desejam fazer-se aspirantes, mas que ainda precisam viver no mundo e entre as pessoas do mundo; que têm suas vidas para ganhar para si e seus dependentes, que podem até ter que competir com os outros em um modo de vida aparentemente egoísta e ter que dedicar muito de seus pensamentos, faculdades e interes-

[53] *Ibid.*, p. 38-39-40-41-42. (Nota Ed. Bras.)
[54] Lucas 4:8.

ses para assuntos mundanos. Outros têm laços de amor, dever e responsabilidade, aos quais não podem e não devem ser indiferentes. Nenhum verdadeiro iogue jamais causaria sofrimento a um ente querido. Em certas experiências, o neófito deve aprender que ele ou ela deve dominar a angústia para que ela não o domine. Assim, a vida nos ensina. Pode-se ver o valor da vida monástica, na qual existe a oportunidade de ser completamente sincero e dedicado. Às vezes, o chamado da vida no templo é forte, mas nosso *dharma* está no mundo exterior.

Mesmo se falharmos ocasionalmente, não podemos ir muito longe no erro, se em nossos corações vive o ideal de altruísmo, de obter a libertação do vício do egoísmo e da maldição do orgulho.

Outra grande salvaguarda aconselhada por grandes instrutores é a dedicação a uma causa e viver para ela, perder-se nela. Consagrar a vida inteira a um ideal, talvez para Grande Fraternidade Branca. Tudo pode ser dedicado diariamente, mesmo a cada hora, ao Mestre, e todo o trabalho realizado em Seu nome e por Ele... Aquele que tenta viver assim, absorvido no Mestre e em Sua obra, resolve muitos problemas psicológicos e muitos paradoxos no esquecimento de si mesmo.

O trabalho do aspirante, cada qual em sua própria esfera, é "popularizar o conhecimento da Teosofia": não seus próprios pontos de vista e ideias, mas os ensinamentos dos Mestres; não nossas tentativas temporárias, mas a sabedoria Deles. O objetivo é perder-se nessa tarefa de levar a luz da verdade a um mundo em trevas, para ser imerso nela, identificado com ela, deixando de lado toda consideração pessoal. O ideal seria considerar a intrusão do desejo pessoal no trabalho Deles como um crime grave. Perder-se no trabalho dos Mestres é encontrar ajuda para trilhar este difícil Caminho do fio da navalha, com seus muitos paradoxos. Não existe vida semelhante a essa. Comparado com ela, toda e qualquer outra vida é como uma vida morta.

Ausência de Desejo

Este provavelmente não é apenas o primeiro, mas também o último princípio da vida interior, e o mais difícil de todos para incorporar a si mesmo. Primeiro vamos procurar sua base filosófica. Em sua profunda raiz filosófica, é o resultado da discriminação entre o real e o irreal, o temporal e o eterno.

Será que isso significa que devemos literalmente desistir de tudo que é material? Não, o que se quer é uma atitude mental. Por que o desapego é tão difícil? Porque a tarefa dos estágios iniciais da evolução é construir personalidades fortes e autossuficientes. Espiritualmente, a alma está dormindo durante esse período. *Ātmā, Buddhi, Manas* estão latentes, a consciência estando centrada em *Kama-Manas* – a mente do desejo. As emoções são a força motriz nesse processo. Portanto, o desejo fica entrelaçado no próprio tecido da personalidade humana, a energia motivadora por trás de toda a vida.

Quando, no entanto, se aproxima um certo estágio no arco evolutivo, o indivíduo começa a imaginar um modo de vida que é exatamente o oposto do que ele se acostumou. Por muitas vidas, misteriosas mudanças interiores vêm ocorrendo lentamente no fundo da alma, e o efeito dessas mudanças começa a ser sentido gradualmente. A alma começa a despertar. O nível de consciência se eleva em direção à mente superior ou espiritual e, com isso, as forças de *Buddhi* e *Ātmā* se agitam e são sentidas. O efeito final disso é uma inversão dos propósitos passados, uma tendência crescente ao altruísmo, uma resposta ao idealismo e uma profunda insatisfação com o modo de vida existente. Após muitas vidas de busca, essa mudança culmina na descoberta do Caminho e na determinação de segui-lo a todo custo até o fim.

O poder do *Ātmā* – ou Vontade – começa a ser sentido. É então que este primeiro princípio de ausência de desejo é apresentado ao aspirante. Por ser uma reversão, por ser contrário a todos os hábitos de pensamento, emoção e ação, sua adoção é extremamente difícil. Pois o desejo é uma força muito sutil. Ele se move imperceptivelmente por nossas vidas como uma serpente que desliza invisível perto das raízes das coisas vivas. Em certas atividades externas, o desejo em suas formas mais óbvias pode ser negado. Carne, álcool, drogas e outras indulgências são facilmente superadas quando a alma está acordada. O indivíduo cresce a partir deles, os deixa para trás.

O sucesso na eliminação do desejo pode, no entanto, ser muito enganador e, acima de tudo, o aspirante deve estar atento ao autoengano. Desejos mais profundos e refinados não são tão facilmente extirpados da natureza humana. Por exemplo, o desejo de sucesso na própria vida interior, embora seja uma forma de desejo exaltada e sublimada, é, no entanto, um desejo. A menos que o motivo seja para desenvolver maior utilidade, esse desejo pode levar a um endurecimento de toda a personalidade, que se torna espiritualmente satisfeito com as realizações atuais e muito ambicioso para novos avanços e as recompensas que o reconhecimento delas pode trazer.[55]

Inconscientemente para si mesmo – e aqui está o perigo – a gratificação e a ambição pessoais desfiguram essa pureza de coração, essencial para clarear a visão e a verdadeira realização interior. É necessário estar sempre em guarda, porque é muito fácil ser enganado ou cair em autoengano a respeito de motivos, como, por exemplo, para o trabalho. Assim, o aspirante é testado e sempre em duas direções. Estranhamente, essas não são

---

[55] COLLINS, Mabel. *Luz no Caminho* (bolso), Brasília: Editora Teosófica, 7ª ed., 2020, 4-p. 35; 7-p. 41. (Nota Ed. Bras.)

apenas sua maior fraqueza, mas também sua maior força, como ele supõe. Muitas vezes somos tentados e testados mais por aquelas qualidades que adotamos como nosso ideal e assumimos como as mais altas virtudes. Se o aspirante participa de movimentos ocultos válidos, eles podem se tornar valiosos campos de treinamento e teste para a alma. Pois neles o prestígio pode ser conquistado, cargos podem ser ocupados, e grau após grau avançado, cada um com sua óbvia insígnia externa e prestígio. Isso faz parte do grande valor desses movimentos. Pois eles testam a fibra do aspirante, tentam a mente, enredam a alma, a sinceridade e constituem um indicador constante e infalível de sua absoluta sinceridade e pureza de coração.

O padrão e o teste na vida interior não são tanto a posse de poder, brilho intelectual, dons e faculdades, por mais valiosos que sejam. É, na verdade, de caráter e especialmente de simplicidade, franqueza, pureza de coração e total abnegação, que constituem a marca do homem verdadeiramente espiritual. Parece estranho que a tentação seja colocada em nosso caminho? Parece mesmo cruel que obstáculos atrapalhem nosso caminho nesta tarefa tão difícil? No começo, é isso que achamos. Mas, quando percebemos seu propósito, mudamos de opinião. Qual é esse propósito? É para abrir os olhos, "extrair toda a natureza interna do *chela*, a maioria dos cantos e recantos permaneceria escura e escondida para sempre, se não fosse dada uma oportunidade para que cada um desses cantos fosse testado".[56]

Evidentemente, a condição externa, a forma e o local do aspirante são de menor importância que o estado interior da alma. "O que está acontecendo dentro de você? Até que ponto o seu coração é absolutamente puro e amoroso? Até que ponto a misteriosa flor da vida está se desenvolvendo dentro de você para derramar sua beleza e fragrância através da sua vida

[56] Paráfrase [*Cartas dos Mahatmas para A.P. Sinnett*, Vol. I, Carta nº 30, 2019, p. 164-165-166-167-168. (Nota Ed. Bras.)]

no mundo?" Essas são as questões mais importantes: "Olhar para dentro" deve ser aparentemente o lema do ocultista, especialmente em meio a avanços e sucessos exteriores. Dessa forma, as falhas inevitáveis podem ser descobertas e removidas. Um vaso de vidro, embora rachado de ponta à ponta, vai ficar de pé e até segurar flores com sucesso. Pode parecer estar cumprindo sua função com sucesso eminente. No entanto, um movimento, a menor tensão, fará com que caia quebrado no chão. Portanto, devemos não apenas enfrentar, mas dar boas-vindas aos testes e provas da vida oculta e estar sempre atentos, ainda que sem uma introspecção mórbida. Pois não é exatamente isso que estamos buscando? A salvaguarda mais segura é a ausência de desejos, a pureza de coração. Entrelaçado com esse processo estão o *karma* e o *dharma* individuais.

Agora, vejamos outro princípio básico da vida oculta. A primeira linha de uma das grandes orações *mântricas* é: "Do irreal, conduza-me ao real"[57]. O aspirante está pedindo ajuda para discriminar entre o real e duradouro, e as fantasias efêmeras do mundo exterior (estas últimas tendem a complicar muito a tarefa de viver a vida interior).

Esse é o nosso objetivo. Em parte, esse é o caminho para ele. Às vezes, parece longo e até mesmo cansativo; pois ainda somos apenas homens. Muitas vezes, parece que, apesar de todos nossos esforços, exteriormente nada importante ocorre. No entanto, ainda assim o discernimento deve ser mantido. Pois, muito além das circunstâncias externas, dentro do Eu Interior de cada um de nós, o desenvolvimento está ocorrendo. E este é o real, enquanto as circunstâncias externas são seu véu, sua *māyā* – o irreal. Permanecendo implacavelmente no real, passaremos às alturas, para nos tornarmos um dia grandes instrutores e salvadores do mundo.

---

[57] Paráfrase. H.P. Blavatsky, *Collected Writings*, Vol. XII, "Gems from the East", p. 439.

Um Mestre de Sabedoria resumiu tudo isso muito bem. Ele diz: "Aquele que está na Senda não existe para si mesmo, mas para os outros; esqueceu a si próprio, a fim de poder servi-los. Ele é como uma pena na mão de Deus, através da qual Seu pensamento pode fluir e encontrar uma expressão aqui embaixo que, sem a pena não poderia ter. E, ao mesmo tempo, é como uma vívida pluma de fogo, irradiando sobre o mundo o Amor Divino que enche seu coração."[58]

Pureza[59]

A pureza de vida e pensamento é da maior importância para o neófito. A impureza não é apenas uma barreira ao progresso, mas se torna um perigo certo quando as forças superiores do corpo começam a ser despertadas. Essas energias ocultas dormem no homem que ainda não despertou para o conhecimento de sua própria divindade e, portanto, sua indulgência em prazeres sensuais lhe causa relativamente pouco dano. Mas, quando as forças ocultas do corpo são evocadas pela meditação, elas ativam e intensificam toda atividade mental, emocional e física. O abuso da força criativa, por exemplo, sob tais condições, é extremamente perigoso, pois o fogo interno intensificará os desejos e tornará quase impossível resistir a eles.

O ideal de pureza imaculada deve ser aceito pelo aspirante; ele deve viver uma vida sem mácula e libertar-se do domínio do desejo. Quando isso é alcançado, o corpo astral, à vista clarividente, aparece livre dos vermelhos

---

58 KRISHNAMURTI, J. *Aos Pés do Mestre*. Brasília: Editora Teosófica, 9ª ed., 2017, p. 94. (Nota Ed. Bras.)

59 De G. Hodson, *First Steps on the Path* (*Primeiros Passos no Caminho*), p. 61-71.

lúgubres, marrons opacos e verdes pesados de sensualidade e egoísmo; tornou-se branco e radiante, como a neve virgem sob os raios brilhantes do sol.

Existem escolas de pensamento que ensinam que os poderes psíquicos e até o desenvolvimento espiritual podem ser obtidos sem a necessidade de castidade e autocontrole. Mas aquele que aspira se aproximar dos pés dos Salvadores do Mundo, tenha certeza absoluta de que nenhuma doutrina desse tipo é admitida por Seus seguidores. Ouça o que diz *A Voz do Silêncio*:

"Luta com teus pensamentos impuros antes que te dominem. Trata-os como eles querem tratar-te, porque, se os poupas, criarão raízes e crescerão e, repara, esses pensamentos dominar-te-ão até que te matem. Acautela-te, discípulo, não sucumba, não deixes aproximar-se nem mesmo a sua sombra. Porque ela crescerá, aumentará em tamanho e poder, e então essa coisa escura absorverá o teu ser antes que te apercebas da presença do monstro hediondo e negro".[60]

"O eu[61] da matéria e o Eu do Espírito nunca podem reunir-se. Um deles tem de desaparecer; não há lugar para ambos." "Não creias que a luxúria possa ser aniquilada se satisfeita ou saciada, porque isto é uma abominação inspirada por *Māra*. É alimentando o vício que ele se expande e se torna forte."[62]

Há uma certa peculiaridade da mente humana que, num homem confrontado com uma lei da Natureza, faz com que ele assuma que é uma exceção à regra e diga para si mesmo: "Tais condições podem restringir ou-

---

[60] BLAVATSKY, H.P., *A Voz do Silêncio* (bolso), 4ª ed., versículo 54, 2020, p. 111. (Nota Ed. Bras.)

[61] Neste livro, *A Vida do Iniciado*, "*self*" e "*Self*" foram traduzidos, respectivamente, por "eu" e "Eu". (Nota Ed. Bras.)

[62] *Ibid.* Fragmento 1, vers. 56 e 76. Chamando a atenção para essa afirmação fundamental para combater um equívoco predominante. (O itálico é meu – G.H.)

tras pessoas, mas elas não se aplicam a mim" e, imediatamente, ele começa a infringi-las e fica surpreso quando a inviolabilidade delas é demonstrada de forma direta e dolorosa. Embora possa haver exceções que provem algumas regras, para as leis da vida espiritual e do *karma* não há nenhuma, e todo aquele que aspira a viver essa vida e liberar a Divindade, que é o seu Eu mais profundo, deve obedecê-las, tanto na letra como no espírito.

Como as crescentes energias criativas são uma fonte de tentação, dificuldade e perplexidade para muitos, repito aqui o que é dito em *Saúde e Espiritualidade:*[63]

"Na minha opinião, a repressão por si só não é apenas o método errado de autopurificação, mas também pode ser acompanhada por sérios resultados astrais e físicos.

"O poder criativo é uma força poderosa, um reflexo no homem do poder criativo do *Logos*, e pode ser tratado de três maneiras: pode ser tratado de uma destas três maneiras: normais ou anormais; pode ser reprimido; ou pode ser transmutado e sublimado.

"Se é expresso de modo normal e legítimo, não afetará a saúde. Se reprimido, sem tentativa alguma para transmutá-lo, afetará a saúde com o tempo. Se sublimado, irá suprir com uma uma força poderosa e potente ao indivíduo, que aumentará seu poder de serviço a um grau quase ilimitado, fornecendo-lhes um dos meios pelos quais ele poderá entrar na Senda e encontrar seu caminho para o *Adeptado*.

---

[63] HODSON, Geoffrey, *Saúde e Espiritualidade*, Brasília: Editora Teosófica, 1993, p. 66-67-68. (Nota Ed. Bras.)

"O estudante deve estar perfeitamente certo de que está pronto para a tentativa e preparado para privar-se das alegrias comuns do homem do mundo, trocando-as por aquelas da vida oculta. Essa decisão deve ser sincera e inabalável; meias-medidas ou uma atitude indecisa resultarão em fracasso, se não em desastre. O ideal de perfeita pureza deve ser erigido em sua consciência, tornando-se o supremo propósito de seus esforços. Deve exercer um rígido e contínuo controle tanto sobre a mente quanto sobre as emoções, até que uma tendência à pureza e ao celibato, e o afastamento da procriação física sejam definitivamente estabelecidos – então é provável que ele obtenha sucesso na difícil tarefa da sublimação.

"Se a onda da energia criativa no homem deve ser sublimada, deve ser direcionada para cima. Esta me parece ser a chave de todo o problema. A força, que pode ser considerada como centrada no *Muladhara Chakra*, deve operar diretamente para cima na coluna vertebral e para fora no alto da cabeça.

"A meditação direcionada deve ser empreendida com inquestionável perseverança, a fim de usar a vontade para retirar toda a força dos órgãos de reprodução, conduzindo-a ao longo da coluna vertebral. Além disso, sempre que a urgência criativa for sentida, a vontade deve ser imediata e instantaneamente aplicada na direção sugerida; isso deve ser mantido, com determinação inflexível, até que a direção natural do fluxo seja para cima e não para baixo, após o que virá cada vez mais para o âmbito do controle consciente da vontade e começará a ser usada para os propósitos do trabalho e desenvolvimento ocultos".

Um anjo recentemente fez as seguintes sugestões sobre o uso do poder da água e do fogo na autopurificação:

"A água representa o espaço primordial, a condição sempre fresca, jovem e nova. É o poder da força vital que surge no Universo; encontra expressão nos rios e nos mares, nos lagos e nas montanhas, no gelo e na neve, nas chuvas suaves do verão, no orvalho da manhã; o arco-íris é a mensagem dos anjos da água, escrita no céu para os homens lerem. O poder por trás da água terrestre fornece energia à seiva ascendente, a vida ao sangue que flui; toda célula da planta, animal e homem é regada, irrigada e renovada pelo mesmo poder que preenche o espaço primordial. A água representa a corrente da vida que flui sempre, o estado líquido, o fluxo e o refluxo de todas as marés, o verdadeiro pulsar do Universo.

"Medite sobre tudo o que a água significa, mergulhe fundo para encontrar a solução do problema do estado líquido, pois nele se encontra um mistério que existia antes do tempo começar. Se você conseguir dominar o significado da mudança do sólido para o líquido, o conhecimento e o poder serão seus; essa mudança sutil é governada por uma lei, chamada lei do estado líquido. É a condição intermediária pela qual a matéria e a consciência devem passar antes de serem espiritualizadas e funcionar em sua capacidade positiva: esse estado líquido era conhecido pelos alquimistas, que descobriram que os metais e os pensamentos mais grosseiros podem ser transmutados em ouro, se puderem ser liquefeitos.

"Aplique essa teoria ao caráter e à doença. É a condição fixa de um vício que lhe dá poder. Por sua existência no estado 'sólido', ganha força. Extrair sua energia e expressá-la como uma virtude é o objeto da alquimia do espírito, mas primeiro deve ser liquefeito. Tome como exemplos a crueldade, a agitação emocional e o desejo sensual: cada vez que são gratificados, endurecem e assumem maior controle da alma. Cada vez que a luxúria ganha vida pela tolerância ao desejo da carne, ela cresce, até que, por fim, se agarra a uma entidade obscena fixando-se na alma; exerce continuamente uma energia que tenta o corpo e a mente com um pensamento lascivo, desgastando-os e afligindo-os com um desejo contínuo;

ela pode ser removida pela aplicação do princípio da liquefação. Cada vez que sua cabeça se eleva em uma demanda clamorosa, invoque a ajuda da água e expresse o forte desejo que uma inundação de limpeza flua através da mente, dos sentimentos e do corpo, até que sejam inteiramente saturados. Os fogos ardentes do desejo serão extintos pelo poder da água, a entidade perderá sua forma e, com isso, seu poder sobre a alma, e ao perder esse controle, por um esforço determinado, o vício que lhe deu vida pode ser levado embora...

"Aqueles que as *Ondinas*[64] aprenderam a reconhecer também podem usar esse conhecimento e esse poder para purificar as almas de outros homens, e até mesmo para limpar uma área de uma cidade ou sala com correntes de energia da água. Aplique isso à doença concentrando o poder da água em sua contrapartida mais sutil; invoque as *Ondinas* e peça que lavem a mancha. Tendo purificado completamente, renove chamando o fogo; libere seus agentes e sua energia para que eles possam revivificar a matéria tornada limpa dessa forma. Purifique pelo poder da água, ilumine pelo poder do fogo. Nós emprestamos nossa ajuda; você deve direcionar as energias que trazemos; juntos vamos trabalhar para purificar a terra..."

O Desenvolvimento dos Poderes (*Siddhis*) Ocultos

H.P. Blavatsky escreve a respeito da *kundalinī* que "ela é o poder oculto supremo neste Universo, o poder que energiza um Universo com Vida e Espírito; é descrito como a Vontade e a Mente do Uno, o próprio Ser[65] de

[64] *Ondinas:* Espíritos da Natureza associados com a água. [HODSON, Geoffrey. *O Reino dos Deuses*. Brasília: Editora Teosófica, 2020. (Nota Ed. Bras.)]
[65] No original em inglês: *the very Self of God.* (Nota Ed. Bras.)

Deus. No ser humano, ela está revestida com cuidado, mas o homem aprenderá a libertá-la, pois é o Deus nele, sem o qual ele deixaria de existir".

A evolução do homem está, portanto, intimamente associada ao despertar e à ação dentro dele deste poder oculto; quando a sexta e a sétima raças dos homens aparecerem na Terra, a *kundalinī* despertará de forma natural e gradual, vitalizando e tornando hipersensíveis os órgãos cranianos apropriados, em particular as glândulas pituitária e pineal, mas também todo o cérebro. O sexto e o sétimo sentidos, clarividência e clariaudiência, serão então adicionados aos cinco presentes. Algumas das faculdades resultantes serão: a clarividência positiva no tempo, a distância e com magnitude; uma visão geométrica ou "de todos os lados", substituindo a perspectiva, bem como a clariaudiência e as viagens superfísicas. A essas será adicionado o poder de perceber intuitivamente e, em seguida, passar através do "portal da quietude" para a unidade com a vida oculta dentro de todas as formas da Natureza e para compreender suas atividades misteriosas. Isso trará serenidade, felicidade e bem-aventurança suprema. A união de tempo e espaço será experimentada como implícita e tudo será conhecido como aqui e agora no momento sempre presente. A ilusão básica do homem sobre si mesmo como outro que não o Universo será dissipada, pois cada ser humano será conhecido com aquele que abraça o Cosmos em sua totalidade. O motivo mais importante para viver será então viver para os outros: não para si mesmo, mas para o serviço. O Universo passará a ser experimentado como realidade absoluta, indiferenciada, um todo interdependente. Isso revela, eu sugiro, a visão mais verdadeira.

O poder de elevar a consciência para o nível das ideias abstratas, de obter uma compreensão dos princípios e arquétipos fundamentais por trás de todos os fenômenos externos e trazer de volta à consciência cerebral o resultado de tais iluminações, é da maior importância para que o vidente entenda o que ele vê. Por exemplo, a visão clarividente de forma e cor, por mais bela e interessante que seja, é inútil, a menos que o vidente também tenha o poder de interpretar sua visão e traduzi-la em termos de consciência física de vigília. De fato, a visão real de forma e cor é a parte menos importante da vidência. Os poderes especiais de compreensão e interpretação são muito mais valiosos. Portanto, somente a conquista de poderes supersensoriais não deve, de forma alguma, ser um fim em si mesmo, pois a vidência é apenas incidental à espiritualidade. A visão mais elevada é a da unidade, o motivo mais elevado é servir, e o maior poder que pode ser atingido pelo homem é realmente elevar, iluminar, ensinar, curar e servir ao próximo.

Advertências:

Todos os estudantes aqui são seriamente advertidos contra tentativas de despertar a *kundalinī* na ausência de um verdadeiro professor espiritual. Quando despertada prematuramente e em ignorância, ou por razões egoístas, pode destruir a pessoa física, emocional, mental e moralmente, e até mesmo causar insanidade. Portanto, é perigoso interferir com essa energia cósmica, e somos seriamente advertidos a nunca fazê-lo.[66]

Os perigos que quase certamente serão encontrados incluem o autoengano, orgulho, a cobiça pela posição e o poder (talvez o perigo mais grave), sensualidade acentuada, séria indiscrição, colapso nervoso e distração do verdadeiro objetivo mais elevado da vida espiritual, que é a experiência direta da unidade da vida em todos os seres e em todas as coisas.

---

[66] Vide item "Dedicação" e Apêndice I: Perigos de despertar prematuramente a *kundalinī*. p. 279.

Sou consultado, com frequência, por pessoas que tentaram alcançar desenvolvimentos psíquicos, mergulhando de maneira inadequada em certas práticas de controle da mente, projeções astrais e várias formas de *Yoga* ou combinações de *Yoga*. Distúrbios psíquicos e psicológicos, distúrbios emocionais e mentais, obsessão, incapacidade de permanecer no corpo ou retornar ao corpo, constantes e incontroláveis estremecimentos do corpo e outras irregularidades podem ser produzidas, incluindo a deterioração da saúde física.

Algumas pessoas nascem com o *Chakra* frontal (entre as sombrancelhas) desequilibrado, com outras partes do mecanismo invadidas e perturbadas, com o plexo solar talvez muito ativo, tornando essas pessoas sensíveis a entidades astrais inferiores, sendo que elas não podem lidar com essas entidades por falta de treinamento e conhecimento necessários. Se a tela etérica for rompida, o homem comum pode a qualquer momento ser levado por uma entidade astral à influência de forças com as quais ele não pode lidar. Ele estaria sujeito à constante obsessão por entidades astrais desejosas de usar seu veículo. Isso é muito perigoso.

Acima de tudo, nunca medite em nenhum dos *Chakras* abaixo do coração. Isso é mortalmente perigoso. A regra firme no Ocultismo é nada abaixo do coração. Terminamos com tudo isso na quarta Raça-raiz e nas anteriores, e se você despertá-los novamente para a atividade, isso só vai causar problemas. Nem sempre é possível alguém com minhas limitações consertar o mecanismo da consciência.[67]

Tudo o que estou alertando contra (a ativação prematura da *kundalinī*) deve-se à minha extensa experiência com muitas pessoas, há muitos

[67] G. Hodson, em virtude de seus conhecidos poderes ocultistas, era solicitado com frequência a efetuar curas em pessoas que enfrentavam distúrbios físicos e psíquicos devidos às suas tentativas de despertar a *kundalinī*. (N.T.)

anos. Enfatizo especialmente o perigo do colapso físico e nervoso, bem como as distrações do real objetivo da vida espiritual, que não é de forma alguma desenvolver uma visão adicional, mas sim um conhecimento direto baseado na experiência da unicidade de tudo o que existe. Esse é o verdadeiro objetivo e tudo o mais é uma questão secundária. A vivência da unidade e a transcendência absoluta da separação do eu, do egoísmo e identidade separada são de importância primordial. Um motivo egoísta é fatal para o sucesso. Não haveria confiabilidade em qualquer visão ou poder desenvolvido. A decadência moral se seguiria se alguém entrasse nessa tentativa com qualquer coisa que não fosse o motivo altruísta. Sem esse idealismo, há sempre uma limitação aos poderes adquiridos. Não existem limitações para aqueles que estão livres de um *ahamkāra* acentuado.

A visão mais verdadeira

O desenvolvimento da clarividência não é o único, nem mesmo o mais importante, método de aquisição de conhecimento. Tampouco é necessário para o progresso espiritual ou para o estudo do Ocultismo. Existe um método mais seguro, e uma faculdade muito mais valiosa está disponível para o homem: a intuição espiritual. Por esse meio, o conhecimento sobre qualquer assunto pode ser adquirido, sem o processo trabalhoso de desenvolver e usar poderes de clarividência. Embora ambas as faculdades possam ser úteis como métodos complementares, o intuitivo é muito mais importante e valioso do que o psíquico. A maioria dos aspirantes será melhor aconselhada a dedicar toda a sua energia ao desenvolvimento das faculdades intuitivas.

Desenvolvimento da Consciência Superior

Como o aspirante pode desenvolver a consciência e a intuição superior? O método, ensinado ao longo dos tempos, é o da meditação sobre assuntos que normalmente estão além da compreensão. A mente pode ser deliberadamente treinada e desenvolvida ao longo de certas linhas, forçando-a a refletir sobre conceitos e expressões de princípios universais. A meditação sobre essas ideias sublimes eleva a consciência do aspirante do ego pessoal para a consciência do Ego, onde ele toca por um momento aquela parte de si que é divina. Anos de esforço incansável nessa direção apressarão o desenvolvimento dos verdadeiros poderes de vidência.

O desenvolvimento da consciência superior, no entanto, não tem valor, a menos que os veículos pessoais de pensamento, sentimento e ação sejam suficientemente refinados para receber e expressar seus resultados. Para alcançar o refinamento dos veículos, um modo de vida estritamente ético e estético deve ser adotado; tudo o que for contrário aos mais elevados ideais éticos e culturais, como a vulgaridade e a autoindulgência, deve ser evitado. A mente e as emoções devem ser purificadas, e o corpo, por sua vez, tornado o mais saudável, responsivo e o mais puro possível pela limpeza pessoal rigorosa, dieta pura e completa obediência às leis da saúde.

Combinado a esse modo de vida, deve haver uma total autoconsagração ao ideal de serviço. Isso é essencial para evitar muitos perigos. Um voto solene deve ser feito dentro da alma, para nunca usar poderes ocultistas para ganho pessoal ou fins materiais. Somente dessa maneira, pode-se alcançar perfeita precisão e confiabilidade da visão, e entrar nos mais elevados níveis de consciência.

Essa conquista, repetida de forma contínua, gradualmente traz iluminação para a alma, e a iluminação espiritual é a base – a única base – da verdadeira vidência.

Intuição

Temos duas naturezas, uma espiritual e outra material. Nesse estágio da evolução humana (para a grande maioria), elas estão fora de foco uma com a outra, por assim dizer, como duas imagens vistas através da lente da câmera antes de se focarem como uma. Quando, momentaneamente, em qualquer ocasião, elas se tornam perfeitamente focadas como uma única imagem, um *flash* de intuição pode ocorrer.

Nosso Eu Espiritual tem seu olho, ou consciência, continuamente focado na lente que está entre seu "olho" e sua imagem material, manipulando as duas naturezas para que possam se fundir e, assim, se tornarem uma imagem perfeitamente focada – um ser, uma consciência.

Nós (o Ego no cérebro físico e na personalidade) podemos ajudar o Ego nesse processo de concentração pela meditação, pelo pensamento, pelo sentimento e pela ação elevados, e uma mente quieta. Esse é o objetivo da evolução humana, que podemos atrasar ou acelerar, de acordo com a maneira como pensamos, sentimos e agimos em nossa personalidade humana na Terra.

* * * * *

A intuição é um poder misterioso e sobrenatural da cognição. Em sua interpretação filosófica mais familiar, a intuição é o poder de obter conhecimento que não pode ser adquirido por inferência, observação, razão ou experiência. Como tal, é considerado como uma fonte original e independente de conhecimento.

A intuição é um aspecto importante da natureza humana, especialmente do ponto de vista da alma. Para entender o verdadeiro lugar e função da intuição, precisamos entender claramente a constituição do homem.

Ao considerar a intuição, estamos tentando entender, por meio de nossa razão, uma faculdade do saber que está acima e além da razão ou da dedução. Normalmente, a mente raciocina e deduz respostas a partir da observação e dos fatos dados. No entanto, a intuição começa realmente onde termina a esfera da função da mente concreta. Nesta época em que a mente inferior é tão proeminente e domina todas as nossas atividades, é natural que a função da intuição não seja adequadamente reconhecida, pois está inteiramente em desacordo com a da mente concreta. Portanto, é difícil para um intelectual comum dar o devido valor à intuição.

Para ilustrar a diferença entre as funções da mente e da intuição, vamos considerar como elas funcionam. O processo empregado pela mente é essencialmente analítico, enquanto a intuição é fundamentalmente sintética. A mente percebe pelos sentidos os fenômenos externos, então os coleta, cataloga e organiza e, a partir da massa de dados, extrai inferências e essas inferências são declaradas como leis científicas. Obviamente, nenhuma lei científica pode ser verdade absoluta. Uma lei pode permanecer válida por um longo tempo, mas se um novo fenômeno surgir que desobedeça à lei, ela deve ser alterada para incluir e explicar também o novo fenômeno. Esse tem sido o caminho de todo progresso científico

Mas a intuição funciona de maneira diferente. A intuição é algo como uma iluminação repentina: inunda todos os aspectos inferiores do homem e dá uma percepção notável em sua profundidade. De alguma maneira misteriosa, em que a imaginação desempenha um papel importante, a verdade é vista num *flash*, sem ter que passar por todos os estágios intermediários inerentes à análise.

Voos surpreendentes de consciência podem ocorrer, acompanhados de experiências místicas de unidade com a Essência-Espírito dos Universos e de todas suas partes componentes em todos os reinos da Natureza. Pode haver um *flash*, na mente e no cérebro, de uma extraordinária e completamente inesperada e despreparada [experiência. N.T.] de iluminação, uma "Anunciação", como poderia ser descrita alegoricamente. Pois uma "concepção imaculada" ocorre e é seguida pela mística "natividade", ou realização intuitiva e experiência da consciência de Cristo dentro do cérebro-mente: o Cristo interior.

Quer o "voo do solitário para o solitário" (para usar a famosa frase)[68] seja rápido ou prolongado, o futuro vidente e sábio em formação começará a perceber – seja instintivamente ou intelectualmente – uma diminuição da separação pela qual todos os objetos fenomenais são separados um do outro.

A intuição totalmente consciente e deliberadamente induzida depende, portanto, da aquietação das funções sensoriais. Também depende de acalmar as reações mentais argumentativas, auto-opinativas, tendenciosas, emocionalmente ativadas, a que normalmente chamamos de pensamento. A intuição chega a nós em momentos de silêncio mental, quando as imagens, em movimento constante, de nossos pensamentos na tela de nossa mente cessam e a tela fica quieta, tranquila, relaxada e sem pensamentos. Entre um e outro pensamento, há um período de silêncio e

---

[68] Plotino, *Primeira Ennead*, Sexto Tratado, "Beleza".

descanso. Gradualmente, temos que aumentar esse período de aquietação entre os pensamentos pelo controle da mente.

A intuição opera entre as duas partes de nossa natureza: superior e inferior, espiritual e material. Em um lampejo ofuscante de outro tipo de conhecimento, somos unificados. Na atual fase da evolução humana, a intuição funciona em *flashes*, então eu a chamo de "*flash* de consciência". A intuição, estranhamente, deixa de funcionar ou, aparentemente é assim, depois que o *flash* chega ao cérebro. Tivemos o nosso "momento da verdade"!

Entendendo a intuição com analogias

A faculdade da intuição pode ser ilustrada com uma analogia. Suponha que eu seja levado para uma sala escura e me peçam para preparar uma lista de todos os artigos naquela sala. Estando no escuro, não consigo ver nada, mas vou procurar sentir os vários objetos e elaborar laboriosamente um catálogo de todos os artigos. Mesmo assim ainda existe a possibilidade de meu catálogo ter falhas, ou até mesmo estar positivamente errado. Mas suponha, por exemplo, que eu tenha uma lanterna elétrica na mão e a acenda. Então, toda a sala fica visível ao meu olhar e só tenho que perceber tudo o que existe. Isso ilustra mais ou menos a diferença essencial entre mente e intuição. Intuição é algo como a lanterna elétrica. Se alguém puder usá-la conhecerá as coisas por uma iluminação repentina e não por um laborioso processo mental.

Quando recebemos *flashes* intuitivos em nosso cérebro, podemos ser comparados a uma pessoa que vê os *flashes* de luz de um farol distante, o que, por um breve momento, ilumina nossa escuridão. Vemos a luz em *flashes*, mas normalmente nunca vemos o "operador do farol". Nesta analogia, o guardião do farol representa o Eu Espiritual em desenvolvimento de cada um de nós, o Ego ou alma imortal reencarnante, o pensador que usa esse cérebro físico e a personalidade para os propósitos da evolução em busca da perfeição. A luz da iluminação que acende e apaga é a luz de nossa própria intuição que surge de dentro da natureza espiritual, o Eu *Búddhico*.

Essa iluminação supranormal pode ser projetada em nosso cérebro-mente, por assim dizer, por nosso próprio Ego, que está sempre pronto, em seu nível, para entrar em contato conosco quando estivermos mentalmente quietos, preparados, relaxados e receptivos para receber o *flash*. Isso ocorrerá cada vez mais frequentemente nos indivíduos, à medida que refinamos e sensibilizamos nossa natureza pessoal.

Níveis de intuição

Pode-se dizer, em teoria, que a intuição é de dois tipos:

A característica peculiar da mente abstrata é que ela não lida tanto com formas, mas com conceitos revestidos de várias formas. Por exemplo, embora possa haver milhares de cadeiras no mundo, a ideia da cadeira, ou seja, a cadeira abstrata, é apenas uma. Da mesma forma, você pode desenhar milhões de triângulos, mas a qualidade do triângulo ou a que faz do triângulo o que é, a ideia por trás de todos esses vários triângulos é apenas uma. Em outras palavras, a mente abstrata lida com tipos, dos quais inúmeras formas são construídas na mente concreta. Daqui resulta que a mente abstrata é, em certo sentido, um agente sintetizador, alcançando a ideia por trás das várias formas que revestem a ideia.

A intuição, às vezes, vem da região dessa mente abstrata. Enquanto estamos lutando aqui com várias formas sem ser capaz de chegar ao tipo comum por trás delas, a intuição pode mandar uma luz e nos dar a ideia.

É a expressão de tal intuição que permitiu aos grandes homens do mundo formular leis ou possíveis hipóteses que iriam abarcar uma infinidade de fenômenos. A lei da gravitação, enunciada por Newton, foi um ato dessa intuição. E, novamente, foi a ação dessa intuição que levou à enunciação do famoso princípio de Arquimedes.

Einstein disse: "A mente só pode avançar até onde ela sabe que pode provar. Chega um momento em que a mente dá um salto – chame de intuição ou do que você quiser – e alcança um plano superior de conhecimento, mas nunca pode provar como chegou lá."

Existe uma intuição mais elevada, que se origina além da mente abstrata no nível de *Buddhi*, isso é, o princípio no homem que une os vários elementos aparentemente desorganizados e desunidos aqui embaixo. A essência desse *Buddhi* é a união. Uma pessoa dominada pela ação de *Buddhi* está sempre em busca da unidade e da semelhança, mesmo em meio de elementos aparentemente irreconciliáveis. Assim, quando essa faculdade funciona, ela vai automaticamente até a raiz das coisas e vê tudo desse ponto de vista supremo da unidade. A intuição que atua nesta região permite que a pessoa entre em sintonia com todos e com tudo em seu universo. Assim, ela chega à raiz das coisas e percebe tudo no verdadeiro relacionamento – como elas realmente são e não como aparentam.

Uma pessoa que é dominada pela atividade de seu aspecto *Buddhi* é naturalmente uma alma altamente evoluída. Ela vive e governa sua personalidade de um centro que não é alcançado pelos mortais ordinários. Para ela, tudo parece ser um livro aberto. Coisas aparentemente discordantes revelam uma harmonia a seus olhos, e problemas insolúveis parecem bastante fáceis de serem resolvidos. Embora atualmente a faculdade da intuição não seja tão normal quanto a faculdade da mente, chegará um momento em que o homem comum terá essa intuição atuando nele com mais frequência.

Quando essa faculdade da intuição funciona, sua força parece ser quase irresistível. Você não ousa desobedecer ao seu mandato. Você tem absoluta certeza disso. Você não se sente inclinado a parar e questionar. Mas há um perigo nesse assunto. Muitas pessoas são meramente dominadas pelo impulso e podem confundir esse impulso com a intuição. Algumas pessoas impulsivas não param para pensar, têm total certeza de sua posição. Elas se atiram de cabeça no que o impulso lhes demanda fazer.

O bispo Leadbeater sugeriu um ou dois métodos pelos quais podemos distinguir o impulso da intuição. No caso do impulso, você geralmente encontrará algo em que uma gratificação pessoal estará envolvida, enquanto a intuição é essencialmente impessoal. Então, no caso de impulso, se você ficar quieto por algum tempo, ele perde força e gradualmente se desgasta. Mas a intuição é insistente e não perde força com o passar do tempo.

Desenvolvimento da Intuição

Essa faculdade espiritual é desenvolvida no seu devido tempo no processo evolutivo e a consciência superior é alcançada naturalmente, através do processo de viver, pelo próprio modo de vida. ("Se viverdes a vida, conhecereis a doutrina.")

As qualificações para viver a vida são: humanidade, não causar sofrimento, bondade e gentileza em pensamento, palavra e ação; altruísmo e esquecimento de si mesmo. Todas essas práticas, dia após dia, juntamente com as virtudes comuns, contribuem para a conquista de *Ātmā Vidyā*.

É bom nos lembrarmos que não podemos divorciar a experiência da consciência superior, ou o conhecimento intuitivo, da maneira como vivemos nossa vida diária. A manifestação da intuição segue a lei e a ordem, por mais repentino ou aparentemente inesperado que pareça ser o *flash* da visão intuitiva. Segue-se do que ocorreu antes, por mais desconectadas que sejam a experiência intuitiva e nosso modo de vida normal.

Intuição ou realização espiritual não é, por si só, um processo mental, e a mente não entra e não pode entrar nele. Não obstante, estamos o tempo todo, em nossa vida e trabalho cotidianos, desenvolvendo nossa intuição em certa medida, pelo uso de todos os nossos processos mentais que nos levam a entender e compreender profundamente as questões, tanto as importantes quanto as pequenas. Esse conhecimento pode inconscientemente expandir-se para uma visão direta das leis e dos princípios subjacentes, sem que o conheçamos ou percebamos. Um exemplo disso é o claro senso de adequação das coisas, de que o Universo é governado por leis e existe em virtude da lei inerente ao Universo e a todas as coisas. Esse uso e desenvolvimento inconsciente da intuição, a partir da dedução correta dos fatos e eventos cotidianos da vida, é um processo perfeitamente natural e contínuo e leva à conduta correta, pois, como diz a velha máxima: "o homem sábio faz o bem tão naturalmente quanto respira". [69]

Todas as faculdades sucessivas desenvolvidas pelo homem são assim alcançadas muito gradualmente e, na maior parte do tempo, passam despercebidas até que alguma experiência exterior incomum evoque o poder interior intuitivo, produzindo uma grande luz na mente.

Para embarcar no caminho de desenvolvimento intuitivo acelerado, o primeiro passo é a eliminação dos obstáculos, purificando o corpo por meio da dieta e do modo de vida, eliminando o álcool, as drogas e o tabaco. Isso não é feito apenas por razões morais, mas porque essas substâncias realmente envenenam as glândulas pituitária e pineal, que são as portas de entrada para a consciência superior. A eliminação de todas as

[69] H.P. Blavatsky, *Collected Writings*, Vol. XII, 1890, "Joias do Oriente", p. 456.

reações emocionais inferiores, como o ódio; todas as formas de separatividade, ciúme, amor possessivo; toda conduta destrutiva crítica e cruel, especialmente a forma mental/emocional de crueldade que chamamos de fofoca; e nunca reagindo da mesma forma com inimizade e de maneira separativa. Pois, enquanto esses estados de vibração astral mais baixa estiverem surgindo em nossa psique, as condições para a corrente pura e espiritual da intuição Causal ou *Búddhica* estarão ausentes. O grosseiro, o cruel e o rude não podem receber as vibrações sensíveis e espirituais. Plotino diz: "Tudo é purificação".[70]

Então, teríamos que eliminar mentalmente todos os preconceitos, o orgulho e a vaidade, porque eles constroem um muro entre o cérebro/mente e os estados de consciência *Búddhicos* e Causais. Em seguida, promovendo a despersonalização e a universalização da mente e do coração, e tentando viver em harmonia com todos os seres e toda a vida.

C.W. Leadbeater nos diz que o método de usar as emoções superiores inquestionavelmente evoca vibrações no veículo *Búddhico*. Com isso, ocorre um alvoroço no veículo *Búddhico* ainda não formado, de modo que muitas de suas vibrações descem e se refletem sobre o corpo astral. Assim, o homem pode receber uma quantidade considerável de influência do Plano *Búddhico* antes mesmo que o veículo seja formado.

Se você procura acelerar o desenvolvimento da intuição, pode fazê-lo de uma ou mais maneiras. Primeiro, através da meditação, *Yoga* – importante e essencial. Isso força o ritmo natural, o desenvolvimento do sistema cérebro-espinhal ou do sistema nervoso simpático e, na verdade, dos átomos com os quais os órgãos são compostos. Pelo *Yoga*, a espiral *Búddhica*, nos *anu* ou átomos físicos finais do cérebro (com suas espirilas

[70] Plotino, *Primeira Ennead*, Sexto Tratado, "Beleza".

entrelaçadas), é levada à atividade e à função. Com isso, o veículo *Búddhico*, com sua consciência, de outra forma inacessível, fica ao nosso alcance antes do tempo natural. Ao desenvolver a espiral *Búddhica*, deixamos entrar em nossa mente-cérebro a luz da consciência *Búddhica*.

Além disso, adquirindo o hábito de pensar de maneira mais abstrata, universal e mais em termos de padrões, podemos desenvolver essa intuição. De fato, em toda meditação, parte de nosso pensamento é direcionada para esse hábito de abstrair nossa atenção do mundo concreto das formas para o mundo abstrato das ideias. Plotino disse: "você deve fechar os olhos e invocar outra visão que deve ser despertada dentro de você, uma visão, a herança de todos, que poucos utilizam".[71]

Outro método para despertar essa faculdade da intuição é através da arte. Todos os grandes artistas são altamente intuitivos. Nas grandes obras de arte, sempre se destaca essa faculdade de intuição. Uma verdadeira obra de arte resume uma variedade de experiências humanas e as generaliza para nós. Seja um retrato, uma escultura ou uma linha de poesia, essa qualidade de generalização será evidente. Quando um grande artista pinta o retrato de uma pessoa, ele não apenas pinta essa pessoa em particular, mas de alguma maneira misteriosa, ele personifica o tipo ao qual essa pessoa pertence. É aí que um bom retrato difere de uma reprodução fotográfica. Enquanto essa última nos dá a aparência física de uma pessoa em um determinado momento, o retrato da mesma pessoa, produzido por um grande artista, representa o homem real que ele é, não apenas o que ele é em um momento específico, mas o que ele tem sido e o que ele é, e talvez o que também será no futuro.

[71] *Ibid.*

Através da arte, seremos capazes de alcançar, em um tempo muito curto, de uma maneira um tanto indireta, o que normalmente levaria anos e anos para ser alcançado na vida cotidiana. Portanto, se uma pessoa trabalha de acordo com a linha da arte, ela inevitavelmente desenvolverá essa faculdade de sentir o padrão por trás da forma, de chegar à raiz das coisas e generalizar experiências humanas específicas em experiências universais. Para ele, pessoas e coisas parecerão muito mais completas, muito mais nobres e muito mais profundas do que o indivíduo comum; assim, através da linha de arte também podemos desenvolver essa faculdade de intuição.

Um outro método, talvez mais seguro e abrangente, é desenvolver o hábito de perceber semelhança e unidade em coisas aparentemente contraditórias e diversas. Isso é melhor alcançado através do amor em suas várias fases, como amizade, simpatia e assim por diante. Quando uma pessoa é habitualmente de natureza amorosa, ela naturalmente trabalha mais por meio da unidade do que da diversidade. O amor permite transcender barreiras, buscar contatos de todas as formas possíveis e colocar-se em sintonia com outras pessoas. A profunda simpatia por uma pessoa nos leva a uma união interior com ela e nos dá uma visão ou compreensão imediata dela e de seus problemas. A compreensão, portanto, é um caminho para a intuição. Através deste processo, *Buddhi* é desenvolvido e, portanto, a intuição superior.

Se desenvolvermos nosso coração lado a lado com a mente, e a tornarmos uma ferramenta submissa e eficiente nas mãos do coração, descobriremos que essa qualidade da intuição se desenvolve em nós mais rapidamente do que de outra forma.

Exemplos de intuição

A intuição propicia a iluminação mental direta e instantânea da verdade sobre o Eu Espiritual, o Ego e os estados correspondentes de consciência. Dessa maneira, alguns místicos, artistas, poetas, músicos e filantropos atravessam a ponte que leva do mundo sensorial irreal ao mundo da realidade, da unidade com o divino. Isso é ilustrado por um belo poema, *Paracelso*, de Robert Browning. Ele descobriu em um lampejo de iluminação mental, interior, a partir de sua própria intuição, que dentro de si, e de qualquer outro ser humano, reside um centro de realidade que é um com o divino, com a própria verdade. Conhecemos esse centro de realização em nós mesmos, na Teosofia, como a natureza de *Buddhi*. O poeta descobriu que cada um de nós é capaz de conhecer diretamente a verdade que faz parte do nosso eu *Búddhico*, por nós mesmos e não de qualquer fonte externa:

> A verdade está dentro de nós mesmos; ela não surge
> Nas coisas exteriores, não importa o que você possa acreditar.
> Existe um centro íntimo em todos nós,
> Onde a verdade permanece na plenitude; e ao redor
> De muro sobre muro, a carne grosseira o leva
> A essa percepção perfeita e clara – que é a verdade.
> Uma malha carnal desconcertante e perversa
> Cega-a e comete todos os erros: e, 'para conhecer'
> Consiste, ao invés disso, em abrir um caminho
> De onde o esplendor aprisionado pode escapar,
> Em vez de efetuar a entrada para uma luz
> Que deveria estar do lado de fora...

A intuição também parece operar a partir de um nível de consciência livre das limitações de tempo e espaço. Pensar e raciocinar pertence ao mundo dos cinco sentidos e leva tempo. É um pensamento sensorial e concreto. Mas a intuição está operando acima desse nível. É, portanto, livre do tempo, livre do pensamento, livre de todas as restrições, imediato. Ela funciona como um "raio vindo do nada", não em uma longa cadeia de elos fundamentados com uma solução como produto final, mas aqui e agora, com a solução totalmente elaborada por alguma parte de nossa mente ainda desconhecida para a maioria de nós, em um todo completo – problema e resposta juntos como uma unidade.

Os poetas frequentemente tocam em si mesmos o eterno e atemporal centro da verdade e da realidade espiritual. Henry Vaughan, místico e poeta inglês, escreve descrevendo essa experiência intuitiva da atemporalidade.

Eu vi a Eternidade na outra noite
Como um grande *Anel* de pura e infinita luz, ...[72]

William Blake também ilustra essa percepção intuitiva, atemporal e sem espaço:

Para ver um Mundo em um Grão de Areia
e um Céu em uma Flor Selvagem,
Segure o Infinito na palma da sua mão
E a Eternidade em uma hora.[73]

---

[72] Henry Vaughan (1621-1695), "Silex Cintilantes, O Mundo".
[73] William Blake (1757-1827), "Augúrios de Inocência".

CAPÍTULO 7

Orientação Prática para Aspirantes, Discípulos e Iniciados

Preparação para o Caminho

Agora voltamos nossa atenção à atitude desejável para o desenvolvimento oculto e o Discipulado.

De acordo com os ensinamentos de Teosofia, o homem tem sete partes principais: um ser espiritual triplo, imortal, encarnado em quatro corpos mortais e materiais. As três partes da natureza espiritual do homem são reproduções ou reflexos da Vontade, Sabedoria e Inteligência da Deidade suprema. O relacionamento ideal entre as partes do homem ocorre quando o ser espiritual tríplice (o Ego) governa e ilumina a personalidade quádrupla.

Evidentemente, o motivo tem uma importância suprema. Portanto, observe os motivos e ações físicas, aprenda a distinguir a influência sobre o pensamento e a conduta dos diferentes atributos humanos e escolha o mais elevado. Procure conhecer a si mesmo inteiramente. Não seja ignorante ou enganado sobre suas limitações. Evite *māyā* sobre você. Seja um realista implacável. Não deixe que nenhum aspecto do quaternário assuma o domínio.[74]

[74] Quaternário: o eu pessoal quádruplo. (Ed.)

O equilíbrio é o ideal: a harmonia da razão e do amor impessoal é o ideal com intuição e vontade no comando – uma tarefa difícil.

Os inimigos encontram-se em dois níveis. Os primeiros são as emoções que introduzem excesso de fervor e a consequente ocultação da razão, lógica e discernimento. Essa dificuldade pode ser acentuada pelo desejo pessoal e pelos resquícios da sensualidade, que podem aflorar sob o estímulo do estudo oculto e da associação com ocultistas e movimentos ocultos. Portanto, procure sublimar o desejo pela vontade superior. Permaneça amoroso e muito gentil com o seu próximo e desenvolva o poder do amor impessoal por tudo o que vive. Não permita que as emoções lhe guiem ou governem. Use as emoções como um general usa o sistema de transporte de um exército e mantenha-as bem-organizadas. Mantenha os "caminhos" abertos, evite congestionamentos e a expressão excessiva de um "ramo".

O segundo inimigo é a mente que pode ser excessivamente crítica, analítica, egoísta, orgulhosa, viciada em autoelogios, pessoal e separativa. Um exemplo é o excesso de análise que destrói um *flash* intuitivo pela assim-chamada lógica. Examine à luz da razão, mas não descarte muito apressadamente. "A Mente é a grande assassina do Real. Que o discípulo mate a assassina."[75] Como podemos conseguir isso? Mantenha os atributos úteis do bom senso e da lógica e seja o mestre deles. Elimine as manifestações indesejáveis desses princípios humanos. Além disso, obtenha um equilíbrio – a essência da religião e da filosofia. Desenvolva completa humildade, impessoalidade, porém mantenha uma percepção aguçada e penetrante e o poder da razão, que não podem ser enganados.

Essa necessidade de humildade e impessoalidade nos leva ao âmago da questão das condições necessárias para o desenvolvimento seguro do

[75] BLAVATSKY, H.P., *A Voz do Silêncio* (bolso), 4ª ed., versículos 4-5, 2020, p. 89. (Nota Ed. Bras.)

Ocultismo. "Esvazie-se mentalmente de tudo e fique onde você está". "O esquecimento de si mesmo é a base de toda espiritualidade". Se você está trabalhando de forma sincera e sábia pelos outros e se esquece de si mesmo no processo, não pode estar errado.

Tal autoesvaziamento, um tal amor que se esquece completamente, uma tal morte figurativa é necessária para a vida mais abundante. Morrer para o sentido de individualidade separada e da possessividade é viver para a vida eterna. Para alguns, essa é a maior verdade já proferida. Assim, o inimigo interior é vencido.

Esse ideal de autoesquecimento parece formar uma porta de entrada para todo o mundo da verdade, experiência e autopurificação espiritual. Não é nada novo para nós como estudantes de Teosofia. Está inculcado em todos os maravilhosos livros de conselhos espirituais com os quais somos tão ricamente abençoados.[76]

Conselho Sobre Como Entrar no Caminho

Alguns conselhos pessoais são oferecidos, apesar de não ser meu hábito pregar.

(a) Busque com sabedoria a amizade de aspirantes que pensam da mesma forma e converse com frequência, discretamente, com eles sobre o Caminho e os Mestres.

[76] Por exemplo: *Luz no Caminho*, *O Idílio do Lótus Branco* (M. Collins), *A Voz do Silêncio* (H.P. Blavatsky), *Aos Pés do Mestre* (J. Krishnamurti), *Bhagavad-Gitā* (traduzido por A. Besant), *Os Mestres e a Senda* (C.W. Leadbeater), *In His Name (Em Seu Nome)* (C. Jinarajadasa), *A Luz da Ásia* (Sir. E. Arnold).

(b) Não seja vago. Seja assertivo. Não brinque com o Ocultismo. Esta é uma oportunidade suprema. Não a perca por falta de interesse. É necessário fogo.

(c) Estude repetidamente os livros sobre a vida espiritual. Memorize aforismos e pondere sobre eles. Procure trazê-los para sua vida diária.

(d) Leia os escritos e as cartas dos Adeptos. Pense frequentemente, de forma reverente a respeito deles. Dedique diariamente sua vida a eles.

(e) Estude desapaixonadamente, mas rigorosamente, a vida dos Iniciados e Adeptos, e aprenda com eles: Pitágoras, Apolônio, Jâmblico, St. Germain e assim por diante. Estude os mistérios antigos e a vida do santuário. Viva nesta atmosfera.

(f) Aprenda gradualmente, mas cada vez mais, a ficar sozinho, a ser autossuficiente, um autoiluminado. Torne-se cada vez mais um gnóstico e cada vez menos um eco. É bom ser um eco de verdades sublimes e belas. O "eco" em tais circunstâncias é um sacerdócio. Mas também são necessárias vozes e nós, que estamos treinando para ser especialistas sobre a verdade, mantendo a devida humildade, podemos muito bem procurar tornar-nos vozes bem como ecos.

(g) Por mais que você falhe a princípio, continue. Faça a dor e a humilhação do fracasso estímulos gêmeos para mais esforços. Não vacile. Nunca desista. Não duvide do Caminho ou de sua própria capacidade para trilhá-lo. O fato de você o ter encontrado e ter começado é uma prova de sua capacidade para suportá-lo até o fim. Não desanime.

(h) Fixe o olhar da sua alma nas alturas espirituais e mantenha-o lá, não importa as condições de dificuldade ou facilidade, escuridão ou luz, tristeza ou alegria, fracasso ou sucesso. Então nada poderá impedir sua plena realização.

(i) Lembre-se de que o Mestre conhece o âmago do seu coração e, enquanto você estiver sinceramente fazendo o melhor que puder, fique em paz devido a esse conhecimento Dele. É maravilhoso saber que quando surgem problemas que o Mestre está ciente. Tente cada vez mais torná-lo uma realidade, um poder e uma presença em sua vida.

* * * * *

Alcançar a iluminação para o benefício da humanidade deve se tornar a primeira coisa na vida. As regras não devem ser burladas com tentativas de escapar delas, mas devem ser seguidas com gratidão pelo conhecimento delas. A pessoa precisa ser inteligentemente convencida e depois trabalhar. Você não pode brincar com o Ocultismo com segurança. Pesquise diligentemente, compare, espere uma orientação intuitiva interior do Ego e então escolha e seja fiel, unidirecional, leal. O descanso é permitido; porém, o abandono final e difamação fecham as portas mais tarde nessa vida e em vidas posteriores.

Uma vez tendo começado, trabalhe muito duro consigo mesmo e pelo bem-estar da humanidade. Adote uma causa e treine-se para se tornar um trabalhador cada vez mais eficiente nela. Tenha um Santo Graal, uma paixão controlada por um ideal e uma causa e, na medida em que os deveres existentes permitam, liberte-se em seu progresso.

A partir de então, fique atento para não manchar a causa ou buscar ganho pessoal através do cargo na causa. A função pode ser uma oportunidade privilegiada ou uma armadilha. Examine e reexame os motivos. Cargo e poder, externo e interno – a maior provação do ser humano.

Em tudo isso, use o discernimento – com um firme bom senso.

Seja sábio, sensível, prático, cumprindo as obrigações existentes, garantindo as finanças futuras e mantendo num sentido geral os pés firmemente no chão.

Cuide da saúde, sanidade, normalidade. Ocultismo é senso prático. Nunca se esqueça que você está sob observação pelo mundo, que julga os homens e os movimentos pelos efeitos externos. Seja muito sensato, prático e o mais saudável possível e obedeça às leis da saúde.

Com esses fundamentos e uma constante reavaliação da posição e das atividades escolhidas, do ponto de vista da solidez, da "trilha certa" – dedique-se à Missão, ao Mestre, à causa, à humanidade. "Em Teu nome e por Ti" deve ser a constante condição habitual da mente e do coração. Consagre e consagre outra vez todo o seu ser, vida e trabalho ao seu ideal, ao Mestre, por exemplo. Viva no pensamento do Mestre, perto Dele e como Seu servo.

Não deixe ninguém afastá-lo da Senda. Negações de validade da Busca não devem impedi-lo. O Mestre verá e saberá, "pois ele acendeu a sua lâmpada, e ela não pode ser escondida".[77]

A vida do outro não é da sua conta. Nunca se envolva em fofocas. Seja confiável em relação às confidências. Dano e sofrimento muito graves e intensos podem ser causados a movimentos e pessoas por derrogação e fofocas, diretas ou por insinuação. Isso é uma contradição e uma negação dos ideais do Caminho. Isso frustrará e gerará *karma* adverso. Não fofoque e você não será objeto de fofocas – pelo menos não muito. Sempre pense e fale de maneira útil, construtiva, amorosa ou fique em silêncio.

---

[77] COLLINS, Mabel. *Luz no Caminho*, Brasília: Editora Teosófica, 7ª ed. 2020, p. 66. (Nota Ed. Bras.)

Uma maneira de obter prestígio pessoal é atacar e denegrir uma pessoa para uma outra [o destinatário]. Isso sugere ao destinatário que ele é considerado pelo atacante superior à pessoa atacada e que recebe confiança e admiração especiais. O motivo para isso é vincular o destinatário ao atacante. Lembre-se de que também para a própria pessoa atacada, o atacante irá dizer as mesmas coisas sobre o recebedor, usando a mesma técnica e o mesmo fascínio, espalhando a mesma rede com o mesmo motivo. Assim, certas pessoas tentam conquistar seguidores pessoais, adoradores, covardes. Esteja de sobreaviso e não se deixe enganar por isso... Eles às vezes estão externamente em lugares altos... Eles vão cair, e, se você os deixar, irão machucá-lo, se você for vítima de suas artimanhas, eles vão lhe derrubar por sua vez.

Pureza de coração, abnegação, total ausência de egoísmo, de autoelogio e autopromoção são absolutamente essenciais no Caminho e são a marca do verdadeiro ocultista da Ordem Branca. Assim, a única possibilidade de sucesso total, interior e real consiste no pensamento e no trabalho exclusivamente para a iluminação em prol da humanidade.

* * * * *

O Discipulado não é alcançado brincando com o Ocultismo, fazendo-se de "cego" para suas próprias falhas, com uma constante indulgência aos próprios desejos e fraquezas e com a participação regular nas reuniões. O Discipulado é uma vida a ser vivida, não um jogo no qual participamos. Para essa vida e para sua vivência, o aspirante deve engajar todo poder do coração, da mente e da vontade, num esforço intenso para acelerar a evolução da alma.

Os aspirantes não percebem suficientemente a realidade da vida oculta, não fazem dela uma realidade viva para si mesmos, uma busca inteiramente absorvente, uma preocupação exclusiva do coração e da mente, uma ocasião para um esforço unidirecional. E é por isso que tão poucos fazem progresso no Caminho.

O que é preciso é o fogo, um entusiasmo ardente, uma vontade flamejante e irresistível. Desperte essas qualidades e intensifique-as dentro de você. Nenhum grande e nobre fim jamais foi alcançado por meias medidas. O Discipulado é o maior e mais nobre fim de todos, pois leva à libertação da alma da ignorância e da mortalidade e, ao se libertar, você torna mais próxima a libertação do mundo inteiro. Se você não despertar e se elevar para o seu próprio bem, não o fará pelo bem do mundo.

A mensagem que o corpo da humanidade precisa hoje é de uma vida limpa e de serviço. A mensagem que a mente precisa é o *karma*, o juiz impessoal, e a mensagem que o espírito precisa é a busca, a grande aventura da vida espiritual.

Identidade Equivocada

O erro de *ahamkāra* ou o senso acentuado de existência própria é baseado em um erro completo, mas compreensível, referente ao homem e, especialmente, à natureza humana; pois um indivíduo procura instintivamente a individualidade. Esta é a verdadeira "heresia da separatividade." É uma heresia porque, quando o princípio mais profundo de um homem ou mulher é tocado pelo *Yoga*, percebe-se que esse princípio (*Ātmā*) não é de fato uma identidade separada, mas uma manifestação ou expressão do *Ātmā* total do Universo que é sem identidade. No momento em que *Ātmā* é tocado pela consciência, a identidade separada praticamente desaparece como atributo de um ser humano.

* * * * *

A Mônada-*Ātmā* é a realidade e a iluminação final no homem. É mais do que o intelecto, mais do que contemplar silenciosamente a verdade, embora ela possa levá-la a isso. Normalmente, a presença e o poder *Átmico*-Monádico são bem insuspeitos, portanto desconhecidos. O homem se identifica com seu corpo com um nome, pensa e fala de sua personalidade mortal como se fosse ele mesmo. Deste erro muitos, muitos de seus problemas surgem, enquanto que a correção desse equívoco os impede de surgir.

Progresso Oculto e Tipos de Personalidade

Talvez não tenha ficado suficientemente claro na literatura teosófica que os estágios de desenvolvimento e progresso na vida oculta, conhecidos como Estágios no Caminho, têm um sentido duplo. É verdade que, por um lado, eventos externos ocorrem principalmente para o Ego em seus corpos mais sutis. Consistem nas cerimônias ou, melhor, em ritos particulares realizados pelos Adeptos em nome da Fraternidade. São ações oficiais, geralmente aceitas de antemão e ratificadas posteriormente. No sentido oculto, como em todos os outros aspectos, esses ritos colocam a pessoa num relacionamento com a hierarquia oculta. Este é um progresso oculto "oficial", cada avanço sendo semelhante à obtenção de um grau mais elevado no mundo escolar.

A outra característica, num sentido mais importante, é profundamente interior. Consiste em etapas sucessivas do despertar da alma, significando expansões da consciência Egoica, mental, emocional e cerebral e aumentos no poder espiritual e oculto. Na verdade, esses são os elementos essenciais dos quais os reconhecimentos formais são apenas o resultado.

Em todas as considerações e exposições sobre os Estágios no Caminho, portanto, a ênfase deve sempre ser colocada em melhorias de conduta e caráter, aumento de capacidade, aprofundamento da dedicação e, em todas elas, por expansões da consciência. Onde essas expansões não ocorrem, o progresso alcançado verdadeiramente pelo Ego pode não alcançar o cérebro em grau suficiente para mudar a vida permanentemente e trazer as expansões para a consciência desperta.

O despertar e a consciência espiritual podem, no entanto, ser realizados e alcançar alturas muito elevadas, sem referência à Fraternidade e aos estágios oficiais. Muitos místicos, eremitas, iogues e os chamados *paramahansas* alcançam essas expansões e realizações por conta própria, embora sejam Iniciados em menor sentido por seus gurus. Muitos, mas nem todos os grandes místicos cristãos, nada sabiam sobre os Estágios no Caminho. No entanto, alguns deles obviamente atingiram a consciência *Búddhica*.

O que é a consciência *Búddhica* no cérebro? O que sua conquista realmente traz à natureza pessoal do aspirante? A resposta será diferente para as pessoas,em cada um dos raios. Para as pessoas do Primeiro e do Sétimo Raio, há uma intensificação da vontade de realização e o aumento de um grande anseio para fazer isso. Onde há essa experiência, é provado que o veículo *Búddhico* está funcionando e o *Ātmā*, que é seu "passageiro", está atingindo o cérebro. A severidade, a indiferença e a frieza em relação aos outros se suavizam e são substituídas por uma profunda preocupação e uma espécie de delicadeza diplomática. Esta é, de fato, a consciência *Búddhica* expressa pelos tipos de Primeiro, Terceiro e Sétimo Raio. Gentileza, bondade, serviço, prontidão para o autossacrifício e uma capacidade crescente de sentir e simpatizar com o sofrimento dos outros, também são provas do desenvolvimento de *Buddhi* alcançado pelo Ego e influenciam a vida.

As pessoas do Primeiro Raio são frequentemente deixadas sozinhas. Se persistirem, obtêm grande força, autoconfiança e certeza interior. Às vezes, porém, recebem grandes benefícios, que podem ser seguidos de solidão novamente por um tempo. Elas precisam encontrar dentro de si um meio de continuar apesar de todas as dificuldades. Esse é o caminho delas.

Existem outros sinais de progresso espiritual e oculto apropriados para outros Raios que também se mostrarão, já que todos são um complexo de todos os Raios. Por exemplo, as pessoas do segundo e do sexto raio estão inclinadas a obter mais experiência real na consciência cerebral do que o grupo anterior. A universalização e a universalidade do pensamento são características desses raios. A consciência *Búddhica* gera um aumento e uma realização mais completa deles. Uma sensação de alcançar as profundezas do infinito e de que o infinito "flui para o interior" também é um sinal de consciência *Búddhica*, em qualquer raio.

As pessoas do Terceiro e do Quinto Raio descobrem que suas mentes estão sendo cada vez mais influenciadas por suas intuições. Elas também experimentam realizações deslumbrantes, *flashes* brilhantes de *insights* sobre problemas e pessoas. As mentes dos aspirantes do quinto raio podem ser extremamente resistentes a *Buddhi*, e podem até se ressentir e lamentar. Eles, talvez, mais do que os outros, ganham com a ajuda de um guru e dos ritos iniciáticos nos Mistérios Menores e Maiores. A Maçonaria, por exemplo, bem como o sacerdócio pode ser muito útil para eles, embora a tendência deles seja zombar dessas instituições.

Os que estão no Terceiro Raio encontram talvez a maior de todas as dificuldades e experimentam o maior número de fracassos no Caminho. Duas das razões são que sinceridade e honestidade absolutas e profundamente arraigadas são quase impossíveis durante as fases iniciais, e o intelecto interpõe uma barreira quase intransponível. De fato, para os aspirantes do Terceiro Raio, "a Mente é a grande assassina do Real."[78]

As pessoas do quarto raio são afetadas de acordo com seus sub-raios, um resultado marcante da consciência *Búddhica* sendo a conquista de ganhos em seu ramo escolhido das artes. Lewis Caroll é um exemplo disso, pois ele até trouxe verdades ocultas diretas para sua mente e fantasias, sem nem ao menos saber que estava fazendo isso.

Tais, então, resumidamente, são as evidências reais do progresso no Caminho, todas elas independentes dos Estágios reconhecidos.

Outro grande fator no progresso espiritual e oculto entra em cena. É o aumento gradual dos poderes particulares e peculiares dos planetas e signos, nos veículos do físico até *Buddhi* e, ocasionalmente, até *Ātmā*. Isso dificilmente pode ser reconhecido, mas ocorre em grande parte como resultado de estudos intensivos das correspondências, combinados com a prática de *Yoga*. Isso diz respeito ao lado mais puramente oculto e ao poder do nosso desenvolvimento, cujos frutos são mais evidentes nos corpos suprafísicos e em nosso poder, domínio e eficácia do corpo durante o sono e sempre que o Ego age de forma independente. Ainda que esses poderes sejam, por assim dizer, centralizados em planetas e signos, eles também estão presentes em todo ser humano, Iniciado e Adepto. De forma suprafísica, os *devas* dessas Ordens de vida, e de consciência e de atividade divinas, tornam-se cada vez mais disponíveis e despertos

[78] BLAVATSKY, H.P. *A Voz do Silêncio*. Brasília: Editora Teosófica, Fragmento 1, Versículo 4, 2021, p.89. (Nota Ed. Bras.)

no ocultista praticante em meditação, alcançando às vezes a consciência desperta com conhecimento intuitivo. Por outro lado, o *karma* adverso estará sendo diminuído gradualmente porque é neutralizado por todos esses desenvolvimentos e ações.

Assim, bem resumido, é o verdadeiro significado do progresso no Caminho, não importa se algum reconhecimento oficial dele venha ocorrer ou não na Terra, em um dado momento.

Perspectiva é quase tudo no Ocultismo e ela é necessária, especialmente na autoavaliação e no entendimento de si mesmo, para realizar os muitos desenvolvimentos contributivos associados ao progresso na vida oculta. Lembre-se, também, de que todo esse progresso se reflete na vida e na consciência da Grande Fraternidade Branca como um todo, com a qual todo Iniciado está intimamente identificado e da qual ele ou ela continuamente se nutre...

Sensualidade e sua Correção

A sensualidade (uma dificuldade do segundo, quarto e sexto raio) é a falha mais difícil de suportar. Para quem aspira trilhar a Senda, a condescendência ao excesso, sob qualquer forma, é uma doença insuportável para o coração. Traz em seu bojo uma profunda humilhação, irreverência, desrespeito e remorso.

Para escapar das agonias desses efeitos posteriores, a princípio tentamos muitas vezes justificar nossa tolerância como liberdade de expressão, o direito de viver como queremos e com nossa emancipação de convenções restritivas. Isso é fundamentalmente um mecanismo de defesa, uma forma de encobrir a verdade sobre nós mesmos. Tal atitude produz uma cegueira mental que nos permite continuar tolerando nossas falhas, desafiando sem a dor ou os autocorretivos valiosos da humilhação, desrespeito e remorso. Com isso, a vida precisa nos levar a lidar conosco pelo método longo e doloroso de tentativa e erro e seus resultados desastrosos para a psique e para o caráter.

Mas, quando a doença da autoindulgência nos ataca e é vista e aceita pelo que é, o desejo ou falha de conduta tendo sua satisfação negada e a condição da doença suportada incansavelmente, então os corretivos da sensualidade que vasculham a alma podem iniciar sua função de cura. Pois todas essas agonias acabarão ocorrendo, não apenas depois ou durante a condescendência, mas, eventualmente, antes que ela ocorra e, assim, se tornarão um seguro preventivo. Essas agonias são os "ingredientes" com os quais a força moral e a fibra são incorporadas ao caráter. O pensamento e o forte desejo de pureza devem ser concentrados diariamente e a cada hora, a fim de substituir o desejo por sua virtude oposta.

Da mesma maneira, outras fraquezas dos Raios podem ser trabalhadas e substituídas pelas maravilhosas virtudes opostas. Pelo princípio de substituir o erro pela virtude oposta, construímos nossa natureza imortal enquanto ainda estamos no corpo.

Autopurificação

Questões:

Como fortalecer a vontade pela meditação? Como, ao fortalecer a vontade, a pessoa pode controlar melhor a mente? Como purificar as emoções? Como purificar o elemental físico quando ele parece mais forte que a vontade?

Respostas:

Em geral, o sucesso depende de tornar a autopurificação um projeto fundamental, totalmente aceito e implementado. Não se deve vacilar! Apenas uma sugestão: aprenda a meditar e a atuar como o Ego.

(a) Experimente a vontade: ao meditar sobre *Ātmā* como vontade cósmica, identificando-se com essa vontade, visualizando a onipotência da vontade sobre a personalidade e tornando-se uma verdadeira encarnação da vontade divina.

(b) Tenha sempre em mente tipos de pensamentos lícitos e de preferência inspiradores, que podem ser imediatamente abordados quando surgem dificuldades. Resistir severamente à formação de imagens indesejáveis. Se isso não for feito, as emoções serão despertadas e responderão com os poderosos impulsos do desejo.

(c) Todo pensamento sobre Deus e os Seres superiores é benéfico: mente, coração e cérebro em sintonia com seres e mundos espirituais. Este tipo de oração pode ser uma forma de *Yoga*.

(d) Seria ideal, talvez, que não se orasse por benefícios para si. Embora eu considere isso não apenas permitido, mas aconselhável que se recorra a uma fonte espiritual conhecida, um amigo divino numa relação de amizade por consolo, conselho e ajuda.

Poder, Seu Mau Uso e Percepção

Em Ocultismo, no momento em que um indivíduo procura dominar outro, sua alma está em perigo; e, no momento em que ele consegue dominar outro, ele está a caminho do fracasso. Pois ser bem-sucedido no domínio alimenta sua vaidade, gratifica seu egoísmo orgulhoso, que assim se fortalece com chamas destrutivas. Depois disso, ele está na prisão da mente concreta, cego para a intuição, perdido para a moralidade, vítima de uma ambição galopante e deleitando-se secretamente com seu crescente poder. A visão é perdida, a causa é perdida e a justiça também é perdida, escondida aos olhos agora cegos pela sede de poder.

Dois cursos se abrem e são seguidos de acordo com o temperamento. Um é a expressão dessa concupiscência por meio da mente e das emoções. Isso leva a batalhas constantes, brigas deliberadamente provocadas, cuja emoção dá uma sensação adicional de vida. Todos os poderes da mente são então direcionados para a queda do oponente – todos os cargos, todas as vantagens, materiais e espirituais, estão sendo usados sem escrúpulos para alcançar o fim da vitória.

O outro caminho, ainda mais mortífero, é aquele em que o desejo de poder é cumprido apenas pela mente por meio de esquemas, conspirações e planos aparentemente justos para o suposto avanço do trabalho. Todos esses planos, quando examinados, demonstram que também promovem avanços para o indivíduo. Esses homens trabalham, sempre que possível, no escuro, nos bastidores, usando agentes para seus planos nefastos. É a partir deles, que os Senhores das Trevas são recrutados. Cuidado com eles, pois quando derrotados, sua inimizade não conhece limites. Na superfície, eles parecerão ainda arrependidos. Não produza nem acredite no seu arrependimento até que tenha demonstrado anos de abnegação.

O teste seguro dos indivíduos é a presença ou ausência de luminosidade. Os ocultistas são luminosos ou escuros. Não há caminho do meio. Ambas as condições são fáceis de perceber, são inconfundíveis. Palavras justas e promessas ilusórias não são nada onde não há luz. Olhe, portanto, sempre, para a aura em que não pode haver disfarce. Olhe também, sem medo, nos olhos. Onde reside a verdade, eles retornarão seu olhar; onde existe falsidade, as pálpebras que os cobrem cairão. Pois o falso não pode suportar o olhar do puro. O olhar aberto e destemido é o sinal da sinceridade, da verdade; a cabeça e os olhos abatidos, a marca da insinceridade e da inverdade...[79]

Mesmo no momento da vitória temporária, aqueles que tornaram sua causa subserviente ao eu, colhem seu *karma*. Esse *karma* sempre assume a mesma forma. É a solidão interior. Eles se separaram da raça humana, tornaram-se ilhas no oceano da vida divina, mentes isoladas que não respondem à Mente Una. Embora os amigos os cerquem e os parabenizem, interiormente eles estão no inferno e totalmente sozinhos. Não é a solidão do Getsêmani e do Gólgota, estações a caminho da Ressurreição e Ascensão. Pelo contrário, é a solidão que é uma estação no caminho do fracasso e, a menos que se recuperem, da aniquilação final – exceto da Mônada e dos elementos Egoicos Superiores.

Proteja-se contra o *māyā* das falsas aparências. Nunca julgue pessoas ou coisas apenas por suas formas externas. Olhe através e além delas, para o que está dentro.

[79] A capacidade de ler infalivelmente uma situação ou pessoa é o domínio de um elevado ocultista com uma intuição desperta. (Ed.)

Nunca tome decisões apressadamente em questões ocultas. Deixe o tempo necessário para a mente superior e a intuição exercerem seu poder diretivo e os Mestres instruírem, se assim desejarem.

Confie em muito poucos indivíduos no que diz respeito a assuntos de importância oculta. A confiança é um poder poderoso que pode funcionar para o bem ou para o mal. Confie apenas naqueles que se provam pela disposição em se sacrificar. Esse é o teste mais confiável. Mesmo assim, prova apenas a pureza de motivo e não necessariamente a correção do julgamento. Então, novamente, podemos confiar no coração e duvidar da cabeça. Daí a importância de uma escolha cuidadosa daqueles em quem a confiança é depositada. A esperança é uma coisa, a confiança outra. Pode-se esperar o melhor de muitas pessoas, mas só se pode confiar com segurança em muito poucas. Portanto, esteja avisado, pois a traição da confiança é um perigo para a alma no Caminho oculto.

Em quase todos os seres humanos há uma mancha de egoísmo. Na hora da provação, a maioria das pessoas prefere trair o amigo que confia neles do que, como eles pensam, trair seus próprios interesses na vida.

Os Oponentes Tenebrosos

Quando estudamos a história, especialmente a história da evolução espiritual e cultural da humanidade na Terra, devemos reconhecer a existência e o antagonismo mútuo de duas forças opostas em guerra no Globo. O que são elas? Uma delas acredita e apoia o progresso e a expansão; a outra apoia a decadência e a opressão. Estas são as suas características. Às vezes são chamadas de forças da luz e das trevas. As forças das trevas são apenas aqueles seres humanos que transformam e distorcem as forças da

Natureza, que resistem, que se opõem ao progresso evolutivo e que buscam dominar os outros. Estes são os verdadeiros inimigos do homem, os tiranos do homem, e eles definitivamente existem, como sabemos muito bem.

Até o progresso evolutivo levar a humanidade além do egoísmo e do interesse próprio, continuarão a existir homens "caindo" e "caídos". Alguns deles, sofrendo profundamente em virtude de seus erros passados, sob a lei de causa e efeito, agiram contra a própria vida e a existência física. Certos homens (raramente mulheres) escolhem lançar sua rebelião por vingança contra o plano evolutivo e indivíduos suscetíveis. Eles podem ser movidos por um profundo ressentimento contra a humanidade ou uma determinação de prejudicar indivíduos e desacelerar o ritmo do progresso evolutivo. Embora sua hostilidade e busca deliberada pelo poder se oponham à cooperação com outros, em ocasiões como nas guerras mundiais e desastres potencialmente severos, eles combinam suas forças até certo ponto, não só devido a um severo ressentimento e para ganhar poder, mas também para causar o máximo atraso ao processo evolutivo e sofrimento humano. Os oponentes estão seguindo um caminho de ganho para si, não importa o custo para os outros e, portanto, são "das sombras".[80]

Mas todos os seres humanos altruístas, em qualquer nível de evolução que possam estar, são expressões do que poderia ser chamado de forças da Luz. Como exemplo, a Sociedade Teosófica, com seu objetivo supremo de iluminação humana, pode ser considerada típica de uma operação de batalha pelas forças da Luz, juntamente com milhares, dezenas de milhares de outros que atualmente estão trabalhando em campos semelhantes e com objetivos semelhantes.

---

[80] "Branco" por ser puro e livre do egoísmo; "das trevas" devido à ausência da luz, sem nenhuma referência à tez da pele.

Os discípulos são a encarnação do altruísmo e do serviço e, portanto, simbolicamente e de fato são "brancos". Eles são, assim, colaboradores no cumprimento do plano evolutivo. Devido a isso, eles se tornam alvos de pessoas amarguradas e egocêntricas em busca do poder. As confrontações podem ser realizadas por aqueles seres trevosos que militam contra o bem-estar humano e o progresso daqueles poucos que estão trilhando o Caminho da Evolução Acelerada.

A pureza absoluta do coração, sem o menor pensamento de ganho pessoal, é a garantia mais segura contra encontros com o próprio mal e com seres malignos. É uma armadura "branca" sobre a qual as armas e os mísseis dos trevosos atacam em vão. De fato, tais perigos não podem alcançar e, portanto, não podem prejudicar aqueles que estão total e desinteressadamente dedicados ao serviço para seus semelhantes e à proteção de todos os membros dos reinos sub-humanos.

A capacidade de resistir a ataques das pessoas mal intencionadas e de atingir e manter a consciência espiritual pode certamente ser desenvolvida por meio da prática regular de meditação.

Se ocorrer um confronto, a pessoa dedicada poderá invocar legitimamente a ajuda de seu Mestre, garantindo a vitória a partir de então. Nessas ocasiões, o Mestre está observando atentamente, mesmo enquanto aparentemente deixa o discípulo sozinho para atender adequadamente à situação, para que esse possa obter conhecimento e faculdade com a experiência.

Recomenda-se que os neófitos e também os mais avançados espiritualmente não pensem naqueles "atrasados". O assunto é apresentado para orientação geral de uma atitude apropriada, caso o discípulo seja confrontado com esses inimigos da humanidade.

O Exercício do Poder e o Princípio da Liberdade

Com relação ao princípio da liberdade sob a regra hierárquica: a pressão nunca é externa. Vem de dentro. A obediência não é dada a uma pessoa, mas a um princípio que essa pessoa, seja ela igual ou superior, encarna e representa momentaneamente. Até que o *Adeptado* seja alcançado, o representante humano, estando sujeito a erros, pode esquecer o princípio no exercício do poder. Aí reside o perigo: esquecer o princípio, ficar cego à sua impessoalidade pela luz deslumbrante do poder e pela adulação que o poder traz. Quase todas as grandes pessoas falham, em certa medida, nessas condições. A extensão da queda é a questão vital. Cair um pouco, ficar um pouco cego é natural. Porém, entregar-se totalmente ao desejo de poder é o sinal de uma queda completa. Poucos podem receber poder e posição ocultos e, ainda assim, permanecerem intocados em sua vaidade. Somente o eremita em sua cela ou caverna, que a ninguém governa, exceto a si mesmo, não procurando governar ninguém, exceto as personificações das forças da Natureza – somente ele, em seu isolamento e abnegação, mantém seu motivo em pura pureza.

Representantes da Fraternidade, trabalhando atualmente no mundo, correm o risco, tanto de derrota pessoal em decorrência do jogo de poder, como de danos a outros e ao trabalho. Esse é o risco que os Mestres assumem, pois devem empregar agentes humanos no mundo, que, além disso, devem ser deixados livres.

É necessário enfatizar a necessidade da liberdade do ser humano e mostrar que os movimentos voltados para a evolução, ao longo dos tempos, foram e ainda são também para garantir maior liberdade para o indivíduo. O ponto culminante é a completa liberdade para o homem que é senhor de si mesmo. O homem nunca poderá se tornar senhor de si, enquanto sua individualidade, seu intelecto, suas emoções e sua vida física forem subordinadas e moldadas por um poder externo, de acordo com um padrão que não é da escolha do indivíduo. Toda a vida se desenrola a partir do interior, de acordo com o padrão da semente. Para produzir externamente o padrão da semente, a liberdade é essencial.

A Retenção de Experiências Interiores

Existe um procedimento usual para aqueles que são aceitos na etapa probatória. O aspirante já era observado há muito tempo pelo Mestre. Quando, finalmente, a escolha e a decisão irrevogáveis são tomadas, em consequência do desenvolvimento evolutivo, o Mestre intervém. No Oriente, a experiência pode ser física. Para os ocidentais, é quase sempre suprafísico. Fora do corpo, o aspirante é chamado ou atraído para o lar ou centro do Mestre, suas faculdades astrais são despertadas o suficiente para que ele saiba claramente onde está e com quem está conversando, ou seja, com um Adepto. A oportunidade de um relacionamento mais próximo é oferecida e aproveitada (geralmente); uma imagem viva do aspirante é formada; o aspirante é aconselhado e volta ao corpo. Ele pode ou não se lembrar, embora eventualmente o faça, pois o Mestre é capaz de fazer isso quando essa lembrança se torna essencial. Nesse ínterim, um irmão mais velho, que vive no mundo exterior, pode ser designado para fornecer informações, ajuda e aconselhamento, conforme for necessário ou solicitado.

O problema: o discípulo que está em provação, ou já foi aceito, está ciente deste fato por uma experiência pessoal direta? Caso contrário, como pode ele saber?

Algumas faculdades de *Yoga* são importantes para alcançar o Discipulado e avançar mais. O *Yoga* é muito importante por uma razão, entre muitas outras: tornar o Discipulado uma experiência direta; ser um conhecedor, um gnóstico, saber diretamente, saber o que está falando. Como o aspirante pode saber? Existem três maneiras pelo menos:

(a) Uma resposta intuitiva interior que é inteiramente confiável e não é atacada pela dúvida. Afortunados são aqueles que assim respondem.

(b) Pode ter havido uma experiência anterior de devoção por esse Mestre, cuja imagem há muito tempo está em sua mente e no coração. Ser informado por um discípulo mais antigo, que não estava ciente do fato de que ele havia se tornado discípulo desse Mestre em particular, pode ser muito convincente. O Discipulado foi descrito como "amor até o enésimo grau". A exaltação interior e a plena felicidade do coração podem acompanhar as informações e serem bastante convincentes, mesmo que o incidente não seja lembrado. Isso pode acontecer, no entanto, independente de um Estágio, produzido por uma reunião ou audiência com um Mestre.

(c) Acordar de manhã com um estado mental exaltado (que dura o dia todo ou mesmo por vários dias) ou com uma memória, como um sonho vívido, de estar na presença de um Mestre ou passar por um Estágio.

Um resultado da prática do *Yoga* é que essas realizações podem ser trazidas à consciência desperta. O *Yoga* aumenta o poder de resposta das pessoas a essas experiências e as impedem de desaparecer, deixando dúvidas e até ceticismo em seu lugar. Fadiga, tristeza, sofrimento, frustrações e problemas de saúde também podem contribuir para a redução das primeiras inspirações e elevações de consciência. A partida de um centro e de um discípulo mais antigo podem fazer o mesmo.

A prática do *Yoga*, juntamente com a vivência da vida, permanece, portanto, como o caminho de preservação do conhecimento como experiência interior.

* * * * *

O ocultista difere do não ocultista de uma maneira especial, ou seja, que ele ou ela é consciente e ativo nos mundos suprafísicos. Esta consciência é de duas classes. Uma consiste em ação nos corpos suprafísicos pelo Ego, enquanto o corpo físico está acordado. A consciência disso é leve, a princípio, porém, forças e tendências ocultas favoráveis e benéficas, trazidas do passado, aumentam rapidamente, desde que a pessoa, no corpo físico, persista na vida oculta e nos seus interesses. E também, o segundo tipo é a conhecida vida oculta vivida fora do corpo durante o sono. Essa é muito intensa e muito mais livre de restrições *kármicas* do que na vida física.

Esses dois poderes e atividades ocultos – quando o *karma* de vidas passadas nos antigos mistérios e o interesse por essa vida os provocam – conferem à encarnação da pessoa desperta uma qualidade específica, um tipo de magia e, é claro, torna essa encarnação muito mais proveitosa do ponto de vista da evolução. Essa é uma das maneiras pelas quais a prática do *Yoga* e os ritos ocultos são tão benéficos, ou seja, eles aceleram a vida, a consciência e o poder suprafísicos. De fato, os efeitos da prática do *Yoga* são muito mais intensos e aparentes nos corpos suprafísicos do que no físico, onde eles às vezes nem sequer são sentidos.

À noite, assim que o corpo físico adormece completa e profundamente, o Ego no corpo mental está geralmente livre, maravilhosamente livre, inteiramente feliz, não estando realmente "sozinho", mas inconsciente de quaisquer tempestades e dificuldades dos planos inferiores. É quando a vida real do ocultista é vivida, ou seja, nos mundos e corpos *Búddhicos*, Causais e mentais. Lá ele é ele mesmo, no sentido mais verdadeiro do termo, conhece a si mesmo e age como um ser divino. Ele vive em outro mundo, iluminado por outra luz que não a do planeta em que vive.

Agora, a questão da transferência do conhecimento dessa vida interior para a consciência cerebral requer alguma consideração cuidadosa. Lembre-se de que, em primeiro lugar, ela é providencialmente filtrada para impedir a tensão e a ruptura da concentração física. As válvulas fecham-se, por assim dizer, por trás da pessoa ao retornar ao corpo e, com um bom propósito, é claro, pois esse é o sistema da Natureza.

No entanto, a faculdade de transferência pode ser desenvolvida novamente, como nos aspectos superiores do *Yoga*. A receptividade na quietude, ouvindo num silêncio mental positivo, por assim dizer, com a investigação latente na mente, essa é a chave. No final da prática de *Yoga*, se desejar e estiver com disposição, pense interrogativamente, com força: "O que aconteceu ontem à noite?" Em seguida, permita que essa pergunta fique abaixo do limiar, por assim dizer, e entre em um estado de quieta espera. Não se apresse em obter uma resposta. Espere pacientemente até que, por si mesma, por mais incolor que seja, a sabedoria das atividades noturnas e, talvez, algumas ações ou reuniões possam ser lembradas. Portanto, pode-se quase dizer que a faculdade, o dom ou a habilidade da espera em quietude está no coração do *Yoga*. E isso se aplica tanto à consciência espiritual quanto à memória.

"Viva Como se Você Fosse Um Discípulo"

O Caminho nunca está fechado e, em consequência, os Estágios ainda estão sendo verificados. No entanto, uma pergunta que surge na mente do aspirante que vive no mundo pode ser algo assim: "Como posso saber em que nível eu me encontro? Se meu cérebro físico é muito denso para guardar a memória de uma reunião de importância oculta para as horas de vigília, como posso saber sobre isso?"

O melhor procedimento é viver como se você fosse um discípulo. Um dos ideais colocados diante daqueles que procuram encontrar e trilhar o Caminho é o esquecimento de si mesmo; esse é o segredo da espiritualidade, e devo acrescentar, também da felicidade. Essencialmente, o Eu Interior está sujeito à inspiração dos Adeptos, do Discipulado e da Iniciação, sendo o treinamento contínuo nesse nível, independentemente de a pessoa corpórea ter ou não consciência disso. No que diz respeito à consciência desperta, a melhor orientação é esquecer de si mesmo e continuar o trabalho com total garantia de que seu progresso evolutivo está sendo cuidado. Gradualmente, a prática regular de *Yoga* colocará o Eu Interior em comunicação com o cérebro sensibilizado. Com isso, a pessoa corpórea toma consciência das experiências pelas quais o Eu Interior está passando.

Portanto, viva como se estivesse no Caminho do Discipulado.

Testes da Realidade de Uma Experiência Interior

Ofereço cinco sugestões pelas quais se pode saber se as experiências e direções aparentemente interiores são realmente do Ego. Isso é importante, pois é preciso estar sempre alerta contra a ilusão sobre nós mesmos.

1. A suposta indicação é sensata? Ela é razoável?[81] Se for, pode muito bem ser do Ego. Um exemplo de uma experiência razoável derivada da consciência Causal seria um comando interno como: "Encontre e torne-se sua própria Luz". Essa orientação provavelmente surge da própria voz interior, ou possivelmente do Mestre. No meu livreto, *Um Yoga da Luz*, escrevi: "Voluntariamente aprisionado dentro de você, como luz, existe um poder onipotente. Liberte-o. Deixe a luz brilhar". Essa orientação é provavelmente intuitiva e não o produto da imaginação. Assim também, declarações de outras grandes verdades e orientações fundadas sobre elas.

2. A experiência produz um efeito de iluminação? Se ela faz isso e a pessoa se sente iluminada, então aceite-a. Se, no entanto, produz confusão, rejeite-a.

3. Pode-se examinar a ideia, observando se é impessoal, algo autoexistente separado de si mesmo como uma personalidade. Se a personalidade da pessoa indicada está no centro de uma experiência oculta ou espiritual, seja cauteloso. Se, no entanto, uma lei é revelada e, em consequência, a iluminação é produzida, então a pessoa está em um terreno mais seguro. Ela pode razoavelmente aceitar a revelação como vinda das profundezas interiores de sua própria natureza.

---

[81] Toda iluminação da intuição deverá ser eventualmente justificada pelo crivo do intelecto.

4. O efeito da experiência sobre a pessoa é um guia útil. A experiência torna a vida mais fácil? Traz uma solução para certas perplexidades e problemas, como no relacionamento com os outros, no seu trabalho e na realização do *dharma* em geral? Se, como acontece às vezes, toda perplexidade desaparece, então a pessoa entrou numa experiência verdadeira. O efeito de uma experiência espiritual genuína é tornar a pessoa mais harmoniosa, mais gentil, mais atenciosa e mais cooperativa com os outros; pode-se então aceitá-la com segurança e aplicá-la sabiamente à vida como uma resposta externa positiva ao privilégio interior.

5. A experiência tem o sinal de autoridade? Uma verdadeira manifestação à mente formal do poder da intuição possui uma autoridade quase irresistível.

Tais são então cinco testes de uma experiência interior: é sensata; produz o efeito da iluminação; é impessoal ao revelar uma lei; torna a vida mais fácil; tem um sinal de autoridade? Se uma resposta afirmativa a essas cinco perguntas for possível, existem motivos para aceitá-la como uma comunicação do Eu Interior. Mesmo quando a orientação é recebida de um auxiliar ou instrutor invisível, ela geralmente é transmitida por meio do Ego e pode ser considerada com segurança como um sinal encorajador a ser seguida com segurança, com o discernimento da sabedoria.

Yoga, O Caminho, e o Serviço Altruísta

Quando praticado com cuidado (pois é perigoso), com inteligência (uma vez que forças poderosas estão envolvidas) e com o motivo correto (desejo altruísta de aumentar a eficiência como um servidor da humanidade), o *Yoga* é um dos maiores benefícios possíveis para indivíduos e a humanidade como um todo. Os iogues bem-sucedidos podem transformar-se, num curto espaço de tempo, de seres humanos normais e ligados à terra, que são escravos das necessidades e desejos do corpo e da mente egocêntrica, em personalidades iluminadas e totalmente altruístas. Essas pessoas são extremamente raras e muito necessárias em um mundo ameaçado pela guerra, dominado pelo crime e inconcebivelmente cruel.

No entanto, o *Yoga* também pode ser perigoso. O maior perigo, como também o maior benefício, surge a partir do motivo pelo qual o *Yoga* é realizado. Aqueles que se colocam em contato direto com os inconcebivelmente enormes poderes evocados e empregados no *Yoga* devem estar totalmente livres do motivo do ganho ou do benefício próprio. Quando se permite a interferência, mesmo um aspecto desse propósito normalmente aceitável e até necessário para a vida, esse motivo impõe uma barreira quase intransponível. Portanto, antes de tudo, a ênfase é colocada sobre motivo e objetivo completamente altruístas.

* * * * *

O ideal do Caminho é o grande ideal para ser apresentado, se uma pessoa ou nação deve ser elevada do seu passado para um futuro bem mais elevado e espiritual. O *Yoga*, é bom lembrar, pode sinceramente ser descrito como não apenas um fim em si mesmo, conforme definido por seu nome, mas como um meio de encontrar e trilhar o próprio Caminho do Discipulado, da Iniciação e do *Adeptado*, que são objetivos sucessivos, e o *Yoga* é a ciência espiritualizada por meio da qual esses objetivos podem ser alcançados quando é praticado e aplicado à vida. Entre os frutos valiosos do *Yoga* estão o idealismo constante e crescente, o aprofundamento da determinação de alcançar o mais alto e, o que foi descrito como um anseio, um desejo no coração, pelas mais elevadas alturas alcançáveis pelo homem.

A prática correta do *Yoga* ajuda a evolução do próprio Ego, leva o iogue e a ioguine ao longo do caminho para as Iniciações mais elevadas e ao *Adeptado*. Não importa se essa prática consiste apenas em pensamento, em cantar vários *Aums*, ou de um período aparentemente sem sucesso, porque os corpos sutis e a tríade superior recebem estímulo, acelerando-se sempre que a divindade suprema é pensada e ocultamente chamada ou cantada. A natureza pessoal também é forçada a um relacionamento mais harmonioso e íntimo com o Ego toda vez que a prática é realizada, ainda que brevemente.

Uma forma de vida contemplativa pode ser vivida no mundo. Nesse aspecto da existência meditativa, o pensamento desempenha um grande papel. Além disso, todo ato de serviço altruísta amplia, por menor que seja, os elos e os caminhos que unem a Mônada ao corpo físico e à sua consciência. Lembre-se sempre de que é apenas essa ampliação do contato que é importante.

* * * * *

O primeiro ponto essencial para o sucesso na vida meditativa é gentileza como uma qualidade permanente de caráter, que produz felicidade nos outros como uma característica infalível. Sem isso, o *Yoga*, como também a própria vida do praticante, falha completamente. Acima de todas as coisas, seja sempre terno e gentil com toda a humanidade e, especialmente, com aqueles que estão cegos e no erro.

* * * * *

Eventos externos não têm importância. É a condição interior da consciência que mais importa e o *Mantra Yoga* mantém a pureza e o equilíbrio da mente.

Todas as adversidades são menos prejudiciais quando o *Yoga* é praticado. Todos os benefícios são aumentados quando o *Yoga* é praticado. O *karma* adverso é transformado em boa conta pelo iogues meditativo e o *karma* favorável é usado para aprofundar a realização espiritual.

Orientação para Meditação

Escolhi para a minha palestra o tema da meditação, limitando-me a seus aspectos mais práticos. Alguns de vocês devem saber que, há muito tempo, Thales, o filósofo grego antigo, às vezes chamado de Sábio de Miletos, recebeu nove perguntas de um seguidor de uma seita chamada sofistas, a última sendo: "Qual é a coisa mais difícil de todas?" Resposta: "Conhecer a si mesmo."

Existe um caminho, um caminho antigo, mas sempre novo, que se for seguido, a pessoa pode conhecer a si mesma: primeiro, como distinta dos veículos mortais pessoais e como uma consciência que os utiliza; e, segundo, conhecer a si mesma como parte integrante da essência espiritual do Universo. Esses são, de fato, os dois objetivos da meditação. São experiências na consciência, únicas em cada indivíduo e somente alcançáveis pela própria pessoa, para si mesma e, principalmente, por si só. Pois essa é uma daquelas missões que devem ser realizadas sozinhas pelo indivíduo.

A meditação em grupo pode ser útil para alguns temperamentos, porque às vezes nos elevamos a alturas que talvez não pudéssemos alcançar facilmente por nós mesmos. No final, no entanto, a pessoa realmente autoiluminada, o indivíduo consciente de Deus, alcançou por si mesmo o estado de consciência pelo qual conhece seu próprio Ser[82] divino, eterno, imortal e, finalmente, a unidade com o Ser de todos. Essa é a visão mais alta, a maior iluminação possível.

Requisitos Preliminares

Para o Caminho que leva a essa conquista, as leis, as regras são estabelecidas como resultado da experiência dos aspirantes desde tempos imemoriais. Todas essas leis foram codificadas e declaradas nos termos mais exatos para constituir uma verdadeira ciência – a maior de todas as ciências, a ciência da alma das coisas, o estudo da alma do homem.

Quais são as exigências para a autoiluminação? Suponha que você ou eu fossemos começar, imediatamente amanhã, a encontrar o caminho para nosso próprio Eu Interior e, por meio dele, para o Eu de todos. Como devemos começar? Bem, aqui estão algumas das regras.

Primeiro: privacidade. Você deve ter privacidade. Ficamos muito abstraídos ao pensar nas verdades divinas e eternas, e uma intrusão no meio de uma tal contemplação tão abstraída pode ser não só um choque naquele momento, mas também criar um medo antecipado de repetição, de modo que, da próxima vez que você meditar, você terá meio ouvido atento ao exterior. Isso iria neutralizar seus esforços, pois a meditação exige que todo o seu pensamento concentrado rompa a barreira da mente e chegue à consciência do Eu Superior. Assim, os livros e os professores estabelecem a necessidade de total privacidade, livre de intrusões.

---

[82] No original em inglês: *Self*. Nas passagens anteriores deste livro, *Self* foi traduzido por "Eu", mas excepcionalmente, neste parágrafo e em alguns a seguir, para facilitar o entendimento, foi traduzido por: "Ser". (Nota Ed. Bras.)

Segundo: regularidade. É preciso continuar quer haja algum sucesso aparente ou não, com determinação inabalável. Embora o esforço vigoroso e alguma inspiração sejam valiosos e sejam incentivados, é a persistência prolongada que traz os resultados. Sempre há resultados. Toda vez que alguém retira seu pensamento do mundo transitório externo ao nosso redor e deliberadamente o fixa nas verdades eternas interiores, procurando experimentar e tornar-se um com elas, na verdade a pessoa cava um pequeno caminho para uma passagem até então não utilizada entre o cérebro e consciência superior. E, eventualmente, se a pessoa continuar, a passagem será totalmente aberta. Se parar, terá muito trabalho para fazer novamente. Portanto, a regularidade é enfatizada.

Ao trabalhar em sua própria privacidade com regularidade, você estabelece um tipo de ritmo que a matéria e a consciência dos vários corpos reconhecem e, gradualmente, a resistência desses corpos é transformada em cooperação. Eles costumam saber que, num determinado momento, aquela é a hora, em que tudo se acalma e os pensamentos são elevados. Pode tornar-se um hábito tão forte que, se não se medita no horário habitual, sente-se que deveria estar meditando. Com isso, você conquistou os elementais do corpo.

A regularidade estabelece um ritmo. A repetição é um poder poderoso, um poder irresistível. No dia a dia, a aceleração concentrada da taxa de vibração das células cerebrais e dos corpos superiores os sensibilizam para as frequências mais rápidas da consciência em seu próprio mundo, o mundo Causal.

Terceiro: postura. Uma das razões para a adoção de certas posturas é que elas induzem um estado de equilíbrio físico, *prânico* e eletromagnético, ou equilíbrio corporal, ajudando assim a entrar em uma condição semelhante na região do intelecto. Livros inteiros foram escritos sobre postura, mas existem apenas três necessidades para meditação:

(a) A prática e o desenvolvimento do relaxamento total são absolutamente necessários. O relaxamento é para a meditação o que o engate dos dois primeiros ganchos é para um zíper. Se você conseguir engatar aqueles dois primeiros ganchos, ele vai zipar; caso contrário, nunca será feito. O relaxamento do corpo e dos nervos é essencial para o voo da alma. Você tem que praticar isso. A primeira parte do treinamento, em qualquer sistema oculto, é o treinamento em relaxamento. As formas mais elevadas de meditação não são permitidas ao aluno mais novo, até que se note que o corpo está completamente relaxado.

A mente e o sistema nervoso estão intimamente interrelacionados, de modo que o corpo responde à mente, e a inspiração mental tende a criar tensão nervosa. Portanto, é necessário nos observarmos, e observar com atenção, se algumas das práticas de *Yoga* não transferem inconscientemente o esforço mental para o sistema nervoso com efeitos prejudiciais.

(b) A coluna deve estar ereta. A postura oriental, com as pernas cruzadas e sentado no chão, é ótima se você puder fazê-la e sentir-se confortável. Caso você deseje fazer isso, pode começar sentado em um genuflexório, para que você fique a cerca de uns quinze centímetros do chão no início, e que é provavelmente a melhor postura por razões anatômicas e proporciona uma ótima sensação de equilíbrio. Mas sentar em uma cadeira reta é possivelmente a melhor postura para os ocidentais. Você vê isso nas estátuas dos deuses e reis egípcios: nenhum membro cruzado e a coluna reta. Certas forças fluem ao longo da medula espinhal para o cérebro, e a força do sangue e dos nervos é necessária para o trabalho extra que o cérebro será chamado a fazer, e estas fluem mais facilmente com a espinha reta. Ocasionalmente, é uma boa prática interromper a meditação e olhar para baixo para ver se o corpo está bem lá embaixo.

Sempre preste atenção à dor na meditação. É um aviso da natureza que algo está errado, geralmente tensão em algum lugar. Dor na cabeça é um aviso de erro na técnica que deve ser corrigido antes de continuar

É sempre uma experiência para cada pessoa. Cada um pode modificar um pouco as regras, mas não muito. Mantenha os olhos fechados. Se houver cintilação e piscar, pressione levemente as pálpebras e os olhos. Olhe para a ponta do nariz ou mesmo ligeiramente para um lado.

(c) A respiração diminui um pouco, talvez para a metade da velocidade normal – uma respiração fácil, lenta e rítmica. Isso acontece naturalmente depois de um tempo. Trabalhe até que o ritmo seja estabelecido e depois esqueça-o e esqueça do corpo também. A ideia é esquecer o corpo e não se preocupar com ele. Parar momentaneamente a respiração pode ajudar a alcançar a quietude corporal e mental.

Então, privacidade, regularidade e corpo relaxado, com a coluna ereta, embora você possa deitar-se, se quiser; mas a coluna ereta traz os melhores resultados. Desacelerar a respiração para um ritmo fácil e depois esquecer o corpo.

Advertências[83]

Todo o procedimento de meditação deve ser iniciado, continuado e realizado com sábio discernimento. Em outras palavras, as regras bem conhecidas devem ser obedecidas, não apenas para o sucesso, mas também para evitar certos **perigos**. A palavra "perigo" é usada deliberadamente,

---

[83] Veja também: "O Desenvolvimento dos *Siddhis* Ocultos" (*Advertências*) e Apêndice I: "Perigos do Despertar Prematuro da *kundalinī*", p. 283.

pois o caminho para a iluminação está repleto de perigos e também de testes, nenhum dos quais precisa fazer com que a alma aspirante se abstenha de fazer esse grande esforço.

Exercícios respiratórios de caráter anormal são perigosos, em particular aqueles com a mente em certas partes do corpo, que são **muito perigosos**. Não faça isso. E, especialmente, nunca medite ou concentre-se no plexo solar. Pode lhe dar um pouco de clarividência, mas lhe abrirá a todo tipos de interferência psíquica que você não pode controlar. Seja cuidadoso. Negligencie as regras e você terá problemas.

Outro perigo é a autolesão física devido à incapacidade de relaxar durante a meditação, postura incorreta ou continuidade por muito tempo. Essas falhas são em grande parte físicas, mas também precisamos nos proteger e evitar os erros psicológicos. Eles incluem o desfile imprudente de si mesmo diante dos outros como um vidente em treinamento, e um aumento, mesmo que a princípio não reconhecido, de um orgulho pessoal – o maior obstáculo. Pode ser tentador usar nosso conhecimento para obter prestígio pessoal, financeiro e influência indevida sobre outras pessoas. Outra tendência arriscada é pensar que, porque alguém está supostamente vivendo uma vida espiritual, pode desconsiderar as leis morais. Com relação a esse último, o verdadeiro progresso tem o efeito de aumentar o senso de responsabilidade de uma pessoa, tanto para com a comunidade quanto para com os relacionamentos pessoais.

Outras Regras

Outras regras incluem normalidade na expressão do semblante, na vestimenta, aparência, profunda compaixão e evitar inteiramente causar sofrimento com a sua alimentação e com seu modo de vida. Evitar usar peles e penas na vestimenta, e evitar condescendência com desvios sexuais, álcool e uso de drogas fora da prescrição médica, também é essencial.

Dissociação

O procedimento meditativo é iniciado com a desassociação do Eu verdadeiro dos corpos físico, emocional e mental. Isso pode ser grandemente auxiliado pela prática de afirmações mentais como: "Eu não sou meu corpo físico, emocional ou mental. Eu sou o Eu espiritual". O pensamento habitual, de nos associamos com a pessoa física densa com nosso nome, deve começar a ser substituído por uma experiência de liberdade das ações corporais, de luz interior, libertação e felicidade crescendo até a serenidade. Cada uma delas é uma indicação de progresso.

Não fique desapontado se a consciência cerebral real for apenas lentamente afetada. Todo o ser do iogue se beneficia com todas as práticas verdadeiras e bem projetadas de *Yoga*.

Aforismos de identidade

O processo meditativo em si depende em grande parte do temperamento. Cada um deve encontrar seu próprio caminho. Algumas pessoas são capazes de pensamento abstrato desde o início e podem ter uma ideia da onipresença de Deus, por exemplo. Alguns podem ficar tão sensibilizados que podem realmente sentir a presença divina sobre eles, pois é claro que está lá e dentro também.

Pense na verdade, cante a verdade em palavras com poder oculto e, gradualmente, a realização da verdade num estado de bem-aventurança celestial será alcançada. Um bom plano é ter uma ideia relacionada à iluminação que traga admiração, beleza e verdade constantemente para a mente e refira-se a essa ideia divina, pense a seu respeito, viva nela. Aqui está uma lista de tais ideias divinas:

"Estou enraizado no Eterno."

"Eu sou um ser puro e brilhante."

"O Espírito do Homem e o Espírito de Deus são um Espírito."

"Eu e meu Pai somos um."[84]

"Eu sou o Ser[85] divino, imortal, eterno, radiante da Luz Espiritual. Eu sou o Eu de Luz. Esse Eu de Luz sou eu.

" Eu sou o Governante Interno Imortal, sentado no coração de todos os seres."

"Aquele que Me vê em toda a parte, e vê tudo em Mim, Eu nunca o abandonarei, e ele jamais se perderá de Mim."[86]

"O *Ātmā* e o *Paramātmā* são um.» (O conceito de Deus imanente, a Deidade transcendente.)

"*Aham evam param Brahman.* Aum." (Na verdade, Eu sou aquele Supremo *Brahman*)

Todas essas ideias são, de fato, significadas pela única palavra – *Aum* – o *mantra* mestre. Mesmo cansado demais para meditar mentalmente, cante em silêncio a palavra sagrada. A fadiga será reduzida e o pensamento se voltará para Deus e depois ficará quieto.

Essas grandes afirmações, quer feitas mental ou fisicamente – idealmente ambas – deveriam ser contempladas profunda e silenciosamente.

Agora, para aqueles que não conseguem manter seus pensamentos em abstrações, tomem então formas concretas. Tome cenas de caráter elevado, da vida de nosso Senhor, por exemplo, a ocasião em que Ele chamou as crianças para o seu redor. Pinte essa cena mentalmente, torne a imagem intensa e mantenha-a com clareza. Veja as crianças chegarem a Ele, por

---

[84] João. 10:30.

[85] *Ibid.* Veja p. 66. (Nota Ed.Bras.)

[86] *Bhagavad-Gitā.* Brasília: Editora Teosófica, VI (30), 2014, p. 131. (Nota Ed. Bras.)

causa do que Ele é. Segure-o com grande intensidade, entre no espírito da cena, trabalhe nisso até que você se torne parte dela, até que você se torne um com o próprio Senhor. A figura desaparece e você e Ele são um. Fique lá, dia após dia, em crescente unidade com o Senhor da Luz, com toda a vida.

Autoidentificação com a verdade ou unidade: esse é o objeto da meditação; não os poderes psíquicos. Eles são um obstáculo e uma distração. Se eles vierem, muito bem, e se você puder usá-los bem, melhor ainda. Mas eles nunca devem ser um fim em si mesmos. Somente a unidade é o objetivo. Os olhos e a vontade nunca devem ser afastados desse objetivo, nem serem distraídos por qualquer outra coisa, no exterior ou no interior.

Algumas pessoas encontram inspiração na meditação sobre a Natureza em qualquer de suas formas. Sente-se encostado numa grande árvore antiga, por exemplo; você pode ser capaz de entrar no sentimento da árvore e sentir seu pulso: lento, constante, rítmico – a vida dentro da árvore. Estenda-se no exterior para a vida das rochas e das pedras, da floresta, do ar e das nuvens, até que os fenômenos físicos da Natureza comecem a desvanecer, à medida que você entra no templo da própria Natureza e se aproxima do santuário interior onde os deuses habitam. Eles conhecerão você e irão ajudá-lo, atraí-lo e lhe ensinarão o segredo, o 'abra-te sésamo', que é a universalização da consciência. Quando o homem se universaliza, ele entra no reino de Deus

Quietude

Nesse estágio, pode-se começar a experimentar a quietude mental se aprofundando até a imobilidade, e esse desenvolvimento muito importante não deve ser perturbado por outras atividades mentais. Permita que a mente fique quieta em vez de tentar conscientemente forçá-la a fazer isso – quase uma impossibilidade. O silêncio mental que precede até o começo da consciência espiritual "move-se em segredo" nas pessoas.

Quando o pensamento está assim imóvel, a pura consciência permanece, como se fosse um resíduo. Essa abordagem da realidade talvez seja considerada uma filosofia da quietude. A mente ativa e vibrante é considerada impura pelos filósofos iogues, e somente a mente passiva ou quieta é pura e suscetível de uma autodeclaração do Espírito. Isso é fácil, natural, porque a realização está presente no Ser[87]. Qualquer esforço que possa ser necessário inicialmente, só pode levar a pessoa até esse ponto. Então, "o que está além assume e cuida de si mesmo".

Um guia sobre o grau de sucesso na meditação é fornecido nesse processo, pois um dos primeiros frutos da meditação é a quietude mental. Quando a completa tranquilidade desce e envolve a consciência, então a pessoa está meditando com sucesso. O próximo resultado pode ser uma autodeclaração ou autorrevelação de *Ātmā* como um centro de esplendor dentro da mente quieta. Se isso ocorrer, não devemos pensar nem responder a ela de nenhuma outra maneira. Essa quietude não deve ser perturbada. Gradualmente, a realização da identidade com o centro de radiação autorrevelador, a Luz *Átmica*, segue-se naturalmente.

Permaneça lá. "O Ser[88] em mim é um com o Ser em todos. Eu sou esse Ser em tudo. Esse Ser sou eu". Continue até que o pensamento cesse e você seja absorvido na contemplação do oceano do amor divino que tudo penetra.

A descoberta de grandes verdades ocorre nas profundezas tranquilas do Ser que reside no mais Interno Eu, o Eu mais profundo que está associado com a pura realidade. A verdade suprema jaz majestosamente se-

[87] *Ibid.* Vide p. 166. (Nota Ed. Bras.)
[88] *Ibid.* Vide p. 166. (Nota Ed. Bras.)

rena e perfeitamente imóvel. Experiências não físicas, não mentais e não espaciais, que são interiores e independentes do tempo, são então iniciadas. A dualidade do vidente e das coisas vistas fundem-se na unidade da consciência. A vida então age através do um como um veículo preparado. Parece que um raio de sol ocorre dentro da mente aquietada.

Concluindo a Meditação

Eventualmente, a meditação deve ser finalizada e é importante que isso seja gradual. Nenhum movimento da mente deve ser repentino para que os frutos da meditação sejam colhidos dentro da mente formal e da consciência cerebral.

Uma última orientação, se me for permitido: volte pela mesma rota. Traga o centro da consciência para a mente, que você deve pensar como sendo iluminada agora, para ser intuitivo, depois para as emoções, radiantes com a Luz espiritual, depois para a consciência do corpo, mas grandemente vitalizada e fortalecida pela vontade espiritual, lembrando-se ao longo do dia do Espírito divino no coração, agora desperto para retomar a vida cotidiana.

Portanto, alguns minutos do tempo disponível devem ser reservados e usados para iluminar a mente e a consciência do corpo com a Luz interior. Este procedimento pode ser proveitosamente concluído pela expressão mental de um voto ou resolução de que a vida física resultante deve expressar o grau de espiritualidade que tenha sido alcançado.

Com isso, qualquer pessoa, que siga essa rotina de forma consistente e regular, sentirá seu efeito permeando seus pensamentos e a consciência interior ao longo de sua vida. Esses são alguns meios pelos quais se pode atingir a coisa mais difícil de ser alcançada, conforme disse Thales: "conhecer a si mesmo".

Após a meditação, duas considerações merecem atenção. Uma delas é que, preservando sempre a plena eficiência da integridade física, a quietude interior nunca é totalmente esquecida ou abandonada. A outra é que a consciência desperta e os hábitos da vida cotidiana devem ser normais e naturais. De fato, a normalidade deve caracterizar a conduta de vida da pessoa que pratica meditação dia a dia. O misticismo sobrenatural e o hábito de fazer referências à vida interior e a visões místicas devem ser evitados com firmeza".[89]

Os Primeiros Anos da Sociedade Teosófica

É bom impregnar-se com o Ocultismo dos primeiros dias da Sociedade Teosófica, pois ele está repleto de mistérios profundos, bem como da grande luz da Ciência Oculta e do Caminho para a Perfeição... Vamos ler, marcar, aprender e digerir interiormente; especialmente aprender a ter cautela e habilidade na ação, e domínio do impulso...[90]

Yoga é habilidade na ação. É o uso estratégico de poder, conhecimento e oportunidade; a ponderação cuidadosa de motivos e eventos; o desenvolvimento do poder de ler o coração humano, incluindo seu próprio coração e, eventualmente, se tornar uma prova contra o engano; percebendo o erro e a falsidade infalivelmente...

---

[89] Para orientações sobre meditação e *Yoga*, vide G. Hodson, *Thus Have I Heard (Assim Ouvi), First Steps on the Path (Os Primeiros Passos na Senda), A Yoga of Light (Um Yoga the Luz).* (Ed.). [*A Supremea Realização Através do Yoga*, Brasília: Editora Teosófica, 2001. (Nota Ed. Bras.)]

[90] Vide H. S. Olcott, *Old Diary Leaves* [publicado pela Editora Teosófica com o título *A História da Sociedade Teosófica*, Vol. I-II, 2019-2020; C. Jinarajadasa, comp. *Cartas dos Mestres de Sabedoria, Brasília: Editora Teosófica*, 3ª ed., 2020. (Nota Ed. Bras.)

CAPÍTULO 8

Vida no Centro e no *Ashram*

A Escola Oculta Válida

A validade no sentido oculto significa:

1. A Ordem ou Escola está oficialmente sob orientação e controle de um Adepto.

2. Os funcionários humanos são representantes credenciados da Grande Fraternidade Branca.

3. O sistema de treinamento e as regras estabelecidas são acordadas, quando não elaboradas, por um Adepto.

4. Cada Etapa ou Grau oficial principal é tomado sob a direção de um Adepto, a preferência humana exclusiva geralmente não tem validade oculta.

5. Em uma Ordem cerimonial, oficiais da Hierarquia Angélica concordam em reconhecer o Rito e colaborar em resposta a sinais acordados.

6. O avanço dos candidatos expressa progresso no desenvolvimento evolutivo que é acompanhado de expansões de consciência e outras experiências indicativas.

7. O progresso de um é compartilhado por todos; como também o fracasso.

Ofereço essas informações porque elas ajudam a discernir o real do falso no Ocultismo e nas afirmações ocultas.

Existem muitas escolas pseudo-ocultas e hierofantes autoinstituídos no mundo, mas poucas são realmente válidas no sentido acima. A intuição de um aspirante começa a ser testada pela escolha do professor humano e do sistema de treinamento.[91] Muitos escolhem errado. Um dos testes, no entanto, consiste em dinheiro, essa "gazua que nunca falha". Se o dinheiro é exigido como preço do conhecimento, treinamento oculto e progresso no Caminho, a organização (realmente uma empresa financeira) é definitivamente classificada como inválida.

Centros Espirituais[92] (sua Formação e Finalidade)

Em épocas passadas, para os que estavam no Caminho de Ida, os Mestres e sacerdotes do mundo agiam como mediadores entre os Egos da raça e suas personalidades por meio da ética das doutrinas exteriores. Para aqueles no Caminho do Retorno, as doutrinas esotéricas internas da religião exotérica foram dadas nas Escolas de Mistérios e nos Centros espirituais e ocultos que então existiam.

Para o homem que está despertando espiritualmente nos dias de hoje, como ele transpõe o abismo entre seu Eu Imortal e sua mente e eu mortais? Primeiro, provavelmente entrando em contato com a Teosofia,

---

[91] Vide também G. Hodson, *The Call to the Heights* (*O Chamado para o Alto*), capítulo 7, "Instrutores Falsos e Verdadeiros".

[92] Derivado em parte de C.W. Leadbeater, "Spiritual Centers and their Work" ("Centros Espirituais e seu Trabalho"), *The Australian Theosophist*, 15.03.1929, p. 12-17. (Ed.)

depois entrando em uma escola oculta válida, como a E.S., praticando os exercícios e as disciplinas meditativas estabelecidas pela Escola e desenvolvendo a intuição através da purificação do corpo, das emoções e da mente, dando assim ao Ego a sensibilidade necessária da personalidade à qual ele pode agir, inspirar e guiar de cima.

Nos Centros espirituais, o Ego é atraído para mais perto de seus veículos e a personalidade é purificada e atraída para mais perto do Ego. Assim, ele (o aspirante) se torna um ser espiritual maduro, autossuficiente, responsável por seus próprios veículos, vida e destino.

Características, Formação e Liderança dos Centros

C.W. Leadbeater definiu um Centro espiritual como um lugar a partir do qual influências e poderes do alto são irradiados. Essa radiação do poder espiritual não é necessariamente sentida por todos que visitam um centro. Alguns sentiriam uma certa atmosfera que não poderiam expressar em palavras. Alguns não sentiriam absolutamente nada e perguntariam como você sabe que este é um Centro espiritual.

As grandes igrejas da Inglaterra e da Europa não são apenas centros por causa da presença nelas da Sagrada Hóstia, mas também porque as próprias muralhas se tornaram impregnadas de devoção, força espiritual e irradiam essa virtude adquirida para as pessoas que entram em sua aura.

Os arredores de um Centro estariam melhor localizados um pouco afastados da forte pressão da vida cotidiana. Não é bom que seja localizado nas ruas mais movimentadas de uma cidade, porque há uma pressão em torno dele das forças de formas pensamento materiais e sensuais, e estas iriam exercer pressão na direção errada. Dificilmente seria possível cuidar dos assuntos delicados relacionados com a formação de um centro em tais condições. Os centros existem como "dínamos" espirituais, que geram forças dos planos mais elevados e as enviam sobre o ambiente circundante.

Nos Centros espirituais e ocultos válidos, sejam do Leste ou do Oeste, onde existe um alto Iniciado ou Adepto, devotos são aceitos pelos Mestres como estudantes aprendizes e são ensinadas as regras, as disciplinas e o *Yoga* do Caminho Iniciático que levam ao seu próprio aperfeiçoamento.

O chefe de um Centro espiritual válido deve ser um ocultista avançado e qualificado, vidente e Iniciado dos Mistérios Maiores da Grande Fraternidade Branca. Este é um "*Logos*" menor de um pequeno "Sistema Solar", que tem sob seus cuidados certas Mônada-Egos, para desabrocharem e se desenvolverem espiritualmente. Ele brilha sobre esses estudantes, invisivelmente pelo brilho do sol e pela beleza e poder de sua glorificada aura e pelos raios potentes de seu Ego-*Arhat*.

Os Egos sob seus cuidados são consultados pelo chefe Iniciado, C.W. Leadbeater, por exemplo.[93] Suas vidas passadas são examinadas, suas falhas remanescentes, que foram transferidas, são observadas, formas de correção delıneadas para a personalidade e um estreito relacionamento de vibração e cooperação com o Ego é estabelecido. O chefe do Centro serve como intermediário, atuando como um telefonista entre duas inteligências ainda separadas em vibração, embora não no espaço.

A cooperação com o Ego é solicitada para promover o máximo de crescimento e o mínimo de pressão sobre os veículos inferiores, a vida pessoal e a psique. Tal pressão do Ego, quando não é supervisionada por um vidente, pode terminar em desastre para a personalidade, pois a pres-

[93] C.W. Leadbeater foi um ocultista que, por muitos anos, dirigiu a Escola Oculta em Manor, Sydney, Austrália. (Ed.)

são *Ātmica* do Ego aumenta na psique e se manifesta como uma pressão emocional que pode se tornar insuportável e levar a um colapso nervoso.

Talismãs podem ser dados, talvez magnetizados e impregnados das qualidades específicas que são necessárias para o aspirante. As pedras dos diferentes raios são empregadas para isso. Assim, a pessoa veste-se com um "sol" sempre potente, continuamente irradiando a qualidade necessária na aura.

Cerimônias antigas são realizadas, ligando aspirantes às Hostes Angélicas, que usam os seres humanos como canais, tanto individual como coletivamente.

Os Caminhos do Misticismo e do Ocultismo andam de mãos dadas num Centro. C.W. Leadbeater disse que seu dever era manter o equilíbrio perfeito entre esses dois caminhos para a união. O Caminho do Misticismo é o intenso esforço em amor espiritual, por meio da oração, da vontade e da devoção para a união com Deus. O Caminho do Ocultismo é o desvelar deliberado, por meio de meditação especial, cerimônias, autodisciplina e desenvolvimento do caráter, em preparação para as Etapas do Caminho Ocultista: Provação, Aceitação, Filiação, Iniciação, ganhando assim o domínio próprio do *Ātmā* até o físico. Clarividência, clariaudiência, precognição ou profecia, intuição – esses poderes latentes se desenvolvem gradualmente nos graus mais elevados de Iniciação no Caminho. Isso pode ocorrer quando a natureza moral é disciplinada em absoluta pureza e estabilidade, mas **não antes**, e sempre, sob a orientação do Adepto ou do Chefe Iniciado do Centro.

Quando uma certa estabilidade no desenvolvimento oculto for alcançada, o aspirante pode deixar o Centro para trabalhar no mundo, para ensinar aos outros as verdades da vida oculta. Esse treinamento é dado apenas para aqueles que pretendem usá-lo a serviço da humanidade. Os aspirantes em um Centro são uma espécie de "investimento" da Fraternidade. Mais tarde, eles devem mostrar o quão lucrativo foi o tempo, a energia e a inspiração que lhes foram dados para uso no mundo.

Disciplina do Centro

A disciplina do centro exige abstinência de álcool, drogas e adesão a uma dieta sem carne. Da carne vêm as vibrações grosseiras e animais e a essência elemental do animal. É dito, também, que todas as vibrações de medo, terror e violência que ocorreram em decorrência do abate do animal são retidas na carne e tornam-se parte da aura de quem nele participou. Portanto, a carne pode incitar à violência, se as sementes estiverem latentes na aura. Em um matadouro, o medo e a violência na atmosfera são quase objetivos, tão tangíveis são. Abstinência de carne também está em completa harmonia com o princípio essencial de *ahimsa* – não violência.

Envenenamento da hipófise por nicotina, álcool e drogas: as glândulas pituitária e pineal são as glândulas-chave do Ocultismo e governam a visão e a intuição mais elevadas. Quando estimuladas pela meditação e pelo *Yoga*, elas deixam passar o conhecimento espiritual direto dos Planos Mentais Superiores. A faculdade intuitiva é governada pela função da glândula pineal. A glândula pituitária governa a clarividência e a sensibilidade aos fenômenos dos níveis astro-mentais mais elevados. A nicotina envenena essa glândula e impede qualquer clarividência superior.

O álcool volatiliza, rompendo-se em emanações etéricas, que passam através do véu etérico da glândula pituitária, indo na direção oposta à rotação normal do centro e, eventualmente, rasgando a delicada tela etérica, que é um escudo protetor entre os mundos astrais inferiores, o cérebro físico-etérico e o corpo. Portanto, entidades astrais grosseiras e brutais têm acesso completo à psique e à mente do alcoólatra. Se isso não ocorrer, atrofia ou endurece o véu numa massa sólida de matéria que mantém de fora as forças inspiradoras, espirituais e culturais que o Ego envia. Então, eventualmente, o homem ou a mulher é bloqueado aos impulsos mais elevados e se torna presa da natureza animal, dos desejos, das luxúrias e dos apetites do corpo.

Qualquer pessoa, portanto, que realmente seja séria a respeito da vida oculta, só pode prosseguir com segurança no desenvolvimento dos poderes e das faculdades espirituais e ocultos por meio da eliminação da carne da dieta, e da abstinência de álcool, drogas e nicotina. A força criativa também deve ser colocada sob controle. Nos estágios mais elevados do caminho, o celibato também é exigido.

Harmonia no Centro

Regras muito rígidas em relação ao pensamento, à emoção e fala são estritamente observadas, sendo a verdade na fala e no pensamento um princípio. A vida de um centro espiritual deve ser plena de serenidade, paz e boa vontade para todos os que ali se encontram. Isso exige eliminar inteiramente qualquer disputa mesquinha, ressentimento, busca de posições, inveja, grosseria, que só podem ser tolerados em pessoas que ainda estão no Caminho de Ida (ao mundo da matéria)[94].

Portanto, o primeiro requisito para a formação de um grupo para um centro espiritual é uma imensa tolerância. Uma harmonia perfeita deve ser alcançada e, portanto, tato e tolerância devem ser adquiridos por todos. Por mais insignificante que seja, a fricção deve ser eliminada para que haja uma superfície uniforme. Somente quando a unidade é perfeita

---

[94] Do original em inglês: "*Path of Forthcoming*", que representa o temo sânscrito: "*Pravitti-marga*". Em português seria simplesmente "Caminho de Ida", mas para o leigo é preferível deixar claro que é a Ida ou Descida à matéria.

é que você começa a colher os resultados do plano interno. Brigas e desarmonia são obstáculos à vida e ao trabalho do Centro.

As emoções são contagiosas. A aura é o meio de contágio. Mesmo pequenos conflitos têm o efeito de "dilacerar"; eles desintegram e destroem a formação da delicada rede espiritual de forças e radiações do Centro interno que é continuamente usada por elevados poderes invisíveis. E assim, o canal dos planos mais elevados para os mais baixos é repetidamente rasgado e quebrado por tal discussão e desarmonia.

C.W. Leadbeater diz que um tal centro (rompido por disputas mesquinhas) poderia fazer bastante trabalho no Plano Físico, mas não seria eficaz no Plano do Pensamento. É uma questão muito delicada e difícil colocar esse tipo de centro para funcionar de forma ordenada, para que possa ser usado tanto para o trabalho superior quanto para o inferior. Em qualquer centro oculto válido, esses são os requisitos sem os quais ninguém seria admitido, muito menos ter permissão para participar da vida e do trabalho ali realizados.

O trabalho no Plano Físico também é requerido num Centro. O Centro deveria estar fazendo um bom trabalho para os outros. Os teósofos têm uma excelente oportunidade de poder estabelecer esse tipo de trabalho.

O Objetivo Oculto dos Grupos

O princípio central que rege o progresso oculto é que, tanto quanto possível, tudo o que é bom e ruim no aspirante deve ser trazido à tona. Da mesma forma, o *karma* deve, na medida do possível, ser alterado do estado latente ou de espera para a condição ativa ou de equilíbrio.

Ninguém pode realmente progredir no Caminho do Ocultismo, a menos que se conheça inteiramente. Ser enganado por si mesmo é uma barreira quase intransponível. É o princípio fundamental de que nada deve ser escondido do indivíduo sobre si mesmo. Tudo deve vir à luz do dia e ser conhecido. O aspirante deve se olhar com franqueza, e há poucos que podem fazer isso sozinhos. Em quase todos os casos, é necessário um espelho e esse espelho é o rosto, principalmente, e a presença em geral, de seus associados.

Todo ocultista é um tal espelho... e essa é a causa interna dos antagonismos profundos e aparentemente irracionais que nascem no coração de algumas pessoas contra certos companheiros e, mais particularmente, contra os ocultistas.

Todo aquele que olha para um ocultista vê muito mais do que imagina: não apenas aquele indivíduo, mas a si mesmos e suas fraquezas, falhas e limitações. Em contraste com a resposta do ocultista ao chamado de seu próprio Ego, eles veem seu próprio fracasso deliberado em responder à chamada de seu próprio Eu Interior. O ocultista ativo é uma censura constante aos inativos. Somente aqueles que são verdadeiramente humildes e verdadeiramente sinceros em suas aspirações são capazes de encarar a verdadeira imagem de si mesmos, que dessa forma é mostrada a eles.

Os grupos, portanto, são organizados, não apenas pelo trabalho que farão pela Causa, mas pelo valor que representam para seus membros como espelhos um do outro, e as oportunidades que cada um oferece ao outro para reajuste *kármico*.

Cerimonial e Canalização

O verdadeiro objetivo do cerimonial é iluminar a mente do homem para o eventual aperfeiçoamento de sua própria personalidade. As cerimônias por si só são relativamente inúteis. Mas as cerimônias realizadas com intenção espiritual são um dos meios mais poderosos de acelerar a evolução do indivíduo, e é uma ótima escola para o treinamento das mentes dos homens, para o despertar de suas almas para a percepção espiritual e a produção de líderes esclarecidos da humanidade.

As cerimônias não são meramente atividades de certas organizações fraternas com ritos trabalhados para a gratificação dos irmãos. São instrumentos extremamente importantes para ajudar o mundo nas mãos de seu Hierofante Supremo. Os Mestres sempre precisam de precisam de ângulos de menor resistência[95] e caminhos mais fáceis através dos mundos mental, astral e físico para facilitar a efusão de bênçãos sobre a humanidade.

A descida do poder oculto depende em grande parte da provisão de canais nos mundos da forma. Os Mestres fornecem o poder, os irmãos (discípulos) devem fazer os canais. Quanto melhores e mais numerosos os canais, maior a descida do poder.

[95] No original em inglês: *cleavages*. (Nota Ed. Bras.)

Iogues Orientais, Seus *Ashrams* e o Ideal do *Ashram*

A ideia de retirar-se do mundo para a solidão, o silêncio e a liberdade das intrusões durante certas fases do desenvolvimento espiritual se baseia em certos princípios. O conhecimento desses é essencial para a compreensão dos iogues e, na verdade, do *Yoga*.

O princípio fundamental é que existe um Eu Divino ou presença divina no homem. Ele é o Eu Divino em tudo, o *Ātmā*. Encontre-o, identifique-se com ele e conhecerás a felicidade eterna, a paz na onisciência, *moksha*. Isso é conhecido como *Ātmā Vidyā*. Todos os verdadeiros iogues procuram isso e nada mais.

Outro princípio é que o Ego, em sua série de vidas físicas, atinge um estágio na evolução em que está irrevogavelmente determinado a iluminar a personalidade. "Não há outro caminho a seguir." É provável que as tentativas anteriores a esse estágio fracassem, na ausência da motivação interior que capacita ao iogue em treinamento a persistir firmemente e obter os incentivos preliminares das expansões iniciais. (Felizmente, "o homem tem [novas oportunidades] para sempre! A porta nunca está fechada.") A personalidade experimenta isso como uma insatisfação divina, um interesse em *Yoga*, o desejo por um guru, um anseio inefável pela verdade, pela luz, por Deus, pelo infinito. Num determinado estágio, isso se combina com uma crescente sensação de necessidade de ficar sozinho. Uma inalterável atitude interior se desenvolve, uma sede insaciável, independente de argumento, sem necessidade de ninguém. Em obediência a isso, o aspirante a iogue se retira para cavernas, selvas ou *ashrams*. Meditando ali, a distinção em consciência entre personalidade e Ego desaparece gradualmente, e a atração ou "busca" do Eu Divino se torna tão forte que o homem ou a mulher podem se tornar abstraídos da consciência corporal.

Por trás e produzindo essas experiências, há duas influências potentes: uma é a Mônada, com seu raio de luz criativo, chamado *Ātmā*, e o outro é o Mestre, que é um membro do grupo dos Adeptos envolvidos neste trabalho particular de ajudar os habitantes da Terra, nos quais essas mudanças e experiências interiores estão ocorrendo. O surgimento de tais pessoas, da massa da humanidade, é de grande importância, e todas essas pessoas que despertam espiritualmente passam a ser imediatamente cuidadas como parte (uma parte muito importante) do trabalho da Grande Fraternidade Branca.

Retiro e solidão, onde a vida e as demandas humanas são reduzidas à máxima simplicidade, são essenciais durante a passagem por certas fases do desenvolvimento. Isso ocorre porque a resposta meditativa e mental à atração da Mônada-Ego deve continuar por longos períodos sem interrupção. Mesmo as ações puramente corporais, reduzidas ao mínimo, dificilmente quebram essa continuidade. Essa intensidade de meditação acaba quebrando o véu. Como o corpo está perfeitamente imóvel nas posturas de *Yoga*, ele usa muito pouca energia, de modo que suas demandas por atenção e comida são reduzidas ao mínimo, deixando a mente livre por longos períodos. Em consequência, as barreiras – devido às distrações longe do Eu e à matéria resistente e seus atributos, que sufocam o caminho da consciência entre o cérebro e o Ego – são gradualmente superadas, ou melhor, desgastadas.

O centro mental da individualidade pode então deslizar rapidamente para fora e voltar. Esse não é um [outro tipo] de preguiça mundana, mas uma atenção unidirecional e totalmente objetiva do pensamento expressando a vontade para um fim: *moksha* – libertação. No seu devido tempo, o iogue permanece na consciência superior por horas e dias seguidos, aprofundando a penetração em direção a *Buddhi*, e finalmente para seu interior, e daí ao *Ātmā*, eventualmente sendo absorvido em *Paramātmā*, o oceano universal do Espírito. Isso só pode ser feito sozinho, livre de todas as atrações externas, constrangimentos e outras interrupções. Somente um *ashram* e a vida do *ashram* podem fornecer esse silêncio e privacidade físicos.

Todo esse tempo, o *guru* está assistindo e ajudando, apesar de fisicamente invisível. Eventualmente, um agente conhecido como *gnani* – ou seja, aquele que concluiu esses processos – ou um Mestre, visita fisicamente o *ashram* ou atrai o iogue para si mesmo em seu próprio retiro. Lá, ele submete o corpo, o cérebro e os corpos sutis e partes do mecanismo de consciência do iogue a um Rito Iniciático. Isso tem o efeito de limpar ainda mais as passagens para a viagem da consciência, de ida e volta dos princípios e mundos espirituais.

A ênfase está totalmente voltada para a consciência, a realização espiritual e o *Yoga* em seu sentido mais amplo, particularmente a capacidade de controlar o corpo e superar instantaneamente todas as suas resistências e apetites. Esta é a parte de *Hatha Yoga* do *Raja Yoga*.

Em seguida, um vínculo místico é formado com o *guru*, que depois disso sempre pode alcançar o *chela* e ser alcançado por ele onde quer que seu corpo esteja. Certos *chelas* permanecem com o *guru* por longos períodos. Todas as relações humanas de amor são sublimadas e expressas na relação de um *chela* com seu *guru*.

Essa retirada do mundo e essa conquista pessoal proporcionam uma felicidade ininterrupta. Eles não são egoístas. A humanidade é uma espiritualmente, e tais realizações emocionam a todos e o caminho é facilitado para toda a humanidade.

Em alguns casos, um *ashram* organizado desenvolve e realiza atividades públicas, como por exemplo, *Sri* Ramana Maharishi em Tiruvannamalai, *Sri* Aurobindo em Pondicherry, *Sri* Rama Krishna, *Sri* Swananda. Eles distribuem literatura sobre a vida espiritual e os ensinamentos dos *gnani* fundadores. Alguns vêm para o Ocidente como mensageiros, como por exemplo, Yogananda.

Nós, ocidentais, temos um *dharma* diferente desses poucos iogues realmente despertos, reencarnados do passado. Eles têm apenas um objetivo: aprofundar sempre a consciência espiritual levando à *moksha* ou libertação[96]. O nosso é em parte desenvolver o princípio *manásico* no homem e assim em nós mesmos. Em prosseguimento a esse propósito, nascemos e somos chamados a um modo de vida caracterizado pela resistência da matéria e das circunstâncias à consciência espiritual. Isso evoca os mais elevados poderes da mente e da vontade necessários para existir, e superar as resistências da matéria física e das necessidades corporais. Na conquista da matéria, a vontade é desenvolvida. Todos os que estão suficientemente despertos podem, enquanto estão no mundo, purificar a natureza humana, procurar a verdade, encontrá-la e também o Mestre, e trilhar "o caminho novo e vivo" – TODOS.

Por esse caminho mais mundano, também desenvolvemos o princípio *manásico* e o *Ātmā* como força de vontade, que o iogue não alcança imediatamente, não sendo esse seu *dharma*. Mas ele consegue o controle do pensamento e do corpo em um nível muito elevado.

Todas essas decisões e oportunidades são supervisionadas tanto pelo princípio da vida como pelos grandes Adeptos. Em consequência, esta-

---

[96] No original em inglês: *absorption*, o que pode significar absorção no Espírito Supremo, em Deus ou na Mônada. A tradução para *moksha*, conforme o Glossário Teosófico, é: libertação. (Nota Ed. Bras.)

mos todos, tanto quanto nosso *karma* permite, em posição ideal para resolver as adversidades e alcançar as próximas fases desejadas em nosso desenvolvimento e evolução, especialmente no que diz respeito à evolução dos sete princípios do homem. O Ego nascido e vivendo no meio da agitação da civilização, com suas distrações, ameaças e pressões, adquire qualidades tão valiosas quanto, embora diferentes, das do iogue. Aqueles que conseguem combinar *Yoga* com isso podem progredir rapidamente, não importa qual dos sete *Yogas* seja acentuado. No seu devido tempo, todos os homens devem e vão adquirir todas as qualidades, e a vida fará com que surjam as oportunidades necessárias.

A esse respeito, existem dois fundamentos relativos ao homem: existe um "plano", para cada personalidade do Ego ao nascer – um horóscopo ou plano espiritual-mental – não forçado a ele, mas existente; e há orientação pelo princípio da vida, ou Deus, sempre disponível. Não interfira com o desejo pessoal. Não traia o padrão. Observe as circunstâncias e outras evidências do ministério que guia a vida.

Muito poucos no Ocidente encontram esse ensinamento sobre a vida espiritual e a autoiluminação na religião institucional ortodoxa. Eles despertam, aspiram, procuram, mas não o encontram com facilidade no Ocidente. Aqui está parte de nossa oportunidade como Membros da Sociedade Teosófica. Pois o ditado: "bata, e será aberto para você",[97] ainda é verdade, mas o buscador deve abrir a porta. Uma maneira de conseguir abrir essa passagem é estar ocupado no mundo dos homens como mensageiro e "um abridor de portas".

[97] Mateus 7:7.

O *Ashram* e a Vida no *Ashram*

O *ashram* e a vida no *ashram* são duas coisas distintas, embora possam ser combinadas. Um *ashram* é uma casa ou local privado totalmente isolado, sob o controle e a propriedade do *guru*. A vida no *ashram* é a vida espiritual vivida em qualquer lugar e pode ser independente da localização. Depende principalmente de uma atitude mental decorrente de uma decisão mental, que consiste em romper a casca do ovo do eu e da ilusão do eu. Um *ashram*, conduzido e protegido adequadamente, pode fornecer condições e circunstâncias ideais para o cumprimento da vida útil no *ashram*. Somente o *karma* decide quando essa dualidade na unidade é encontrada por um aspirante e a admissão é concedida. Isso é relativamente raro, embora se *deva* dizer que não há garantia de que o sucesso no *Yoga* será alcançado mesmo vivendo em um *ashram* e mesmo nas condições mais ideais. O *karma* também afeta isso, assim como a posição evolutiva da pessoa.

A retirada do mundo não é de forma alguma uma necessidade para ser bem-sucedido na vida espiritual. De fato, o desenvolvimento evolutivo, a habilidade e a decisão interior de ter sucesso, em meio às demandas de uma vida mais mundana, contribuem muito positivamente para o progresso espiritual.

Cercada por objetos de desejo e impelida pela necessidade, a pessoa verdadeiramente espiritual não é, de forma alguma, escrava da situação mundana em que é compelida a viver. Em meio e mesmo pressionada pela necessidade de obter riqueza para viver e manter a vida dos dependentes, essa pessoa se vê, de coração, cada vez mais indiferente ao significado do termo "riqueza" e mais profundamente interessada no cumprimento do dever unicamente pelo fato dele ser seu dever.

Como teósofos e aspirantes ao Caminho interior da vida, estamos realmente vivendo em um *ashram* que não foi feito com as mãos, um *ashram* invisível, por assim dizer e, em nosso próprio ambiente, podemos alcançar uma medida bastante completa da vida do *ashram*.

Embora devamos sair para o mundo, estamos, ainda assim, isolados em nosso próprio mundo de idealismo oculto e de prática de *Yoga*. Assim, embora o *karma* e o *dharma* para esta vida não tenham nos levado a um *ashram* praticante, podemos, no entanto, fazer um para nós mesmos pela maneira como vivemos e pensamos. Embora compreensivelmente difícil, essa decisão é realmente o melhor caminho de todos, porque indica uma vitória segura sobre as circunstâncias e sobre o homem exterior. Todos os que entram na casa de um teósofo tão dedicado ficam sob a influência, inspiração e auxílio da vida do *ashram*. No entanto, eles naturalmente variarão em resposta, novamente de acordo com sua evolução e *karma*.

CAPÍTULO 9

As Grandes Iniciações

A Realidade na Primeira Iniciação

A Iniciação é um evento no tempo que, como todos os ritos verdadeiramente sagrados, reflete um processo eterno e universal. O Ego do candidato, e grande parte do corpo mental, é submetido, durante cerca de quatro horas do tempo solar neste planeta, à ruptura do exterior da antiga "concha" da autoexistência separada. Isso não é, na realidade, uma casca. Na verdade, é um estado de espírito, a ideia de ser um "eu", nascida do erro, mas usada por muito tempo como base para o pensamento e a ação. Ela está embutida e entrelaçada com a totalidade do tecido da existência humana no período anterior à Iniciação. A própria urdidura e trama da tapeçaria da vida humana consiste, em termos de pensamento, nos erros reiterados: "Eu sou eu" e "os outros não são eu mesmo". Para erradicar essas linhas – até agora a base do pensamento – afrouxá-las da estrutura geral, que não deve ser totalmente destruída, é obra do Iniciador e demanda uma grande habilidade.

Tão profundamente enraizado está o erro em algumas pessoas, toda a natureza tão envolta em *ahankāra*, que o procedimento pode falhar. É muito, muito difícil, se não impossível, para alguém, sem ajuda, extirpar o senso de ser um "eu".

A cerimônia de Iniciação, bem como o ensinamento e a orientação do Mestre, na preparação para isso, têm o efeito de afrouxar os fios da tapeçaria da natureza mental do candidato, para que ele próprio possa concluir o processo de sua universalização. Para mudar a metáfora, o Iniciador rompe a "concha" da autosseparação a partir do exterior, mas a destruição da membrana interna, o estilhaçar da casca e a saída do "pintinho" ou "recém-nascido" devem ser feitos pelo próprio Iniciado. Isso inevitavelmente leva tempo e é frequentemente muito doloroso e muito humilhante. O Iniciado, no entanto, está comprometido com esse processo e, por isso, ele deve continuar. As circunstâncias conspiram para ajudar e esse é o teste do Iniciado. Ele pode recusar a lição, resistindo de forma egoísta ao processo da personalidade e exigindo o direito de manter seu senso de separatividade. Não será mais possível progredir nessa vida. No entanto, se o esforço para continuar o processo de autolibertação do eu for mantido com vontade, e se as falhas, os erros e as humilhações do eu inferior forem aceitos com humildade e compreensão de seu significado, e se o homem exterior realmente se render à vontade do Interior, da Fraternidade e de seu Rei; então a membrana se rompe, a casca é jogada para longe e o "pintinho" surge e começa a aprender a voar". Isso também é difícil, sendo acompanhado de quedas, mas o Mestre continua a ajudar e toda a Fraternidade está por trás do Iniciado para apoiá-lo, protegê-lo e sustentá-lo nesse esforço. A entrega é a chave para o sucesso. A recusa em se entregar é a causa do fracasso.

O atraso na realização da Iniciação é, com frequência, muito útil, pois o Ego-*Manas* tem mais tempo após o "despertar"[98] para se estabelecer na atitude desejada e alcançar a universalização da consciência: um processo que leva muitos anos, especialmente quando a Primeira Grande Iniciação é realizada pela primeira vez.

[98] Simbolicamente, a "Anunciação" ou a "fertilização do ovo".

O Iniciado Após A Morte

No curso normal dos eventos, uma pessoa após a morte entra gradualmente no *Devachan* – o mundo do céu – depois de ter descartado os corpos físico, astral e mental, que devem ser finalmente descartados antes que o falecido possa se fundir nos níveis mais profundos de consciência Causal. Mas na Teosofia somos ensinados que, quando um Iniciado morre, os corpos astral e mental são presos, "pregados", por assim dizer, pelos átomos permanentes e, portanto, não podem ser descartados. Isso significa que os corpos astral e mental precisam ser purificados e aperfeiçoados, ficando assim permanentemente ligados ao Iniciado. Portanto, o Ego Iniciado, após a morte, apesar de ainda reter seus corpos astral e mental, é capaz de entrar no Corpo Causal e no estado de consciência para uma espécie de *Devachan* dos Iniciados.

Assim, a forma normal do *Devachan* – através da perda dos corpos astral e mental – corta completamente todo e qualquer tipo de comunicação do falecido com os vivos. Porém, o Iniciado após a morte, por manter os corpos astral e mental, não perde o contato com o mundo e com os entes queridos que ainda vivem nele, e isso também parece ser uma forma de educação, um tipo especial de aprendizado.

A Primeira Iniciação e A Grande Fraternidade Branca

Quando a Primeira Iniciação é realizada com sucesso, o ser humano está salvo para sempre, sendo encarnado ao próprio corpo, alma e espírito da Fraternidade. Para sempre, seu poder se sustentará, sua luz iluminará e sua vida envolverá o novo Iniciado. Embora na Fraternidade existam muitos níveis, do Primeiro ao Nono, e outros dos quais não sabemos nada – subclasses e classes laterais, conferidas pelos diferentes ramos dos Mistérios e formas variadas de Iniciação – todo Iniciado faz parte do Centro. Todos são um e cada um é o todo. Essa é a maravilhosa verdade. Divisões e separações são reduzidas ao mínimo para todos nós como Egos e desaparecem nos níveis mais elevados. Na verdade, somos todos um.

Unidade é a palavra da Fraternidade e o dever é seu lema. Somente quando o dever é realizado da melhor maneira possível por cada um, o efeito da unidade se torna plenamente manifesto na vida pessoal do Iniciado. Encarnados ou desencarnados, trabalhando ou descansando, todos os Egos Iniciados são para sempre unos. Ninguém nunca é abandonado, exceto nos casos mais extremos e realmente sem esperança. Mesmo assim, uma porta é deixada aberta para seu retorno. É a negação que corta o irmão da Fraternidade. Quase todo o resto pode ser esquecido e superado. Muito grave é a queda Petrina[99], especialmente se persistir, mesmo com a chegada do dia. Algumas negações muito trágicas ocorreram desde que a Fraternidade abriu suas fileiras para homens e mulheres no mundo.

Aqueles Iniciados que estão apenas descansando, ou que se tornaram sobrecarregados por *karmas* adversos, não fracassaram de maneira alguma. São aqueles que negam, e até abusam, que acabam tendo que ser retirados daquele Grande Livro que foi iniciado na Atlântida, quando o primeiro nome foi escrito. Qualquer Iniciado pode descansar, mas ninguém pode negar e permanecer dentro do vínculo da Fraternidade. Isso explica a condição de muitos que parecem ter falhado. Como Pedro, eles negaram o seu Senhor. Ao contrário dele, eles não choraram e voltaram ao serviço ao raiar do dia, quando o galo –, ou seja, o Eu Superior – cantou

[99] Do apóstolo Pedro, que negou três vezes seu Mestre. (Jo. 18:27)

ou afirmou a luz e o poder do "dia espiritual". Os que negaram não podem receber muita ajuda. Os que estão descansando podem ser recuperados, e há muitos suscetíveis de serem reunidos novamente e outros aproximando-se da Iniciação.

A Fraternidade trabalha, sem dúvida, com muitas ordens e escolas além da Escola Esotérica da Sociedade Teosófica, que é provavelmente o caminho mais direto do mundo para a Fraternidade agora existente, fora do Tibete e da Índia... Muitas pessoas, no entanto, que possuem certas qualidades do Ego, capacidades úteis, são despertas ao longo do caminho do conhecimento e possuem vínculos com os Mestres de Sabedoria de vidas passadas. Alguns deles ainda estão no mundo e a ele pertencem, pois estão vivendo uma vida mundana. Podemos estar absolutamente certos de que eles não são negligenciados nem lhes é negada a ajuda da Fraternidade. De fato, todos, exceto aqueles sob a influência dos poderes das trevas, estão sob Sua proteção.

O Mestre, o Príncipe Rakoczy, por meio de muitas ordens cerimoniais, válidas e até mesmo "inválidas", alcança um grande número de pessoas e fornece a muitos deles o primeiro contato com a Sabedoria de Vida da Grande Fraternidade Branca. Onde os membros dessas ordens não negam flagrantemente os princípios ocultos, a eles devemos demonstrar amizade e boa vontade, para ajudá-los ainda mais com exemplos e preceitos. "Há muito mais neste movimento do que o que você percebeu até agora, e o trabalho da S.T. está vinculado a um trabalho similar que está sendo realizado secretamente em todas as partes do mundo"[100], e, nos é assegurado que nenhum buscador sincero deixa de receber a Sua ajuda, e todos os grupos e escolas estão sem dúvida, em algum grau, sob os

[100] Vide *As Cartas dos Mahatmas para A.P. Sinnett*, carta XLVII, (Ed.) [Brasília: Editora Teosófica, Carta 48, 2019, p. 219-220. (Nota Ed. Bras.)

Adeptos. Alguns não têm serventia, outros definitivamente dão errado, mas muitos são úteis a Eles e dignos de Sua ajuda.

A Grande Fraternidade Branca é, num sentido místico, a própria vida de nosso planeta. Está sintonizada com todo Ego humano e, em certo sentido, toda Mônada é membro dela. A Fraternidade é abrangente e inclusiva do lado da vida e não nega sua ajuda a ninguém, alto ou baixo, bom, ruim ou indiferente. Na forma, no entanto, nenhuma instituição na Terra é tão específica e cuidadosa na seleção daqueles que, por meio das principais Iniciações, serão admitidos e passarão por suas fileiras. O padrão de evolução do Ego e do trabalho realizado para o bem de alguma forma ou ramo da vida neste planeta, ao longo dos tempos, é realmente muito elevado. Após a admissão nas fileiras dos Iniciados, eles devem ser aprimorados, como de fato são todos os membros que são bem-sucedidos. Portanto, aqueles que aspiram à Iniciação devem trabalhar arduamente para ajudar a humanidade, harmonizar suas naturezas, refinar e espiritualizar seus pensamentos e vida, e estender as muitas formas de serviço em que agora estão engajados de forma tão útil.

A Natureza da Primeira Iniciação

Na medida em que é realizada nos Mistérios Maiores por um Hierofante Adepto, com outros Oficiais Adeptos, e na presença dos Iniciados mais elevados e de Seus Representantes neste Globo, a Iniciação significa muito mais do que geralmente é entendido mesmo pelos estudantes do assunto. Ela tem dois aspectos principais, sendo um externo e o outro totalmente interior e místico.

O Rito externo é profundamente impressionante. A própria presença de um número de Adeptos e a atenção próxima de outros que não estão fisicamente presentes, e do próprio Iniciador Único, produz uma concentração extremamente poderosa de forças espirituais e ocultas. Além disso, os membros das Hostes Angélicas, entre os quais os Chefes de Ordens deste planeta, cada um representando um *Maha-Deva* ou grande Arcanjo do Sistema Solar, juntamente com muitos *arūpa devas* presentes, trazem o notável poder e influência das Hostes Angélicas.

O candidato é cercado e envolvido pela presença e poder desses grandes Seres e dos Seres Brilhantes, de Suas auras e das forças de que Eles são agentes. Toda a natureza e aura do candidato são, por assim dizer, altamente carregadas com essas energias focadas nele e dentro dele. Tudo isso é remotamente mencionado nas Iniciações Maçônicas e em outras Iniciações cerimoniais.

Essas presenças e poderes são mais numerosos e mais fortes em certos aspectos, na Primeira Iniciação, que é de suma importância para o Ego, para toda a raça humana, para toda a Natureza no Globo e para a própria Fraternidade. Os Ritos Sucessivos geralmente, mas nem sempre, recebem uma frequência menor, pois os Degraus são menos significativos que o primeiro, que eleva o Ego para as realizações da próxima ronda e marca uma mudança definitiva no Ego da fase evolutiva de pré-Iniciado para pós-Iniciado – um novo nascimento na verdade.

Isso me leva ao aspecto profundamente interior e místico das Iniciações. Durante a Primeira Grande Iniciação, para a qual seu Mestre o preparou especialmente, o candidato passa por transformações Causais e *Búddhicas*. A Aura Causal é dramaticamente mudada, simbolicamente é descartada e, uma nova, muito mais intensamente iluminada por dentro do que a outra, brilha depois disso. Uma das mudanças que ocorre é que o próprio Corpo Causal se torna um veículo positivamente carregado de energia, além da vestimenta amplamente receptiva e conservadora das realizações e dos desenvolvimentos evolutivos que têm acontecido até então. Sua amplitude de radiação é bastante aumentada e é cercada por uma descarga por toda a sua superfície de uma fina mas brilhante emissão de partículas.

Os veículos pessoais do candidato são arrebatados ou adormecidos, todos eles, no auge da cerimônia. Isso é realmente necessário, para impedir que traços pessoais, hábitos e até interesses possam interferir nos procedimentos completamente impessoais sendo realizados e nas mudanças ocorrendo nos corpos *arūpa*. A Estrela do Rei realmente brilha, especialmente na Primeira Iniciação, e permanece como uma espécie de área de recepção e transmissão na parte superior da Aura Causal, perpetuamente sintonizada com o próprio Chefe da Hierarquia. Quando o Hierofante Iniciador pronuncia as sentenças de consagração, Ele também traz, para níveis ainda não alcançados pelo candidato, forças e influências que provocam as mudanças descritas e vinculam a Mônada ao Ego, esses dois ainda não tendo tido um meio de comunicação e transmissão de poder. O Rito estabelece isso para o Iniciado, mas lembre-se, apenas no que diz respeito ao Ego. Lembre-se, também, de que todo o processo é altamente individual, estando fora do ritmo da Natureza, porque foi alcançado muito antes do período evolutivo normal e da realização prevista para o Esquema, a Ronda e o Globo planetários.

São Paulo chamou isso de "aborto"[101], o que é verdadeiro no sentido de um parto prematuro, mas falso, no sentido de que o "feto" ainda está vivo, embora infantil e imperfeitamente desenvolvido. Pode levar anos e

[101] I Cor. 15:8. "Em último lugar, apareceu também a mim como a um abortivo".

até vidas para que esse "bebê" prematuro se desenvolva até o estágio em que será capaz de agir. Isto é especialmente verdade quando a Primeira Iniciação é tomada pela primeira vez, mas não é verdade para repetições nas vidas seguintes; pois então as transformações em nível Causal são apenas estendidas, ratificadas e ajudadas a tornarem-se efetivas na personalidade, o que geralmente fazem com bastante facilidade. Nesse caso, o Iniciado conhece e se lembra de algo do Rito e experimenta gradualmente as mudanças de perspectiva, principalmente na consciência desperta.

Todo esse tempo, enquanto os aspectos externos do Rito estão sendo realizados na companhia dos Grandes Senhores da Vida e dos *Maha-Devas* e Suas cortes, o centro da autoconsciência, o *Ātmā-Buddhi-Manas* focado, que é o Eu, também está passando por experiências místicas realmente indescritíveis, associadas à unicidade, à realização de identidade com a vida oculta e divina em todos e em tudo, grande e pequeno. É claro que corpos e "coisas", como aparências objetivas, não existem nesses níveis. Assemelham-se aos jatos e às gotas que esguicham dos muitos bicos de uma fonte, sem permanência, enquanto o Iniciado está imerso no reservatório ou fonte de toda a vida em seu elevado nível de emanação.

Em tudo isso, a influência da Mãe do Mundo é exercida. Ela auxilia no nascimento metafórico no nível Causal, unificando-se com a Aura Causal e seu habitante interior – o Eu Divino – e também participando da ajuda protetora dada à personalidade. Essa personalidade dorme até o momento em que as palavras consagradas são proferidas. Então, a mente inferior e o corpo mental começam a despertar, de modo que a pessoa se encontra sob uma luz deslumbrante, na qual as figuras dos Adeptos podem ser percebidas em graus variados, de acordo com o desenvolvimento mental e o estado. A Mãe do Mundo, ou um de seus representantes, protege a personalidade nesse momento, assim como uma mãe protege e nutre o bebê recém-nascido, e os "diáconos" Adeptos continuam a ajudar o candidato. Só muito raramente os corpos astral e físico participam, especialmente quando o rito é passado pela primeira vez. Quando repetidos, no entanto, pode até haver cerimônias físicas em um dos grandes Centros. Nesses casos, a materialização é realizada para o Ego ou a pessoa está fisicamente presente, tendo sido atraída para o Centro pelo *karma* e um Mestre.

Aqui, novamente, existem graves dificuldades e até perigos nesta fase atual da evolução da matéria em si e do corpo físico, seus nervos e cérebro. Uma pessoa pode, nessas condições, perder parcial ou totalmente sua razão ou o controle de sua personalidade e assim exibir excentricidades que o colocam nas mãos dos médicos e de suas instituições. Felizmente, isso também é raro, mas é preciso tomar medidas contra essa possibilidade. Mesmo um encontro no Plano Físico com um Adepto não deixa de ter seus perigos, como a história da Sociedade Teosófica mostrou.

"Existe um outro perigo ao qual as pessoas um pouco desequilibradas são suscetíveis. É uma inflação do ego pessoal inferior e uma ideia totalmente fora de proporção a seu respeito e sobre sua importância".[102] Quando isso acontece, a Fraternidade ajuda na medida do possível e, se necessário, caso essa ajuda fracasse, apaga um pouco da memória e do conhecimento que levou ao desequilíbrio. Outros efeitos são sensibilidade excessiva e perda dos controles normais, para que ações e reações indesejadas não venham a ocorrer. Todos esses são preços que devem ser pagos para entrar na corrente e alcançar a outra margem, muito antes do tempo normal para a humanidade atual.

Não é possível descrever e deixar claro os grandes cerimoniais e outras atividades da Fraternidade nesta Terra, geralmente com a partici-

---

[102] HODSON, G. *A Suprema Realização Através do Yoga*, Brasília: Editora Teosófica, 2001, p. 151. (Nota Ed. Bras.)

pação de representantes de outras partes do Sistema Solar. Isso ocorre porque a vida que habita em todos os seres e todas as coisas se sobrepõe às suas formas e, portanto, anula as limitações das formas. Um exemplo é a reação da vida nos reinos sub-humanos, particularmente no reino vegetal, a grandes cerimônias e avanços ocultos. Só se pode dizer que – e isso pode parecer muito estranho – as árvores, ou a vida das árvores dentro do alcance da cerimônia, se curvam à medida que grandes descidas de poder ocorrem em níveis muito mais elevados.[103] Isso é ao mesmo tempo um reconhecimento e uma resposta ao efeito da bênção e da aceleração promovida por essas descidas. As lendas de Orfeu e Krishna, relatando que as árvores, os animais e os deuses ficavam quietos e até curvados enquanto eles tocavam a lira e a flauta, podem se referir remotamente a essas respostas internas da vida que se expressa em toda a Natureza, incluindo as Hostes Angélicas, às presenças divinas e aos poderes manifestados. Formas, lugares físicos e arquitetura não têm significado real nesses níveis, mesmo que os locais e salões físicos da Iniciação se formem e sirvam como base e posição material para as Iniciações.

Após a consagração, em que o próprio *Ātmā* Monádico do candidato é a espada, por assim dizer (pois todo o processo é interior), o candidato é virado para encarar a companhia e o mundo reunido e, estranhamente, o Sistema Solar; pois esse rito e os que se seguem são extraplanetários e levam o Iniciado a se relacionar com os regentes dos outros planetas e com os Senhores dos *Tattvas* e, gradualmente, com as "camadas" ou "luzes" mais externas do *Logos* Solar.

---

[103] BLAVATSKY, H.P., Brasília: Editora Teosófica. *A Voz do Silêncio* (bolso), 4ª ed., versículos 66,67, 2020, p. 116-117. (Nota Ed. Bras.)

Qualificações para a Segunda Iniciação

As qualificações essenciais para a Segunda Iniciação consistem em superar, em vez de apenas conquistar, o seguinte:

1. O desejo de existência separada como uma individualidade com nome.

2. O desejo de recompensa de qualquer tipo e, principalmente, recompensas exteriores de tempo, local, posição e cargo. Esse desejo deve ser extirpado, pois obscurece a mente e mancha a pureza dos motivos.

3. Desejo de conquista espiritual por causa da conquista em si – um desejo muito sutil, porque parece nobre e digno. O único motivo permitido é impessoalmente cumprir o impulso da Vida Una para proporcionar uma expressão mais plena e livre; e para ajudar outras pessoas a alcançarem realizações semelhantes, em particular a libertação do sofrimento e da tristeza.

4. Realização para provar a si mesmo para si próprio, e não pelo motivo altruísta acima.

Tudo isso, como será visto, implica uma certa medida de libertação de *ahamkāra*, que é o teste ácido.

Então, a própria mente precisa ser submetida a tal controle pela vontade, que pode ser concentrada com uma considerável medida de continuidade ininterrupta em qualquer pensamento ou série de pensamentos, abstratos ou concretos. A pessoa não precisa ser um grande intelectual, mas precisa desenvolver o controle dos poderes e das faculdades mentais que já possui. O essencial é a clareza da visão mental, a discriminação em relação aos valores relativos e uma crescente suscetibilidade à intuição – indicações do Mestre e do pensamento da Fraternidade.

O *karma* tem um papel bem maior do que é geralmente percebido na autoexpressão mental. O mecanismo pelo qual o Eu Interior opera a mente-cérebro é extremamente delicado e muito sensível às limitações *kármicas* e aos aspectos astrológicos pelos quais o *karma* é representado mês a mês.

Problemas emocionais são realmente problemas mentais; eles podem, portanto, ser solucionados pela mente e, em grande parte, pela clareza e controle da mente. No que diz respeito ao puro crescimento mental, aumento de poder e capacidade intelectual, isso ocorre de dentro para fora, e não ao contrário, como no caso do intelectual material. A Mônada frutifica as sementes do poder intelectual. O Mestre – às vezes mais de um – promove o desenvolvimento resultante, enquanto o aspecto intelectual da consciência da Fraternidade, com a qual todo Iniciado está unido, torna-se cada vez mais disponível para o uso de cada membro.

As dificuldades deste Grau surgem do fato de que esse próprio desenvolvimento mental tende a acentuar o *ahamkāra*, uma vez que a mente é a sede desse instinto. É por isso que ele é um Grau tão perigoso, e tantos falham e caem, quando se aproximam dele ou depois de alcançá-lo. Todo Iniciado, discípulo e trabalhador instruído é observado regularmente e, por assim dizer, examinado sob esses pontos de vista, ajudado a superar deficiências e orientado em suas circunstâncias externas, para que os desenvolvimentos necessários possam ocorrer, caso ele esteja suficientemente desperto ocultamente (outra condição) para tirar proveito deles.

Finalmente, a vontade oculta, ou aspiração, para alcançar as alturas permanece como o grande fator essencial em todas as etapas; pois sem ela claramente sustentada e trazida à vanguarda da mente, a Fraternidade provavelmente não se moverá. A frase profundamente oculta "bata, e ela será aberta para você"[104] descreve a qualificação essencial para cada passo da vida oculta.

Poder – Universal e Impessoal

O poder – usado impessoalmente – deve ser buscado, e buscado ardentemente, pois sem ele nada pode ser realizado. A vontade interior espiritual do homem faz parte da vontade de Deus, o *Logos* Solar, e Sua vontade é, por sua vez, a vontade do Cosmos individualizada. Existem três individualizações:

1. *Manas* universal é individualizado e focado para formar um Ego individual temporário, mas duradouro, no plano *Manásico* Superior. Na Primeira Iniciação, o *Manas* universal é liberado e apenas os *skandhas* individuais permanecem.

2. *Buddhi* espiritual e universal, vivificado por *Anupādaka*, é individualizado e focado num homem *Búddhico* temporário, mas duradouro. Este é o "filho" que nasce na Primeira Iniciação, é desenvolvido ao longo da Segunda e da Terceira, e crucificado, – ou retornando ao *Buddhi* universal na Quarta.

3. O *Ātmā* Universal é individualizado e centrado como um poder virtualmente onipotente no Iniciado no Segundo Grau. Desenvolve-se ao longo da Segunda, Terceira e Quarta Iniciações e retorna ao *Paramātmā* na Quinta, deixando um veículo individualizado, um átomo *Átmico* desen-

[104] Mateus 7:7.

volvido em um homem *Átmico*, como um corpo por meio do qual pode, a qualquer momento, se manifestar, para governar completamente o homem de sete princípios, vencer a morte e comandar as forças e inteligências da Natureza.

Este *Ātmā* universal, focado, é referido em *Luz no Caminho* no *sūtra*: "Deseje ardentemente o poder"[105]. Deve-se lembrar sempre, no entanto, de que é o poder universal que deve ser desejado e, a partir de então, usado apenas para fins universais. A Segunda Iniciação é perigosa, não apenas por causa do desenvolvimento *manásico* e, portanto, egoísta, mas porque marca o início da descida ao Ego e à personalidade do *Ātmā* individualizado. A universalidade da consciência, da perspectiva, da vida com um propósito, devem ser desenvolvidas ao máximo e, assim, preservar a personalidade do pecado da vontade própria, do sentimento de orgulho e de separatividade, à medida que o Iniciado se conscientiza da glória do *Ātmā* que desperta dentro dele.

Deseje ardentemente o poder, mas também impessoalmente e para o bem de todos os seres, **nunca** para si mesmo. Invoque o *Ātmā* equivalente a Deus no cérebro-mente, permita-o empoderar o pensamento, a palavra e a ação; use-o como a força pela qual ascenderá a colina sagrada, o Monte *Meru*, onde habitam os homens que se tornaram Reis.

O pecado e a maldade no mundo só podem ser vencidos pelo fogo de *Ātmā*. A sujeira acumulada no mundo só pode ser lavada pelas águas de *Ātmā*, como Hércules, o homem de poder, limpou os estábulos dos augianos. Lembre-se, então, de que o poder é o objetivo e, como diz o Mestre Hilarion, deseje-o ardentemente. Esteja alerta, no entanto, contra

---

[105] COLLINS, Mabel. *Luz no Caminho*. Brasília: Editora Teosófica, 7ª ed., 2020, p. 44. (Nota Ed. Bras.)

seu atributo que aumenta o ego[106]. Procure o esquecimento de si. Almeje o silêncio e a solidão do retiro. Evite os cargos de importância, os aplausos da multidão, mas use-os quando necessário para os propósitos da grande obra. Despreze-os como ilusões em si. Dê-lhes boas-vindas como oportunidades de servir.

As palavras: "Eu vou", devem ser usadas apenas para expressar determinação para vencer toda fraqueza em si mesmo, desenvolver todo poder, qualidade e faculdade para servir a Fraternidade e vencer as forças das trevas. As palavras: "eu vou", nunca devem ser usadas como um pensamento, um desejo, uma intenção ou como palavras para atrair algo ou uma pessoa para alguém de fora. Elas só podem ser usadas para expressar determinação de que a Vontade universal encontrará expressão mais completa e perfeita de dentro da própria pessoa. Assim, o verdadeiro aspirante à realeza espiritual pode se tornar um grande Senhor do Poder, que é o destino espiritual do homem.

Livre-se do medo de cometer erros, mesmo mantendo muito cuidado contra eles. Tema apenas a inatividade. É melhor agir e cometer erros do que ser inativo e sem erros. O trabalhador que comete erros não é criticado nem condenado, mesmo que se possa deplorar seus efeitos negativos. Normalmente, não é dada aprovação àqueles que nada fazem, pelo menos nada que seja eficaz, mesmo que possam permanecer alvos, puros e sem erros. O grande trabalho deve ser continuado, mas com poder sempre crescente. Homens de conhecimento e homens de sabedoria são procurados, mas acima de tudo, homens de poder espiritual são necessários; pois mesmo o maior conhecimento e sabedoria podem ser ineficazes sem poder, que significa vontade, motivação e entusiasmo desapegado.

* * * * *

[106] No original em inglês: *ego*, significando a personalidade.

O princípio e o poder de *Ātmā* no homem são os últimos a serem despertados para a atividade consciente. Um efeito da Primeira Iniciação é estimular consideravelmente o processo, embora o Mestre, em cada uma das três fases do Discipulado, especialmente na Aceitação e na Filiação, inicie o processo de despertar o *Ātmā*, tanto em seu próprio mundo quanto como um poder do Ego no Corpo Causal. Isso chega ao discípulo como um aprimoramento da força de vontade e lhe dá firmeza e o apoio nas fases pré-Iniciáticas do Caminho.

Na Primeira Iniciação, o Iniciador faz com que o *Ātmā* do próprio candidato brilhe no exterior, mesmo que brilhe apenas temporariamente, enquanto a influência do Iniciador Uno está quase que inteiramente focada no átomo, princípio e poder de *Ātmā* no homem. A estrela acima da cabeça do Iniciado é a representação do *Ātmā* no Corpo Causal, a partir do qual, às vezes, brilha na aura pessoal, também acima da cabeça. Isto é, de fato, o selo e o sinal da Iniciação, dita ser capaz, Egoicamente, de fazer com que a estrela brilhe. Nenhum outro sinal ou símbolo é necessário para aqueles que conseguem fazer isso; é, por assim dizer, tanto a senha como o sinal apropriado do Primeiro Grau e de suas cerimônias.

Em termos de *gunas*, o *Ātmā* é *rajas*, os quatro veículos pessoais são *tamas*, e *Buddhi* e *Manas* Superior juntos representam *sattva*[107], uma vez que participam tanto do aspecto mais alto como do mais baixo do homem. O *Buddhi-Manas*, unido e interagindo no Iniciado, serve como transmissor do *Ātmā rajásico* à personalidade *tamásica*. A eficácia nessa função é de grande importância, tanto para o progresso em direção ao *Adeptado* quanto para a ação efetiva em nome da Fraternidade no mundo. A prática diária do *Yoga* é a única maneira segura de trazer a onipotência cósmica

---

[107] Numa tradução simplificada, *Rajas, Tamas e Sattva* são respectivamente atividade, inércia e harmonia. Vide Glossário: *Guna*. (Ed.)

para a personalidade. Lembre-se de que o objetivo não é tanto a subjugação da personalidade, da vontade e do desejo, mas também o seu desaparecimento. Eles devem ser inundados, varridos, queimados, como você proferir, até que somente *rajas-sattva* unido permaneça. Isso, o Adepto já conseguiu. *Tamas*, ou seu resíduo espiritualizado, persiste apenas como a qualidade da estabilidade imóvel.

A Ascenção da Alma (da Primeira Iniciação ao Adeptado)

Você pode imaginar um estado de consciência em que o Ego é exaltado ao *Ātmā* e a personalidade permanece quase infantil em sua simplicidade, repouso e calma? Essa é a condição que deve ser mantida sempre que a exaltação ocorrer, uma simplicidade infantil de pensamento e motivação e uma calma relaxada. As distrações do mundo exterior combinam-se com a exaltação interior para tornar essa manutenção de equilíbrio extremamente difícil fora do Santuário. Seguindo os passos dos altos Iniciados dos dias modernos, temos que alcançar fora do Santuário, sob coação e pressão, em vez de na paz e na calma do Santo dos Santos. No entanto, sua obtenção nessas condições é muito elevada e muito estável e é um dos melhores meios para garantir a renovação da inspiração bem cedo na vida seguinte. Isso é importante para o Iniciado, pois ele mantém a pressão e a ascenção sem pausas ou rupturas indevidas. Portanto, é mais provável que ele seja preservado de quedas graves e, pior ainda, de ações prejudiciais ao seu progresso oculto.

Neste estágio da evolução no planeta, a tarefa de alcançar o *Adeptado* deve enfrentar as maiores dificuldades, mas elas podem ser superadas, como é comprovado por aqueles que já alcançaram. Uma combinação de intensidade interior, de esforço com a calma e o equilíbrio exterior, é o segredo do sucesso... Os paradoxos são fáceis de ser resolvidos quando se percebe que as contradições são causadas apenas pela diferença entre as leis e regras do Ego e da personalidade. Vigilância e auto-observação são necessárias na personalidade, mas o esquecimento de si mesmo deve ser a atitude do Ego. Os pulsos do pianista devem idealmente estar relaxados, mas as cordas do piano devem estar bem esticadas. Na verdade, não há contradições nas leis da vida oculta.

Entre a Primeira e a Segunda Iniciações, as dificuldades são físicas e astrais. O *karma* físico é precipitado e a essência elemental física faz exigências clamorosas. As circunstâncias físicas tendem a se tornar obstrutivas, a menos que o Iniciado já tenha se integrado completamente em uma causa ou obra, e tenha alcançado uma liberdade incomum de *ahamkāra*. No nível astral, tanto a exaltação quanto a depressão fazem parte da experiência. A natureza superior é exaltada e aspira a grandes realizações e atividades, mas a inferior se encolhe desses anseios e deseja recuar, se aposentar do mundo exterior e anseia a paz. As calúnias e os abusos que geralmente marcam toda a vida de um Iniciado, que está vivendo no mundo, começam agora. Por isso, o novo Iniciado recebe muito apoio da Fraternidade e de seu próprio Guru. Como a criança que ele é ocultamente, ele é protegido, auxiliado e desfruta de um senso de companhia com os discípulos mais antigos e recebe seu apoio.

Após a Segunda Iniciação, problemas mentais o atormentam, a mente inferior se torna orgulhosa e crítica. O acentuado senso de superioridade sobre a humanidade não iniciada, que se baseia em fatos, aumenta qualquer egoísmo e autossuficiência que ainda restam do estágio anterior à Iniciação. Além disso, como agora ele alcançou pelo menos a "adolescência" como Iniciado, ele começa a ficar cada vez mais sozinho. A ele são confiadas posições de cada vez mais responsabilidade, seu trabalho é cada vez menos inspecionado e controlado, e tudo isso infla seu egoísmo, a menos que esse vício já tenha desaparecido.

Atrasos no progresso oculto, que às vezes parecem injustos, são realmente sábios e úteis; pois, se puderem ser recebidos com a reta atitude, e o esforço para o autoaperfeiçoamento mantido, levarão o candidato aos estágios posteriores com muito menos dificuldade do que é experimentado por aqueles cujo progresso foi mais espetacular. Como muitas vidas são necessárias, de qualquer maneira, para a consecução do *Adeptado*, um atraso de alguns anos em qualquer vida tem pouco significado, e foi isso que Marco Aurélio quis dizer.

Os ataques simbólicos de Herodes, a fuga para o Egito, a crescente sabedoria exibida no Templo,[108] o frescor das perspectivas e a profundidade da intuição, que impressionam os indivíduos mais estáticos e de mentalidade mais tradicional, marcam o Primeiro Estágio que, no seu conjunto, geralmente é feliz. Dificuldade, perigos de dentro da natureza, marcam o Segundo Grau, assim como mais obstáculos externos marcam o Primeiro. Mais cedo ou mais tarde, a expansão da mente superior em direção ao conhecimento das verdades abstratas chega ao cérebro. Nesse estágio, que geralmente ocorre entre o Segundo e o Terceiro Grau, a metafísica, a filosofia e um sentimento cada vez mais profundo de unidade com toda a vida influenciam o Iniciado a transferir seu centro de consciência do mental inferior para o Causal e o *Búddhico*. Uma mente bem treinada, acostumada à clareza de pensamento e da lógica, é o maior benefício nessa fase; pois ela controla a excessiva exuberância e assiste, ou melhor, insiste num arranjo ordenado de novas ideias e percepções. Sob

[108] Simbologia bíblica.

tais condições, livros e poemas, que expressam verdades e experiências espirituais, são frequentemente escritos e trazem grande luz ao mundo. Na verdade, o sucesso mundano e até mesmo as posses marcam essa fase, como as senhas cerimoniais inferem. Todas essas experiências duais, de estar na "montanha" e nas alturas, e ao mesmo tempo ganhando aplausos do mundo são simbolizados também pela tentação no deserto, pois o diabo é o próprio mundo. Esses perigos, transcendidos com sucesso, dão lugar a uma missão mundial bem-sucedida, à criação de um grande nome, à conquista da imortalidade entre nossos semelhantes.

A passagem da Segunda para a Terceira Iniciação pode ser alcançada em etapas. Isso não é incomum, especialmente quando os Iniciados precisam viver no mundo e, além disso, estão enfrentando fortes adversidades. Às vezes, são conferidas até sete pequenas consagrações, que podem se estender por mais de uma vida, de acordo com o comando do Ego sobre sua personalidade e as condições sob as quais o homem mortal deve viver.

A Terceira Iniciação, marcando o ponto intermediário entre a Primeira e a Quinta, é extremamente importante e crítica. A qualidade da tensão que marca a vida do Iniciado em todos os graus agora aumenta. A alma é elevada a grandes alturas, é admitida na presença de grandes *devas*, Adeptos, sente-se inteiramente em casa, por assim dizer, entre eles, seu *status* é reconhecido. O fenômeno da transfiguração começa. Isso é possível pelo fato de o desenvolvimento atômico ter avançado até o ponto em que espirilas adicionais estão ativas e, portanto, transmitem poderes dos subplanos mais altos do mundo *Búddhico* . O toque do *thyrsus* abre ainda mais os *Chakras Brahmarandra* e *Mūladhāra*. As forças desses níveis literalmente se derramam sobre a personalidade e em seu interior. Os corpos superfísicos brilham, irradiam e são expandidos. O próprio físico assume uma luminosidade e uma beleza transcendente que prende quem é capaz de percebê-la. Até as roupas, a casa e sua mobília, a sala e seus acessórios, todos parecem estranhamente espiritualizados. No nível Causal grandes feixes e raios de luz brilham à medida em que o *Ātmā* encontra em *Buddhi* e nas espirilas despertas, veículos para sua descida e o brilho no exterior. Tanto a intuição quanto a vontade, especialmente essa última, marcam esse estágio.

A potência de *Ātmā*, expressa como vontade, é cada vez mais sentida e manifestada. A fé pode mover montanhas quando isso ocorre. Ao mesmo tempo, o mundo que até agora o aclamava começa agora a falhar com ele. Solidão é adicionada à experiência da tensão. Mal-entendidos, cegueira humana, egoísmo e interesse próprio provocam traição por aqueles que até agora eram tidos como os mais queridos. O Getsêmani começa seriamente agora, embora tenha sido prenunciado várias vezes desde o início do Estágio Probatório.

Nesse ponto da grande história da ascensão da alma, faça uma pausa para observar a dualidade da experiência do Iniciado. No primeiro estágio, há a glória e a maravilha do novo nascimento, o êxtase da comunhão com a natureza da alma e a união com ela, a beleza e o esplendor dos anjos e Adeptos, o encanto da vida que acompanha e envolve o novo nascimento. Mas a frieza e hostilidade do mundo, a brutalidade e a rudeza da humanidade não iniciada, dificuldades na natureza pessoal ainda não superadas, obscurecem a felicidade interior. Bem-aventurados aqueles que são capazes de permanecer em retiro durante e após a Primeira Iniciação. Mesmo assim, as experiências e os testes não podem ser evitados. Mais cedo ou mais tarde eles virão. Após o Segundo Grau, ainda há maior iluminação e, ao mesmo tempo, vêm períodos de aridez e *ahamkāra* acentuado. Na Terceira Iniciação, uma elevada exaltação e transfiguração em todos os níveis é acompanhada ou seguida por um estranho medo físico do futuro e uma queda de todos os apoios externos, humanos e sobre-humanos. A grande prova da solidão começa.

Os pares de experiências aparentemente opostas podem ser declarados como: vitória espiritual e ataque material para o Primeira Grau; exaltação espiritual e tristeza, aridez e tentação para o Segundo; entronização espiritual, transfiguração, traição pessoal e solidão, para o Terceiro. Estes são *ida* e *pingala* psicológicos que devem ser equilibrados no Iniciado. Em certo sentido, eles são os dois ladrões que devem ser vistos, cada um em seu significado separado e em conjunto, ou colocados um de cada lado no Quarto Estágio. Depois disso, no *sushumnā*, que se ergue entre eles, a pura divindade é finalmente estabelecida, ou pregada como o Cristo foi simbolicamente pregado na cruz central do Gólgota.[109] Nesse grande símbolo das três cruzes dentro do crânio, o Cristo entre dois ladrões, um caduceu psicoespiritual é retratado.

A morte real é do estado não equilibrado, a realização real é do equilíbrio dos poderes plenamente despertos da trindade divina, o *Ātmā-Buddhi-Manas* do homem Iniciado.[110] Receber a Terceira Iniciação é demonstrar o poder para empreender a Quarta e a Quinta. Não fazer isso mostra que os obstáculos que acompanham e seguem o Segundo Grau não foram superados. O indivíduo deve tentar novamente, começando no início de uma vida posterior, quando, mais uma vez, o impulso divino de alcançar as alturas desperta a Mônada-Ego em ação, desperta a alma pessoal da letargia espiritual para a vontade de conseguir.

Falhas são muito tristes. Em certa medida, são derrotas para toda a Fraternidade e até mesmo para a própria humanidade. Elas sempre po-

---

[109] "o lugar de uma caveira...... Gólgota." (Jo 19:17)

[110] Vide G. Hodson, *Illuminations of the Mystery Tradition (Iluminações da Tradição de Mistério)* (2ª Edição), "A cena do julgamento".

dem ser resgatadas e, geralmente são, especialmente quando o silêncio marca o período após a falha. Um aspirante pode falhar nobre ou ignobilmente. O primeiro não é uma desgraça, pois a tensão é tremenda, as provações são imensas e as dificuldades para algumas naturezas são quase insuperáveis. Mas falhar de maneira ignóbil, deliberadamente retornar às indulgências de vidas e dias anteriores, voltar-se e denunciar aqueles mesmos irmãos, que antes eram muito amados, e ferir o trabalho da Fraternidade para a salvação da humanidade e a redenção do mundo – isso é realmente falhar de forma ignóbil. Vidas de labuta e sofrimento dificilmente serão suficientes para equilibrar o *karma* e trazer a alma de volta ao Caminho. Portanto, a todos deve ser dito: "Se você falhar, permaneça em silêncio, lembrando-se dos seus votos. Não se desespere. Em vidas futuras, seu Mestre e a Fraternidade o receberão novamente."

A Terceira Iniciação

A Terceira Iniciação marca tanto um elevado pico de realização quanto um período de descanso. A intensa exaltação e um grande declínio de poder aliviam por um tempo a tensão dos graus anteriores. Algum descanso é concedido à alma até que os grandes preparativos para o Quarto Estágio comecem a ser feitos. Como as posses mundanas marcaram a fase anterior, agora a hostilidade do mundo e a deslealdade pessoal testam ao máximo a alma. Suporte após suporte, amigo após amigo, desaparecem. O mundo julga e o mundo condena, como Pilatos condenou o Cristo. O grito de "crucifica-o" bate com força agonizante nos ouvidos sensibilizados. A lança do ódio do mundo atravessa seu coração desprotegido. A exaltação no Monte está perdida, ou parece estar. Na escuridão e sozinho, ele mantém sua vigília, mantém sua paixão e, se for bem-sucedido, conquista sua coroa, para os olhos do mundo e até para os olhos cegos pelas lágrimas do Iniciado, a princípio, uma coroa de espinhos.

A Quarta Iniciação

A morte é a característica da Iniciação do *Arhat* (Quarta). Isso significa não apenas a morte do eu inferior, não apenas a morte da ilusão da individualidade separada, não apenas o fim do estado não equilibrado, mas a entrada na região da morte onde a própria vida parece morrer, onde a escuridão governa, o silêncio reina, e uma frieza glacial imobiliza tanto a vida quanto a forma. *Avītchi*, a ausência de onda, é adentrada, sentida, conhecida, e a experiência é estampada na consciência para todo o sempre. A onisciência do Adepto exige essa experiência. A ascensão às alturas depende de uma descida igual nas profundezas. Além disso, o *Arhat* deve demonstrar a autossuficiência *Átmica* de uma Mônada totalmente desperta. Toda região de um Universo deve possuir seu domínio e a ilusão final de que a matéria pode existir sem a vida deve ser dissipada. Portanto, no reino em que o poder proporcional da matéria sobre o espírito é tão preponderante, que a matéria parece ser tudo e o espírito nada, ali – num isolamento indescritível, numa ausência espiritual e frieza que não podem ser imaginadas – a Mônada descobre, afirma e demonstra seu poder e, com ele, o do espírito sobre a matéria.

Somente depois dessa vitória é que as almas comprometidas com a prisão, em que a solidão é o "castigo", são percebidas, comunicadas e algumas poucas redimidas. O túmulo de pedra fechado, no qual o Cristo está enterrado, simboliza esse estrato inferior físico do Universo. A quebra das pedras em pedaços simboliza a transcendência até mesmo dessa limitação, enquanto a ressurreição se refere à retirada e ascensão das profundezas mais baixas para as alturas mais elevadas.

Um homem mudado é aquele que sai dessa terrível provação, cuja marca permanece por muito tempo com ele. O *Adeptado*, um novo nascimento e um novo corpo, a liberdade, a bem-aventurança, o poder do estado de Adepto servem, em última análise, para curar a ferida do *Arhat* e restaurar a beleza desfigurada do corpo e da alma.

* * * * *

Outra parte do significado do Grau do *Arhat* é que, dentro do Eu Interior, o Fogo *Átmico* Solar e o Eu Tríplice no Corpo Causal também são fundidos, sendo este um efeito particular da Quarta Iniciação. Esta não é uma Iniciação à morte, mas a uma vida adicional, devido à fusão no fogo do sol e ao estabelecimento, por assim dizer, do poder do sol, da vida, da luz e do fogo como atributos permanentes do Ego no Corpo Causal. É apenas o acentuado senso de individualidade que morre, enquanto o Ego Iniciado no Fogo Divino é ressuscitado a partir de então. O *Arhat*, e mais ainda o Adepto, é um "Ser Solar", um filho do Sol ou *Logos* Solar, num sentido muito especial.

A Quinta Iniciação

O Adepto realiza a Quinta Iniciação aparentemente só. Ele inicia a si mesmo, como é corretamente dito. Cada Mestre deve, e realmente é assim, produzir em si mesmo as transformações, regenerações e mudanças externas, incluindo a vitória sobre a morte para Si e, em grande parte, por Si mesmo, embora, é claro, Ele seja protegido, observado e auxiliado ao longo de todo esse processo. Sendo essa realização essencialmente *Átmica* em caráter e nível de consciência, a Quinta Iniciação opera, de longe, a maior mudança, no que tange à "outra margem" ser alcançada.

Das glórias da consciência e dos poderes do Adepto ressurgido, ninguém pode falar inteiramente àqueles que estão abaixo do nível desse posto. O esplendor, as riquezas, a abundância, a capacidade de realização e a prodigalidade da própria Natureza são derramados na consciência da Mônada-Ego daquele que se libertou, Que se preencheu com o Universo, carregado e quase transbordando com seu poder e sua vida, com os quais agora Ele é para sempre Uno. O *Adeptado* marca o fim da individualidade separada para todo o sempre e a plena entrada em união com a fonte de toda vida, de todo ser, de toda Natureza.

É um estranho paradoxo que, em vez da Mônada-Ego agora amalgamada, ser estendida ou fundida no Universo, é o próprio Universo que é focado e centrado no Adepto. Seus poderes são universais, ele pode recorrer à Natureza e, pelo conhecimento de todas as suas leis e processos, pode à vontade reproduzir rapidamente qualquer de suas realizações. Pois a Natureza e todos seus agentes *dévicos* correm para obedecer e cooperar com a Vontade do Adepto. Tudo isso se deve à suprema renúncia do eu individualizado: a morte final na cruz do *ahamkāra*. A consciência está agora estabelecida na centelha ardente da chama una, em todo o vasto oceano do *ākasha*: o genitor e o produtor de todas as formas da Natureza, a expressão e manifestação nos níveis *arūpa* de *Mūlaprakriti*, as águas contendo as sementes das infinitas águas do espaço pré-cósmico. O *ākasha* é a alma ilimitada da Natureza, que é a verdadeira Deidade no nível físico, com o *ākasha* no Causal e acima, e o primeiro *Prakriti* primordial no nível de *Ādi*. Isso é Deus – a natureza física, o *ākasha* e *Ādi*. Com esse Deus, o Adepto é para sempre um, Seu *karma* completamente equilibrado, ou melhor, superequilibrado, do lado do bem. Ele é totalmente livre, por toda parte e em meio à prodigiosa beneficência da Natureza. Ele é seu filho aperfeiçoado e ela Sua mãe generosa. Em uma frase: a Natureza e o Adepto são Um. E esse é o segredo de Sua aparente onipotência.

O objetivo, então, como você verá, é a morte de *ahamkāra*. É por isso que todos os verdadeiros tratados ocultos e todos os livros de orientação sobre o Caminho enfatizam continuamente a ausência de sentimento de "eu", de ausência de egoísmo e do desapego. Estranhamente, a Natureza, tendo desenvolvido, por meio de quase mil vidas, uma poderosa individualidade no homem, passa a moer esse sentimento de egocentrismo. Feliz é aquele que sabe disso com antecedência e coopera, alcançando o mais rapidamente possível a ausência de egoísmo, tornando-se livre de desejos. Todo pensamento e ato que manifesta esse estado é um prenúncio da liberdade de consciência do Adepto.

O planeta no qual Ele se realizou agora não mais o prende. Seu "anel não passa", não mais limita Seu caminho. Ele o transcende e se move livremente pelo espaço interplanetário e visita outros globos. Sua consciência está livre do Sistema Solar agora e, à medida que Ele ascende ainda mais, seu anel que nada passa dá lugar à Sua consciência que alcança o Universo além. Todo o tempo Ele permanece profundamente preocupado com a vida do planeta em que se realizou e, de acordo com Seu Raio e Sua escolha de um dos sete caminhos, Ele serve esse planeta como um Adepto. A retenção de um corpo físico é um sacrifício voluntário pelo qual se ganha o poder de servir o planeta em todos os níveis, do físico ao *Ātmā* e além, de acordo com o Grau. É um sacrifício, pois todas as preocupações materiais, como cuidados corporais, moradia e outras necessidades, reivindicam uma parte de Sua atenção e Sua vida. No entanto, muitos escolhem esse caminho, neste momento, devido à necessidade premente da raça humana na Terra.

O ponto de perigo ainda não passou. *ahamkāra* na Quinta Sub-Raça da Quinta Raça Raiz atingiu proporções monstruosas, que afetam também as outras sub-raças, produzindo na Terra um verdadeiro monstro, cujo nome é "eu", o verdadeiro morador do umbral, tanto para os indivíduos e as nações, quanto para a raça como um todo. Este morador não foi derrotado e, para ajudar a humanidade, numerosos Adeptos estão encarnados fisicamente. A Sociedade Teosófica é uma de Suas contramedidas, pois a nota da fraternidade universal é, de fato, a nota de abnegação, e sua realização como base da vida e da civilização depende da remoção da "vestimenta" do eu.

Portanto, existe uma mensagem preeminente – **altruísmo**. Apresente isso ao mundo: para os aspirantes à Iniciação como para os possíveis construtores de uma nova ordem mundial. Diga a eles que é o "eu" que deve morrer, o "eu" que é o inimigo, e o egoísmo a causa – a única causa – da aflição do mundo inteiro.

O Cristo é Cristo, o Buda é Buda e o Adepto é o Adepto, porque Eles transcenderam o "eu". Retire as vestes da individualidade, pise nelas e você estará livre – esse é o significado da nudez em todas as alegorias do mundo. As recompensas da Natureza, às quais o Adepto se torna agora o herdeiro, estão disponíveis ao homem que renuncia ao "eu". Tal é a visão de vida do Adepto; um dia, a humanidade deve alcançá-la.

Continue falando sobre o Caminho, o Santuário, seus Hierofantes e Iniciados, e o objetivo da vida. Continue mostrando o caminho, que é trilhado pela autodisciplina, autocontrole, altruísmo.

Estas são as palavras a serem inscritas sobre a porta do templo do novo mundo que será construído – A Rendição do eu. Onde está o homem ou a nação pronto para fazer isso? Que eles se apresentem, e o poder da Fraternidade dos Adeptos repousará sobre eles e os protegerá, levando-os à prosperidade e à paz.

CAPÍTULO 10

Correspondências

Uma Introdução

Quer a busca da verdade seja feita por meio de profunda contemplação interior, pelo estudo dos escritos dos Sábios da antiguidade, praticando um ou mais dos sete métodos de *Yoga* ou por meio de cerimoniais espirituais e ocultistas – um fato ou verdade eventualmente fica claro para o estudante: que tudo o que é buscado, seja poder, sabedoria ou conhecimento, reside no próprio homem.

Embora as manifestações externas da única verdade possam ser estudadas com valor, a busca eventualmente deve levar para dentro. O conselho: "olhe para dentro, lá está você, o *Buddha*" e "Cristo em vós, a esperança da glória", são os sinais indicativos que devem ser seguidos, eventualmente e exclusivamente.

No seu devido tempo, o buscador da verdade deixa de explorar os muitos caminhos externos, por mais fascinantes e até tentadores que sejam (levando aparentemente ao conhecimento secreto), e volta toda a sua atenção para AQUILO do qual ele é uma encarnação numa palavra, seu verdadeiro Eu.

* * * * *

Uma verdade profunda e fundamental a respeito do homem é que, em sua natureza espiritual, intelectual, psíquica e física, ele é uma réplica em miniatura ou epítome de toda a ordem dos seres e coisas criados. O homem é um modelo da totalidade da Natureza. Ele contém dentro de si o agregado coletivo de tudo o que jamais existiu, existe a qualquer momento e sempre existirá por toda a eternidade das eternidades.

O relacionamento do homem com o Universo pode ser comparado ao de uma única célula em seu corpo físico, especialmente se a consciência de si mesma fosse possuída por essa célula. Cada célula é uma de números incontáveis no corpo, e cada uma delas contém o mesmo protoplasma, é nutrida pelos alimentos transportados no sangue, enquanto esse sangue circula por todo o corpo como resultado do funcionamento do coração. Ademais, um íntimo relacionamento funcional existe entre coração e célula, não importa quantos diâmetros celulares este órgão possa estar distante do coração. Além disso, outras células e outros órgãos fazem parte do corpo único do homem, e a interação harmoniosa de cada célula com o coração continua por toda a vida física.

Da mesma forma, o homem, como espírito-mente-corpo, faz parte de uma triplicidade maior e universal do espírito-mente-corpo. Como a célula, ele depende da interação contínua entre as partes do Universo e ele próprio. No centro está o Sol, correspondendo ao coração, enquanto planetas, satélites e Inteligências associadas a eles estão em interação funcional contínua e bidirecional com várias partes e funções correspondentes em cada homem. O cordão umbilical, por exemplo, corresponde ao *Sūtrātmā*.

Uma correspondência, no sentido oculto, é uma característica encontrada que se repete em outro nível, algo em um plano que coincide com algo em outro plano; por exemplo, a mesma nota em todas as oitavas, e a seiva na planta com o sangue no animal.

É dito, portanto, que o homem é uma reprodução em miniatura do Universo em que vive e do qual faz parte. A mesma vida divina reside em ambos. O mesmo poder divino está dentro de ambos. A mesma inteligência divina formou os dois e direciona a evolução de ambos para uma plenitude e beleza cada vez mais perfeitas.

O Mestre K.H. escreveu: "A Natureza uniu todas as partes do seu Império por meio de fios sutis de simpatia magnética, e aí há uma relação mútua até mesmo entre uma estrela e um homem".[111]

Um poeta expressa assim:

Quando para seus novos olhos
Todas as coisas por poder imortal,
Próximas ou distantes,
Ocultamente
Estão ligadas a todas elas,
De forma que você não pode mexer numa flor
Sem a perturbação de uma estrela;[112]

O homem é um microcosmo, uma reprodução em miniatura do macrocosmo e, portanto, é dito com razão que é feito à imagem de seu criador. O filósofo chinês Lao-Tse expressou isso na frase: "O Universo é um homem em larga escala". Eliphas Levi disse: "O mistério do homem terreno e mortal esconde-se por trás do mistério do Um Divino e Imortal".

Goethe ecoa isso em suas palavras: "O olho não poderia ver o sol se não contivesse o sol em si mesmo, e como as coisas divinas nos arrebatariam, se não carregássemos o poder de Deus dentro de nós?"

---

[111] Brasília: Editora Teosófica, *Cartas dos Mahatmas para A.P. Sinnett* Vol. I, Carta 47, 2019, p. 217-218 (Nota Ed. Bras.)
[112] Francis Thompson (1857-1907), *The Mistress of Vision*, XXII.

Os filósofos da antiguidade conheciam essa unidade íntima entre microcosmo e macrocosmo. Ela, de fato, fazia parte da revelação mais secreta feita aos Iniciados nos Mistérios Maiores, primeiro somente por meio de gráficos e depois por visão e experiência. A única restrição colocada sobre o conhecimento assim alcançado consiste na capacidade de compreensão do estudante. Como você verá, esse assunto é tão ilimitado quanto o próprio espaço e a Mônada do próprio homem, essa última sendo um centro focalizado do primeiro.

Gupta-Vidyā, Cabala, Tarô, Gnose e Teosofia são, em sua essência, todos os nomes desse conhecimento de interação ou correspondência entre Universo e homem, que compreende toda a ciência oculta e, de fato, tudo o que há para se conhecer. De modo geral, as correspondências funcionam nas duas direções, que são de dentro do homem para fora, e de fora para dentro dele. O Senhor do Mundo pode ser visto como uma encarnação viva de todas as correspondências em plena e na mais alta operação, em todos os níveis, até o *Ātmā* e possivelmente além, onde a distância e a diversidade desaparecem na unidade eterna.

O Homem e Sua Mente

Pode parecer muito estranho para o aspirante em sua natureza humana aprender o que ele realmente é: um ser espiritual que é uma parte fundamental e inseparável de todo o Universo. Ele faz bem em lembrar que, embora o corpo tenha uma pele, o Ego não tem. Tudo está completamente presente e disponível para o homem. Seu problema não é de suprimento, mas de capacidade de perceber, receber e expressar os poderes e as forças dos quais o Universo consiste. Um momento da consciência do Ego dissipa a ilusão e revela que, na verdade, o homem é composto, suprido e cercado por tudo o que por ventura pode necessitar em todos os níveis de sua existência. "A vida é uma chama pura e vivemos por um sol invisível dentro de nós."[113]

Esse suprimento é tanto interno como externo. Interiormente, o homem é um ser de essência espiritual. Ele é realmente composto de poder espiritual ou *Ātmā*, força de vida espiritual ou *Buddhi*, e inteligência criativa ou *Manas*. Esses três tipos de força não fluem para dentro dele como a água em um reservatório ou lago, mas afloram dentro dele para formar seu Eu Imortal. Na verdade, eles são ele próprio – ele é composto deles. Como esses três componentes do Eu imortal e verdadeiro do homem são raios de poder, vida e atividade criativa universais, eles são infinitos. Nossas fontes ou recursos internos nunca podem acabar, nunca podem secar. O Corpo Causal, o receptáculo dessas forças, aumenta em tamanho e conteúdo à medida que a evolução prossegue.

As fontes "exteriores" são igualmente inesgotáveis – a maior influência do zodíaco, do Sol e dos planetas vertendo sobre ele e em seu interior continuamente.. Ele pode receber esses poderes porque eles estão representados em sua natureza, que é um microcosmo ou réplica em miniatura do Universo. O magnetismo da Terra e a *kundalinī* estão brincando e atuando dentro de seu corpo, sendo dirigidos pelas altas Inteligências como engenheiros; portanto, suas correntes de vida interior se misturam às dos deuses ou *devas*. Assim, o homem vive em meio a poderes, forças e Inteligências espirituais e ocultas, assim como seu corpo vive sob as estrelas e o Sol. Sua mãe, a Terra, fornece ao corpo todas as suas necessidades e o recebe de volta quando é deixado de lado. O Universo, então, derrama continuamente seus recursos sobre e no interior do homem, não retendo nada.

---

[113] *Sir* Thomas Browne (1605-1682), *Hydriotaphia*.

O homem pode ser comparado a um receptor de rádio. Enquanto todos os tipos e comprimentos de ondas de rádio cercam e realmente penetram em seu corpo, ele não pode conhecer e se beneficiar delas a menos que seu receptor esteja sintonizado corretamente. Portanto, o problema é visto não como sendo de oferta, mas de incapacidade de receber. Este é particularmente o caso das partes superfísicas do homem e especialmente da mente, que é a chave. A mente é o ponto crucial da situação – o controle e a direção correta do pensamento são os problemas diante da humanidade como um todo e, em particular, para o aspirante à autodescoberta e ao poder que ela confere.

Astrologia Oculta

O mistério esotérico é que uma parte considerável dos Regentes dos Planetas, Sóis e Zodíaco faz parte do material de construção dos corpos físicos e superfísicos do homem. Existe uma essência elemental nos corpos Causal, mental, astral e físico do homem que está vibrando na velocidade de cada um desses seres e, portanto, representa-os diretamente. Não se trata apenas de taxa vibracional. Trata-se também do fato de que a substância dessas poderosas Inteligências está impregnada na estrutura dos corpos.

Normalmente, essa representação é passiva, exceto pelas respostas inconscientes aos aspectos planetários e zodiacais. O iogue Iniciado desperta esses aspectos à sua plena função e aprende a usá-los como caminhos para sua consciência e para extensões de sua "individualidade". O próximo mistério surge deste, a saber, que, da mesma maneira, uma porção da essência elemental Monádica, do Ego e da essência elemental pessoal existe dentro dos veículos correspondentes dos Regentes dos Planetas, Sóis e Zodíaco.

Uma analogia pode ajudá-lo a entender. O sangue de seus antepassados está em suas veias. Suas características familiares foram entregues a você em proporções variadas, estando todas presentes. Da mesma forma, as essências elementais que compõem os veículos dos *Dhyan Chohans* e, portanto, Seus poderes predominantes, são herdados por todos os seres humanos.

Uma razão esotérica pela qual o termo *Pitris* é dado a alguns Deles é que eles conferem a cada membro da humanidade seus poderes, dão, de fato, parte de Si mesmos, que permanece como uma extensão de Seu campo de autoconsciência e autoexpressão. À medida que o homem evolui, o mesmo ocorre com os *Dhyan Chohans*, pois o aumento da consciência e da atividade dessas representações em um indivíduo naturalmente oferece crescentes possibilidades de autoexpressão nesse indivíduo. Assim, o Cosmos é um. É de fato um homem e este é o Homem Celestial, Adão Kadmon no seu sentido mais amplo.

Todo plano da Natureza é o corpo de um *Dhyan Chohan* Cuja consciência está concentrada em cada átomo dele, e Que dirige e ordena seus principais movimentos e o mantém flexível como veículos de consciência para todos os seres inferiores por quem é então usado... Os Seres de *Ādi* são Os Mestres *Logoi*, [AQUILO], isto é, no subplano mais elevado, o *Logos* cósmico.. A diferença entre o cosmos setenário e *Parabrahman* é que não existe um Ser no último. Embora seja a potencialidade de todos os seres, ele próprio é um NÃO SER, ou AIN, medindo nada, zero, a qualidade de não ser nenhuma coisa[114] , sendo a qualidade de nada[115], não criado, o além.

* * * * *

[114] No original em inglês: *no-thing-ness*. (Nota Ed. Bras.)
[115] No original em inglês: *being-less-ness*. (Nota Ed. Bras.)

Os Planetas são representados em termos de tipos de matéria ou *tattvas* nas glândulas, enquanto os Signos são representados nos *Chakras* em termos de frequência, cor, tipo especial, qualidade ou caráter da substância imbuída na consciência elemental. Por isso, os Deuses estão lá em você, e os Planetas e os Signos estão em você, e o *Logos* Solar está em você.

Uma diferença entre *Dhyan Chohans* e os homens é que eles sabem que estão presentes no homem, enquanto o homem não está ciente disso. Em certo sentido, essa presença de Si Mesmo nos seres inferiores e nos planos da Natureza é uma limitação, uma prisão, uma algema que os prende ao Sistema Solar com o qual Eles estão associados. Seu Anel "Não Passarás" torna-se a prisão Deles, embora Eles o transcendam em seu Eu Superior, por assim dizer. Da mesma forma, o Ego é parcialmente uma prisão para a Mônada assim como a personalidade é para o Ego. Este é o princípio oculto da privação, ao qual todos os seres fora do para-*Nirvāna* devem se submeter em graus variados, de acordo com sua estatura evolutiva.

Os *Budas* que permanecem dentro da natureza objetiva sacrificaram, nesse sentido, uma medida de Sua liberdade. Durante o *Mahā-Manvantara* Eles estão inseparavelmente ligados aos seus componentes e, portanto, assim permanecem até o *Mahā-Pralaya*. Outros Que se fundem no *Ātmā* universal para sempre não estão presos dessa forma. Pode-se dizer que o Anel "Não Passarás" constitui a parede da prisão do *Logos* Solar, à qual Ele voluntariamente se submete do final de um *Pralaya* ao início do próximo; assim também, embora em menor grau, todos os seres liberados, Adeptos, *Deva-Rajas* e *Dhyan Chohans*. Esse é o verdadeiro significado do suposto sacrifício e até da morte dos *Logoi*, e do Cristo como o cordeiro morto antes da fundação do mundo.[116] São Paulo mais do que sugere isso em frases como

[116] Apocalipse 13:8.

"o Deus que opera em você".[117]

Essas numerosas presenças, como frequências voluntárias no homem, fazem toda a diferença para ele. Elas são a garantia de sua passagem segura pelos arcos mais profundos do ciclo de ida e retorno, incluindo especialmente o da encarnação no corpo. As Mônadas e os Egos estariam muito mais impotentes do que estão para acelerar e purificar suas personalidades, se não fosse pela autoencarnação voluntária em partes das personalidades, tecidos, glândulas e *Chakras*, em termos de vibração, de todos aqueles Seres Super-humanos.

Misteriosamente, mas de forma inteiramente real, toda a Hierarquia dos *Dhyan Chohans*, incluindo todos os Adeptos, está em todo homem, e vibra no homem, mesmo em seu corpo físico. Quando uma Iniciação é conferida, os Deuses participam no sentido que Eles alcançam uma liberdade no que diz respeito àquele Iniciado. No *Adeptado* Eles são liberados de forma muito mais completa, e assim por diante. Eles são assim representados um no outro, embora sem o senso de limitação. Essa é a implicação mais profunda da unidade e foi expressa por Jesus: "Estou em meu Pai, e vós em Mim e eu em vós."[118] Este é um fato literal, tanto em termos de matéria, *tattvas*, espírito e Mônada-Ego. O Ocultismo Real, o Ocultismo Operacional, lida com esses poderes e presenças no homem, sua realização e interação deliberada e consciente com eles.

Os assim chamados Redentores, Salvadores, Deuses e Deidades são seres altamente evoluídos associados a certas energias solares e tipos de matéria no homem: *tattvas*, na realidade. Um deus é um *tattva* e um *tattva* é um deus no sentido místico mais elevado.

---

[117] Paráfrase. Ph. 2:13.

[118] João 14:20.

Equilíbrio (Um Princípio da Natureza e do Homem)

Todo *Logos*, Cosmos, todo Sistema Solar, Mônada em seu interior, Ego, personalidade e órgão-chave do corpo têm um triplo gênero, sendo masculino, feminino e neutro. Os três aspectos de qualquer *Logos*, por exemplo, existem, cada um deles por sua vez, com três faces, com sua autoexpressão unida como um quarto aspecto, o que leva à próxima trindade, cada pessoa ou aspecto do qual também é trino. Os órgãos do corpo, especialmente aqueles que lidam com a consciência, também são triplos e esses fatos devem ser lembrados em todo Ocultismo prático...

A glândula pituitária é um exemplo dessa verdade e lei universal. É positiva na metade da frente, por assim dizer, através da qual passa a corrente tripla de *kundalinī* via *ājñā* para garantir o desenvolvimento do cérebro e mais tarde do *Chakra* e de seus três poderes de ampliação, recepção de imagens e visão superfísica. Sua metade posterior é negativa tanto para a *idā* ascendente quanto para a corrente que brilha através da pineal. Também é receptiva aos aspectos de *Buddhi* e aos aspectos emocionais da consciência do Ego e às forças e frequências desses dois planos.

No centro da glândula há um ponto neutro que preserva o devido equilíbrio entre esses dois e a normalidade da função. Quando esse centro neutro não está funcionando adequadamente, devido ao desequilíbrio glandular ou por causas psíquicas, há descontrole emocional e o perigo de imbecilidade. Em muitos casos, os médiuns e psíquicos que se desequilibram o fazem por causa do mau funcionamento do centro neutro. O mesmo se aplica à pineal, assim como a todas as outras glândulas e centros nervosos do corpo. O átomo permanente repousa no centro neutro, geralmente em uma ou outra glândula da cabeça, mas, às vezes, na garganta ou no coração, de acordo com o temperamento.

Brahmā, Vishnu e *Shiva* são, cada qual, um *Logos* triplo em si mesmos, com uma das polaridades predominando sobre as outras duas. Cada um pode entrar em ação no trabalho dos outros dois e, de fato, deve fazê-lo. Em outras palavras, a qualidade *Shiva* do destruidor, assim chamada, está presente em *Brahmā* e vice-versa, como todas as qualidades de cada um. Portanto, a diferença não é real, mas apenas uma de predominância em um determinado momento e apenas em relação à função criativa durante esse período. Obviamente, não existem três pessoas, mas apenas um *Logos* que é nônuplo, consistindo nos três poderes, cada um suscetível de uma tripla autoexpressão como positivo, negativo e neutro, ou criador, destruidor e preservador, respectivamente. O neutro preserva porque está em equilíbrio e, portanto, mantém o *status quo*. Como é dinâmico, no entanto, e não estático ou adormecido, ele também transmite energia que vitaliza e é chamada *prāna*. Assim, *Vishnu*, em seu aspecto neutro, é preservador, em seu aspecto positivo, é criador e, em seu negativo, é destruidor, como demonstrou claramente o *Avatar Shri* Krishna.

Agora a vida humana passa por três fases principais. Os primeiros vinte e cinco anos são criativos: *Brahmā* prepondera; o corpo cresce; os impulsos criativos e reprodutivos se manifestam. *Brahmā* diminui acentuadamente no grau de atividade em uma mulher entre quarenta e cinquenta anos e é isso que causa a menopausa. Enquanto isso, *Vishnu* tem gradualmente assumido domínio e os anos de 25 a 50 devem ser dedicados à conquista da sabedoria, do equilíbrio e ao serviço de ajuda e de preservação de outras vidas. Esses dois ainda continuam a desempenhar sua função vital e qualquer um deles pode a qualquer momento entrar em erupção. Com frequência, por exemplo, *Brahmā* pode saltar para a vida no final do período *Vishnu*, causando um ressurgimento do desejo sexual ou da atividade mental artística e criativa. Depois dos cinquenta, *Shiva* começa com vários graus de intensidade a assumir o controle. O interesse do Ego começa a se afastar de atividades e criatividades puramente físicas para extensões e expressões intelectuais e espirituais. Este é o grande momento do Ocultismo, que mostra a natureza tripla de *Shiva*.

Na Iniciação, o Ego morre sob a vontade de *Shiva*. O novo Ego nasce sob a lança ou bastão de *Brahmā*, enquanto sabedoria e intuição nascem como a coroa e as joias de *Vishnu*, seu sofá e sua flauta. À medida que a hora da morte se aproxima, *Shiva* prepondera cada vez mais e, finalmente, provoca o fim do corpo e a retirada do Ego.

Não pense nos aspectos, princípios e órgãos do corpo físico do homem como sendo do mesmo sexo. Todas as pessoas e todo mundo – incluindo a Árvore Sephirothal como um todo (observe seus três pilares) e cada Sephira – são tríplices, com preponderâncias cíclicas amplamente de acordo com o relacionamento com os outros da mesma ordem e função em períodos específicos sob a lei numérica. Por exemplo, o Ego é feminino para a Mônada, masculino para a personalidade, neutro ou equilibrado em si mesmo; o Iniciador, em qualquer nível, é receptivo ao Hierofante ou poder Hierofântico, ativo ou expressivo em relação ao candidato e em equilíbrio na função – e assim por diante. Todo o segredo da felicidade, da eficácia e do progresso no Ocultismo prático consiste em alcançar e manter essas três funções em perfeita coordenação e tornar-se capaz de funcionar poderosamente em cada uma delas.

A vontade, por exemplo, é positiva em *kriyashakti*. É negativa ou semelhante a *Shiva* em sua ação sobre a personalidade de inibir o indesejável e, assim, permitir que o desejável apareça e ocorra. O punho e a lâmina da espada simbolizam o positivo, enquanto a barra cruzada do punho representa o negativo. Em ambas as funções, o Ego como *Ātmā* permanece em equilíbrio e estabilidade, representado pelo ponto de encontro entre punho, lâmina e cabo. Lá, no centro da cruz, a consciência deve ser estabelecida, fundada e mantida de forma imutável. Esse é o segredo do Ocultismo. Em uma palavra, é equilíbrio, ou na linguagem maçônica, estabilidade. Os maçons pouco sonham com a importância da estabilidade. Todos os arcos, portas, portões, postes retratam simbolicamente essa verdade central. No caráter do Ocultismo, os três são perfeitamente coordenados e suscetíveis à ação efetiva: sozinho, como uma díade, uma tríade ou um quarteto, do último dos quais seguem os outros números...

Os testes para as Iniciações mais elevadas são em grande parte testes de equilíbrio. É por isso que muito é feito de B. e J.[119] desde o princípio nos Mistérios Menores, e do equilíbrio entre os pares de opostos na Filosofia Oriental... Entrone *Vishnu* no ponto alto com *Brahmā* e *Shiva*, sempre prontos como poderes para o trabalho do Mestre, a promulgação e a defesa da verdade.

Correspondências e *Yoga*

Cada forma de *Yoga*, em sua energia e seu lado mecânico, opera em seu próprio plano e mais especificamente no corpo correspondente; embora todos os *Yogas* também operem totalmente na medida em que a pessoa possa responder: *Hatha* – físico; *Bhakti* – emocional; *Jñāna* – mental; *Raja* – *Átmico*; *Laya* – Causal; *Karma* – físico...

Por mais estranho que possa parecer ao cérebro, as grandes Inteligências dos Planos, Planetas e Signos estão realmente presentes, por meio de um sistema de representação, por *rapport*, no Corpo Causal. Eles estão, no entanto, dormindo até um certo estágio da evolução, quando começam a

[119] Termo maçônico.

despertar. Na grande maioria dos homens, essas "embaixadas" estão fechadas, na verdade ainda não foram abertas. Elas existem lá apenas como possibilidades embrionárias. O mesmo se aplica aos seus representantes nos quatro corpos mortais. Os Deuses,[120] portanto, estão indicados no homem por forças que giram rapidamente, rodopiando energias em suas próprias frequências específicas. Essas também estão inativas até que o desenvolvimento Egoico e a crescente expressão do Ego na personalidade leva o iogue à atenção dos Deuses que respondem, passando cada vez mais a usar suas "embaixadas". O microcosmo e o macrocosmo começam então a estar mais intimamente ligados – o último começando a funcionar cada vez mais no interior do primeiro.

Uma função importante do *Yoga* é reunir em operação funcional partes do homem até então separadas. Isso se aplica especialmente à Mônada e ao Ego, por um lado, e aos quatro veículos mortais, por outro. A palavra "*Yoga*", nesse sentido, significa a união no interior do iogue do divino e do humano...

O misterioso e silencioso trabalho da própria Natureza, da vida universal e da Mônada, continua o tempo todo hora a hora, do nascimento à morte, em todo ser humano. No arco ascendente, é o trabalho de transformar e aperfeiçoar toda a maravilhosa composição do homem, cada vez mais perto do arquétipo na Mente Única, que é tanto interior quanto exterior, no sentido tridimensional.

O *Yoga* e a vida oculta em geral, os Graus no Caminho e, especialmente, a Iniciação, aceleram todos esses procedimentos misteriosos da Natureza, mudando-os, de uma reação relativamente lenta, para uma aceleração dinâmica. É aqui que as representações despertas de planetas e signos são tão valiosas; pois elas são presenças estimuladoras e acelera-

[120] *Dhyan Chohans*. (Ed.)

doras do progresso geral, como se o mecanismo regulador de um relógio fosse colocado numa velocidade mais rápida. Essa taxa acelerada está errada do ponto de vista do tempo evolutivo normal, mas correta para o homem ou para a mulher no Caminho. Mesmo apenas pensar sobre isso, na prática diária do *Yoga*, mesmo que breve e aparentemente ineficaz, é de grande valor em todos esses sentidos; mas especialmente no de acelerar o progresso evolutivo.

CAPÍTULO 11

O Caminho e Seu Papel na Evolução

Espírito e Matéria na Evolução

Todo o mistério da assim chamada Queda do Homem, ainda que teologicamente equivocada, é mencionado em todas as alegorias de tentações das figuras centrais com sua capitulação e seus resultados terríveis. A traição e expulsão do Éden de Adão e Eva, bem como a traição, crucificação e sepultamento de Jesus, retratam alegoricamente a descida do Espírito na matéria e a limitação da vida e da consciência completamente universalizadas da Mônada Una e de sua descendência puramente espiritual num estado limitado, focalizado e individualizado ou *ahamkaric*.

Todas as tentações e seduções personificam essa influência da matéria sobre o Espírito, a forma sobre a vida e a mente individualizada sobre a Inteligência universal. Todo Iniciado recapitula alguns desses processos seguidos pelo macrocosmo, e todo herói, em uma alegoria inspirada, é obrigado a encenar – como um drama da suposta experiência humana – o processo de queda na geração ou descida à matéria.

A Natureza não fará nenhum grande avanço, nem como macrocosmo nem como microcosmo, até que ela tenha estabelecido, além de toda possibilidade razoável de fracasso e retrocesso, o progresso já feito. Ela nunca corre o risco de confusão e desordem que poderia resultar de tal retrocesso. Isto é especialmente verdade em todos os seus reinos sub-humanos e não humanos. Em todos eles, a progressão ordenada e harmoniosa ao longo de vastas eras – pelo menos no tempo solar – ela dá origem, fase após fase e estágio após estágio, à produção gradual, ao polimento e à perfeição de toda a sua descendência. Ela é o mestre artesão, o arquiteto perfeito e, dessa forma, realiza e termina a Grande Obra para uma idade específica.

O homem é único entre os reinos da Natureza, na medida em que ele se torna um participante autoconsciente, relativamente voluntarioso e ativo na Natureza – e, em certa medida, fora de seu controle – no vasto progresso evolutivo. Dotado de autoconsciência, capaz de conduta autodirigida, seja a favor, contra ou indiferente ao esquema e ordem cósmicos, ele pode se tornar colaborador, opositor ou, em si e no que diz respeito a ele, um poderoso agente acelerador ou retardador. No primeiro caso, ele entra no Caminho, recapitula rapidamente certos processos naturais, passa pelas cinco Grandes Iniciações para se tornar um Adepto-mago da ordem Branca, em quem a humanidade da época floresceu muito antes da ordem cíclica numérica estabelecida. No segundo caso, ele se torna a personificação endurecida, egocêntrica e obstinada da separação e do egoísmo, um inimigo declarado da Natureza e de todos os outros seres, um mago da Ordem Tenebrosa.

Quando o procedimento evolutivo normal é seguido e a raça progride no tempo, ritmo e ciclo natural, a escolha do caminho a ser seguido raramente é feita de forma consciente. As Mônada-Egos deslizam com a vida natural, raça após raça, Globo após Globo, Ronda após Roda e Cadeia após Cadeia em uma progressão ordenada e natural. Embora essa seja a regra geral, a posse do relativo livre-arbítrio (a maçã da Árvore da Vida) e o estranho princípio do indeterminismo, que confere o atributo de irresponsabilidade ao homem, torna sempre possível para ele, de forma gradual ou violenta, se rebelar e abandonar o lado da manifestação da vida do Espírito, para participar de vida de guerrilhas do lado da matéria e da forma individual separada. Em geral, no entanto, a grande maioria dos seres humanos segue em direção às metas estabelecidas.

Quando, no entanto, uma Mônada inspira seu Ego e sua personalidade antecipadamente com uma vontade irresistível para atingir rapidamente as alturas espirituais, independentemente do custo, então, uma escolha deve ser feita, consciente e deliberadamente. Desta declaração de um lado não há evasão. A tentação de Jesus no deserto retrata perfeitamente, por alegoria, a experiência psíquica e intelectual pela qual todo candidato deve passar. Quando bem-sucedido, um mago branco emerge. Quando derrotado, um irmão da face sombria se revela.

Esses dois aspectos, a recapitulação do passado e a escolha inevitável do caminho, podem estabelecer no candidato à Iniciação uma intensidade de tensão que, por si só, pode ser uma fonte de colapso temporário. Essa é uma das razões do segredo por que os Mistérios Maiores são mantidos ocultos da vista do público, no atual ciclo racial. O perigo de tentar precipitar-se prematuramente adiante deve ser reduzido ao mínimo para o bem da série de candidatos que batem à porta do templo.

Esse perigo também é a razão pela qual os ensinamentos éticos das religiões do mundo insistem na abnegação de si mesmo. Do Taoísmo ao Sermão da Montanha, da renúncia ao *Nirvāna* pelo primeiro homem na Terra a alcançá-lo, o Senhor Buda, à rendição alegórica de Jesus no Jardim do Getsêmani – as escrituras do mundo colocam diante de todos os aspirantes a necessidade da renúncia à relativa liberdade de ação, da vontade própria e do sentimento de separatividade, como o requisito infalível para o sucesso e a salvaguarda contra o grande perigo. Simbolicamente, o candidato retribui ao Guardião da Árvore da Vida (a síntese dos *Dhyan Chohans* Solares) a "maçã" da relativa liberdade – a maçã da Árvore da Vida.[121]

Todo o código do futuro mago branco é resumido nas Bem-Aventuranças quando corretamente traduzido e especialmente nas palavras: "Bem-aventurados os puros de coração, porque verão a Deus".[122]

Arcos Involutivos e Evolutivos

Como parte do grande plano de evolução, as Mônadas do homem no arco descendente tornam-se revestidas de densidade crescente até o corpo físico ser construído. No arco ascendente, um procedimento redentor entra em operação e completamos o ciclo com o *Adeptado*, que não poderíamos ter alcançado sem antes encarnarmos na matéria.

Inteligências elevadas, *Pitris*, dirigem tanto o processo involutivo como o evolutivo e, além disso, garantem seu sucesso. Aqueles que auxiliam no arco descendente, chamados *Asuras* ou *Asura Pitris*, tendem a ser considerados pelo homem como satânicos; os que estão no arco ascendente são considerados redentores. Todas as alegorias espirituais são suscetíveis de interpretação nesses termos como revelações na alegoria e símbolo dessa profunda sabedoria oculta. A verdadeira explicação de todo o processo – como e por que estamos aqui e para onde estamos indo – está toda revestida de alegorias espirituais que representam as hierarquias satânicas e redentoras como antagonistas, e o homem as vê como demoníacas e divinas, respectivamente. Na realidade, elas não são nem uma coisa nem outra. Elas são simplesmente poderes mutuamente equilibrados, trabalhando temporariamente para objetivos opostos.

---

[121] Gênesis, Capítulos 2 e 3.
[122] Mateus 5:8.

O poeta James Stephens, milagrosamente discerniu isso em seu poema "A plenitude do tempo":

Em um trono de ferro enferrujado,
Depois da estrela mais distante do espaço,
Vi Satanás sentado sozinho;
Velho e abatido estava o seu rosto;
Pois seu trabalho estava terminado, e ele
Descansava na eternidade.

E para ele saindo do Sol
Veio seu pai e seu amigo,
Dizendo, – agora o trabalho está terminado
A inimizade chegou ao seu fim –
E ele guiou Satanás aos paraísos que ele conhecia.

Gabriel, sem franzir a testa;
Uriel, sem lança;
Rafael, veio cantando,
Dando boas-vindas ao seu antigo par;
E eles o sentaram ao lado
Daquele que tinha sido crucificado!

Esse é um dos mais maravilhosos lampejos de percepção intuitiva que conheço na literatura. O *Logos* reconhece a mesma importância e valor da ajuda "satânica" no arco descendente e a ajuda redentora semelhante a Cristo no arco ascendente, e Ele os senta juntos, iguais no final.

A Mônada, o Ego e a Personalidade em Evolução

Os termos fusão, união, unificação, *Yoga* referem-se apenas a condições e experiências na consciência e não a quaisquer mudanças provocadas na constituição do homem. Há apenas um homem, uma unidade de existência, um átomo, se você preferir, uma fonte do homem total, e essa é a Mônada. O Ego Tríplice não é uma criação nova ou diferente que deve ser fundida na Mônada; é apenas um raio de sua luz, uma expressão tríplice de seu poder, como vontade, sabedoria e inteligência. O *Yoga*, quando bem-sucedido, implica apenas alcançar a realização desse fato e nada mais.

Essa tríplice manifestação da Mônada é, na individualização, revestida ou encerrada em uma vestimenta unificadora da matéria do Plano Mental superior. Mas o Eu tríplice que nela habita é simplesmente a Mônada ativa de uma maneira tríplice em vários graus. Nenhum outro ser está envolvido, e no *Yoga* dois poderes não se fundem. Tudo o que acontece é que os três poderes Monádicos temporários, encerrados, tornam-se conhecidos pelo que são – uma só coisa expressa de três maneiras.

Do mesmo modo, a mente-cérebro, por exemplo, não é distinta do aspecto da inteligência da Mônada no Ego. Eles são o mesmo. De fato, essas expressões aparentemente diferenciadas da Mônada nunca foram separadas. É apenas a consciência humana que, usando-as para diferentes propósitos e funções, adquire o hábito de considerá-las como separadas.

Analogias podem ajudar. Por exemplo, a *kundalinī* é uma força única e ardente. Quando desperta no homem, ela se expressa em três polaridades: positiva, negativa e neutra. Em sublimação total, as três se fundem novamente para fluir como uma única corrente de força ígnea, do sacro através da fontanela, da coroa aos mundos superfísicos, carregando a consciência consigo. A *kundalinī* só foi tripla temporariamente para fins de função. Da mesma forma, usando a mesma analogia da eletricidade, essa força, antes que possa ser usada, é polarizada como positiva, negativa e neutra; mas ela é apenas uma força. Da mesma forma, como as partículas carregadas do átomo (prótons, elétrons e nêutrons).

A dificuldade é que o processo evolutivo, pelo qual as forças Monádicas latentes podem se tornar potências ativas, exige seu encerramento em vestes de densidade cada vez maior, resultando quase inevitavelmente em duas ilusões, a de que cada ser humano é uma entidade separada e a que cada parte de um ser humano singular é uma criação separada. Este é o cerne do problema da vida interior, chamada *Yoga*, e de seu objetivo. Aquilo que a Natureza fez para o nosso benefício no arco descendente e, por um tempo, no ascendente, deve ser desfeito. A evolução natural fará isso no sexto ciclo, abrangendo raça, Globo, Ronda e Cadeia.

O iogue força a sua libertação dos vínculos dessas duas ilusões. Se ele persiste, acaba descobrindo não apenas que só existe uma Mônada, no final de contas, um Eu, uma Luz, mas também que ele é essa Mônada, esse Eu, essa Luz. Ele não combinou nada, apenas descobriu o que estava lá o tempo todo. Ele rasgou à força os véus que os corpos impõem à consciência, ou, como diz Shankaracharya, ele "retira as vestes do *Ātmā*, uma a uma".

Aceleração pela Mônada

Forças e aspectos particulares da consciência, que estão agitando no Ego, são em parte resultado de influências zodiacais e solares e em parte causados pela contínua agitação, despertar e ativação de poderes latentes e desenvolvidos no Ego, pela Mônada. A Mônada mantém esse processo continuamente assim que o Caminho do Discipulado é Iniciado. Ela focaliza seu raio *Átmico*, por assim dizer, em várias áreas e em várias sementes de faculdades e poderes em crescimento, para que a evolução possa ser acelerada e a jornada para a perfeição, apressada. Isto é especialmente verdadeiro após as Grandes Iniciações, em que, em cada uma, o elo entre a Mônada e o Ego torna-se mais próximo fazendo com que o poder da Mônada em afetar o Ego seja aumentado. Na verdade, é claro, isso é feito de dentro do Ego, no centro e no coração no qual a Mônada habita.

A Mônada é a sede da vontade. Da Mônada vem o poder de fazer e manter a determinação irrevogável de alcançar rapidamente, bem como o impulso de fazer esse voto. A Mônada é o verdadeiro professor, inspirador e redentor, o verdadeiro pai no céu. Buscar o Eu Monádico, render-se a ele e ratificar essa rendição em pensamentos, palavras e ações, é encontrar felicidade e realização. Incorporar e tornar manifesto na vida cotidiana a irresistível Vontade Monádica é envolver-se com um propósito dominante, que é rapidamente atingir o objetivo da plena manifestação Monádica, que é o *Adeptado*.

Uma Interpretação Oferecida Sobre a Anunciação

O Arcanjo Gabriel representa o Espírito mais Recôndito do homem. Maria é a Alma Imortal, receptiva ao poder do Espírito; e o Cristo-filho, nascido de Maria, é a consciência de Cristo no interior do homem, os poderes recém-despertados do amor universal e da intuição espiritual que revelam à mente a unicidade de toda a vida e de todos os seres vivos. Assim, a Anunciação é uma experiência interior, uma descida de poder frutificante do Morador no Recôndito – a Mônada, a fonte da vontade criativa...[123]

Aceleração Espiritual

A presença de Iniciados e discípulos vivendo e se movendo por todo o mundo é realmente muito importante. Isto não é apenas por causa de influências espirituais e ocultas que fluem através deles, mas porque são canais para essas forças benéficas para a humanidade, e os Mestres e as Hostes Angélicas os usarão como certamente fazem...

A influência interna e a influência e bênção dos Mestres, canalizadas através deles, são espiritualmente aceleradoras e atuam como um "*overdrive*"[124] para a evolução de toda a nação, particularmente uma nova nação que está gradualmente se formando e concentrando-se, por assim dizer.

---

[123] Paráfrase. Para uma orientação introdutória ao conceito de símbolo e de alegoria, vide Apêndice III [*A Sabedoria Oculta na Bíblia Sagrada*. Brasília: Editora Teosófica, 2ª ed., 2018. (Nota Ed. Bras.)]

[124] Sistema mecânico nos veículos que permite acelerar a marcha e diminuir o consumo de combustível. (N.T.)

Instinto – Intuição – Omnisciência

A intuição divina, a onisciência ou a visão divina são observáveis em três fases bem definidas nos três reinos da Natureza: animal, homem espiritual e homem super-humano ou divino. No reino animal, essa faculdade é vista como instinto, que poderia ser chamado de intuição inconsciente. H.P. Blavatsky se refere ao instinto como "a reminiscência tremeluzente de uma onisciência outrora divina". Então, ela lhe dá os dois polos da consciência espiritual: instinto e onisciência.

Pelo que entendi, os reinos subumanos da Natureza, não tendo mente consciente própria, não interferem com essa ação instintiva da mente universal na Natureza sobre si mesmos, como os caminhos e meios de autopreservação, tais como a construção de ninhos, desova de salmão, migração de pássaros, etc. O homem, ao desenvolver sua mente racional, perde a orientação da mente universal como instinto: instinto como intuição inconsciente.

À medida que a mente do homem evolui do intelecto factual para o intelecto abstrato, o instinto se mostra em um nível mental mais elevado como intuição ou instinto autoconsciente. O homem espiritual exerce de forma consciente a faculdade da intuição. Homem divino, o Adepto manifesta a capacidade de tudo conhecer, a onisciência ou intuição e visão divinas. O Mestre K.H. escreve: "Acredite, há um momento na vida de um adepto, em que todas as adversidades pelas quais passou são recompensadas. Para adquirir conhecimento adicional, ele já não tem que recorrer a processos minuciosos e lentos de investigação e comparação de várias questões, mas lhe é proporcionada uma visão instantânea e implícita de cada verdade básica."[125] Essa frase descreve plenamente a intuição ou onisciência totalmente desenvolvida, a faculdade do homem divino.

A presença do Princípio da Vida, que se encontra em toda a Natureza, pode ser conhecida apenas através da faculdade de *insight* ou intuição implícitas. Essa experiência deriva-se da existência do mesmo Princípio da Vida, como parte do tríplice Eu Imortal reencarnante do homem. Só se pode conhecer plena e conscientemente aquilo que parece estar fora de si em virtude de sua representação dentro de si. Assim, para compreender os princípios e as leis subjacentes ao Universo, é preciso empregar um meio de conhecimento mais sutil que o intelecto abstrato, ou seja, a intuição.

Para esse fim, a faculdade intuitiva deve ser levada a uma atividade intensificada e usada conscientemente. O processo dessa forma de "conhecimento" não é, contudo, devido a um intercâmbio entre o que está fora e o que está dentro do indivíduo, mas apenas pela autoidentificação com o que deve ser conhecido.

Em outras palavras, enquanto o conhecimento mental depende da separação do conhecedor do que deve ser conhecido, o conhecimento intuitivo surge da unidade realizada do conhecedor com o conhecido.

A própria evolução trará esse desenvolvimento do poder do homem para apreender e compreender a Verdade intuitivamente. Isso significa a verdade sobre si mesmo em sua natureza sétupla e sobre todos os princípios setenários em tudo o que o cerca – tudo em que vive, de fato. O "órgão" específico e o nível de consciência através do qual essa compreensão plena pode ser alcançada é o veículo do tríplice Eu Imortal – *Buddhi* – por cuja função,a faculdade de intuição é habilitada a operar.

---

[125] *The Mahatma Letters to A.P. Sinnett, Carta XXXI.* [*Cartas dos Mahatmas para A.P. Sinnett.* Brasília: Editora Teosófica, Carta 17, 2ª ed., 2019, p. 109. (Nota Ed. Bras.)]

O desenvolvimento e a ação efetiva da percepção implícita ainda estão no futuro distante para a maior parte da raça humana, limitada, como atualmente se encontra, pela intensa operação da mente analítica formal, o instrumento do pensamento conceitual. A intuição é, portanto, naturalmente esporádica no homem da Quinta Raça, em condições normais. Estará muito mais em evidência na Sexta Sub-Raça, e totalmente desenvolvida (no que diz respeito à Quarta Ronda e ao Quarto Globo) na Sexta Raça Raiz como um poder de *Buddhi,* então exercido conscientemente. Na Sétima Raça Raiz, ela será levada ao seu grau máximo pela humanidade como um todo, constituindo sua glória máxima – visão *Átmica* ou divina autoconsciente, a onisciência.

Três Mundos e o Elo Entre Eles

Os três mundos são os dos Adeptos, dos Egos dos homens e da vida pessoal dos homens[126]. O mundo dos Adeptos difere dos outros dois porque está completamente aberto para os níveis mais elevados de consciência que podem ser alcançados, os dos *Dhyan Chohans* e do *Logos* Solar. Seus habitantes, os Adeptos, estão em comunicação ininterrupta com suas próprias Mônadas e perpetuamente receptivos à imensamente poderosa influência ou "atração" dos mundos *Átmico* e *SuperÁtmico.*

Os *Dharmakāyas*[127] responderam totalmente a esse chamado e renderam toda vontade própria e senso de si à vida, ao poder e à consciência

[126] Homens: no sentido de humanidade.

[127] *Dharmakāya, Nirmānakāya*: Duas das três vestes do Caminho. Ver H.P. Blavatsky, *The Voice of Silence*, Fragmento II, vs. 140-6, Fragmento III, vs. 306-10. (Ed.) [*A Voz do Silêncio.* Brasília: Editora Teosófica, 4ª ed., Frag. II, vers. 306-310, 2020, p. 241-245. (Nota Ed. Bras.)]

da Deidade universal, da qual esses três são expressões. E, embora não haja Jeovás pessoais supercósmicos, existem, no entanto, Seres espirituais em uma escala ascendente dignos do título "Deus". O Adepto, pode-se presumir, não precisa meditar para alcançar esses níveis, porque Ele é um habitante deles. Eles são Seu "lar", Seu lugar de permanência para sempre.

O *Nirmānakāya* tem as mesmas capacidades espirituais e também é um habitante do mundo *Átmico*, ainda que não totalmente do mundo *SuperÁtmico*. Ele também fez a renúncia do Eu, entregou-O ao mundo dos homens e dos futuros homens. Mas Ele não se "deixa ir", ou seja, não se entrega inteiramente ao poder tremendo e atraente do polo superior dos mundos manifestos. Isso porque Ele é uma verdadeira e completa encarnação do amor mais puro, não uma emoção, mas uma compaixão espiritual muito mais impulsionadora. Essa renúncia, no entanto, não é para sempre, pois um dia cessará, talvez quando todos ou um número suficiente de egos humanos se tornarem Adeptos. Esses Adeptos, por sua vez, incluem *Nirmanakāyas*, que assumirão a responsabilidade pelas Mônadas que estarão então no reino subumano e as ajudarão a alcançar o *Adeptado*. Assim, o *Nirmānakāya* mantém uma dupla consciência. Uma parte está sintonizada e em comunicação com ou em circuito com os mundos *Átmico* e *SuperÁtmico*, e o outro principalmente com o Plano Causal, onde habitam os Egos dos homens. Em certas raras ocasiões, isso se estende ao mundo físico e às personalidades dos homens, particularmente grupos em que discípulos, líderes em esferas altruístas e personalidades destacadas que estão influenciando a tendência dos assuntos humanos.

O mundo dos Egos dos homens inclui todas as individualidades em seus Corpos Causais. Eles também diferem, porque alguns estão se conscientizando de si mesmos, respondendo ao subplano mais elevado do Plano Mental e começando a responder ao *Búddhico*. Estes estão à frente da raça humana e evoluirão cada vez mais além das posições ocupadas pelas massas de homens. Esses últimos quase não têm consciência de si mesmos, e têm pouco entendimento de sua própria natureza, suas possibilidades e a importância de influenciar sua personalidade, se forem capazes de fazê-lo.

Além disso, existe esse mundo físico em que alguns Adeptos mantêm voluntariamente corpos e que todos abaixo desse nível são obrigados a fazê-lo até se libertarem da roda do nascimento e da morte. Certamente, esse conceito deve ser suscetível de extensões ilimitadas aos planos cósmicos e extensões limitadas na outra ponta para incluir as Mônadas nas fases evolutivas mais primitivas dos reinos elemental e mineral, incluindo, é claro, plantas e animais.

O Desenvolvimento do Automatismo Corporal

O curso natural da evolução segue um plano distinto. No caso do homem, parte disso consiste em um aumento do automatismo corporal e uma diminuição da necessidade da direção consciente dos processos e ações corporais. O homem moderno já evoluiu muito em direção a essa conquista. Muitas de suas atividades físicas, especialmente as que ocorrem no corpo, são realizadas sem a intervenção da vontade e do pensamento, e até mesmo mais efetivamente se deixadas a si mesmas. Em consequência disso, a circulação de sangue e linfa; a respiração, com a entrada de ar e *prāna* e a consequente limpeza da corrente sanguínea de dióxido de carbono; todos os processos de secreção glandular; a química corporal; a digestão e a eliminação e os movimentos automáticos de autoproteção – tudo isso agora foi relegado ao automatismo corporal. A isso está sendo adicionado todo o sistema extremamente delicado e intrincado de intercomunicação entre cérebro e corpo através do sistema nervoso.

Como resultado, o corpo humano realiza agora muitos de seus processos essenciais e a maior parte de seu trabalho, sem fazer exigências à mente e à vontade do homem que nele vive. Esse é o plano da Natureza, ou seja, libertar a consciência humana da necessidade de atenção indevida aos processos, às forças, atividades corporais e também à autopreservação. Isso deixa o verdadeiro Eu do homem, em seus corpos mentais superiores e inferiores, de forma considerável, mas ainda não totalmente livre para manter seu centro de autoconsciência e ação em seus próprios mundos – os do intelecto, intuição e do puro Espírito.

No Adepto, esse processo está completo. Seu corpo e sua vida corporal não fazem exigências imperativas sobre ele, seja o que for. Ele aperfeiçoou a técnica da atividade física totalmente eficaz, enquanto se mantém ativo nos mundos interiores e enraizado no pensamento eterno cada vez mais. Com a raça humana, isso não acontece sem esforço. O Adepto treinou a Si mesmo para manter a Autoconsciência espiritual, o equilíbrio dinâmico e a paz imperturbável, quaisquer que sejam suas atividades e trabalhos mentais, emocionais e corporais. Essa é uma conquista realmente maravilhosa. De fato, o Adepto pode realizar atividades separadas e distintas em diferentes níveis de consciência ao mesmo tempo, sem a menor interferência de uma com a outra. Assim, é possível viver, meditar e, ao mesmo tempo, trabalhar.

A vida está treinando constantemente todos os homens para fazerem o mesmo; pois esse é também o plano da Natureza. Essa conquista pode ser descrita como um automatismo corporal completo, com perfeição da habilidade em ação, por um lado, e paz mental e espiritual imperturbável no eterno, por outro. Além disso, todas as forças da evolução tendem a levar o homem à perfeição mais completa em todos aspectos da vida.

Agora, três cursos de ação estão abertos ao homem. Um deles é reduzir ao mínimo a ação e a responsabilidade corporais, retirar-se do mundo como eremita e concentrar-se totalmente na conquista da consciência espiritual. Outra, é realizar suas atividades físicas com uma parte de sua consciência e aprender, ao mesmo tempo, a viver em equilíbrio espiritual e paz. Um terceiro curso, muito óbvio, que é seguido pela maior parte das pessoas, é permitir que a vida corporal absorva totalmente seu interesse e energia, mas negligenciando a realização espiritual e seu treinamento. A busca deste último caminho é uma das principais causas da tristeza e do sofrimento humano e da consequente agitação mundial de hoje.

Os homens e as mulheres que mais efetivamente ajudam o mundo neste momento, e também auxiliam em sua própria evolução, são aqueles que mantêm a aspiração espiritual e a tranquilidade contemplativa, enquanto executam as tarefas e atividades da vida corporal. No seu devido tempo, eles irão aprender a combinar os dois com perfeição absoluta.

Sem dúvida, a Maçonaria é um dos melhores meios disponíveis para o homem acelerar o desenvolvimento de sua capacidade de eficácia corporal, juntamente com a consciência espiritual. De fato, essa é uma das principais razões pelas quais a Grande Fraternidade Branca instituiu há muito tempo e, desde então, mantém os aspectos cerimoniais dos Mistérios Maiores e Menores. O privilégio de admissão a eles, particularmente em seus aspectos mais esotéricos, é realmente muito grande e pode ser de poderosa ajuda evolutiva.

Finalmente, pode-se dizer que o Eu Interior, a individualidade espiritual do homem razoavelmente desenvolvido, conhece muito bem esses princípios básicos, aspira a colaborar com a Natureza e deliberadamente leva suas sucessivas personalidades a entrar em contato com os Mistérios. É muito importante que as atividades da mente racional não se intrometam nessa inspiração do Eu Interior na direção de sua vida no mundo físico e no corpo. Na busca de respostas para problemas desconcertantes, por exemplo, a primeira coisa necessária é silenciar a mente perplexa, bem como relaxar e acalmar o corpo físico. O aspirante deve então permanecer neste estado tranquilo, sem predileções, sem distrações e perplexidades, e permitir que a sabedoria espiritual do Eu Superior ilumine a mente-cérebro; pois assim e somente assim, o verdadeiro e mais elevado modo de vida pode ser conhecido e seguido.

O Desenvolvimento Oculto e a Unificação dos Veículos

Duas diferenças marcantes entre um Adepto e um homem comum são: que o Adepto completou os processos de integração ou fusão de todos Seus veículos, e que Ele está completamente acima e além de todas as preocupações pessoais. As fusões que ocorrem naturalmente, raça após raça, são o físico e o etérico para se tornarem um veículo, o astral e o *Búddhico* para se tornarem um veículo, e *Manas* Inferior e Superior para se tornarem um veículo da Inteligência.

As duas fusões superfísicas operam da mesma maneira que a física e a etérica, que são praticamente uma no homem moderno, funcionando em conjunto e de maneira complementar. No caso do Mestre, a emoção é totalmente purificada do eu e fundida com a consciência e o corpo *Búddhico*. O resultado é que o Mestre é sempre altamente intuitivo em Sua personalidade. O mesmo se aplica à mistura completa de *Manas* Superior e Inferior e à eliminação, portanto, do *antahkarana*, uma vez que ele não é mais necessário. Isso faz dos seis veículos um instrumento unificado de conscientização e ação em qualquer nível e momento para o Adepto.

Existe uma outra unificação porque o Adepto aperfeiçoou a técnica de colocar em operação o *Ātmā* instantaneamente. Uma vez que Ele também está continuamente consciente da unidade do *Ātmā* com o *Paramātmā*, a consciência cósmica está sempre à Sua disposição, significando poder, sabedoria e inteligência cósmicos. À medida que o Adepto ascende por meio dos Graus e Iniciações além da Quinta, ele alcança uma penetração cada vez mais profunda na realização da unidade com o *Logos* Solar, em uma espécie de ação reflexa ou reversa. O *Logos* Solar, por sua vez, pode, a qualquer momento, manifestar-se, estar consciente e agir por meio do Adepto, Que é, portanto, verdadeiramente um Ser cósmico e nunca perde a experiência e a realização da unidade com o *Paramātmā*. Ele não pode perdê-la por causa de Sua realização de identidade. De fato, ele é muito mais um ser desprovido de eu e do Ego do que uma pessoa; pois Ele eliminou completamente toda ilusão do eu.

No que diz respeito à outra diferença entre um super-homem e o homem, o Adepto está livre de toda restrição *kármica* de qualquer tipo, de todas as limitações à Sua liberdade de ação. De fato, Ele tem um saldo quase irresistível e favorável, tendo quitado todas as dívidas com a Natureza e o próximo, geradas pela passagem pelo reino humano. Por essa razão, a vida derrama com abundância suas bênçãos sobre o Adepto em todos os níveis. Além disso, o Adepto é tão completamente mestre de todas as leis e forças da Natureza, incluindo as leis físicas que, se encarnado, Ele vive na Terra como uma individualidade livre. O corpo deve receber um mínimo de cuidado corporal, de comida, roupas e abrigo, por exemplo, mas a sabedoria e a visão do Mestre são tão grandes que a provisão dessas necessidades em qualquer grau que Ele exija e decida, incluindo a privacidade, é facilmente alcançada.

Pode-se supor que tais questões sejam levadas em consideração muito antes de surgir a necessidade real. A escolha foi feita antes do *Adeptado* ser alcançado, de que Ele encarnará fisicamente e, portanto, Ele planeja suas necessidades e o retiro com perfeita sabedoria e poder organizador. Os Mestres Morya, Kuthumi e Djwal Khul escolheram o Vale e fizeram todos os Seus arranjos para morar lá, sem a menor dificuldade, e assim também todos os outros Adeptos, onde quer que Sua casa possa estar. O homem, por outro lado, está em graus variados em uma prisão *kármica*, restrita e confinada pelos resultados de suas próprias ações, as discórdias que ele gerou, que ainda não foram resolvidas em harmonia. Portanto, ele é apenas parcialmente livre, especialmente em sua vida física.

Esses dois atributos – a fusão de todos os veículos e suas forças e funções em um único instrumento perfeito e a obtenção de um domínio tão completo que ele está muito além da necessidade de qualquer preocupação consigo mesmo – são marcas distintivas de um Mestre. Um resultado do primeiro atributo é a consciência da bem-aventurança, que é natural e contínua, enquanto para o homem ela é uma condição ou estado separado, muito passageiro e totalmente diferente de sua consciência normal. Para o homem, então, existem dois mundos e estados de ser, o *rūpa* e o *arūpa*, pessoal e Egoico, da Terra e do Céu. Para ele, a consciência nesse último exige um esforço intenso, enquanto o Adepto permanece perpetuamente ali na bem-aventurança celestial.

O valor e a importância da prática regular de *Yoga* são aparentes à luz dessas ideias. Toda vez que uma pessoa pratica *Yoga* com sucesso, e consegue direcionar seus pensamentos para o *Samādhi*, ela reúne os dois mundos para si mesma. De fato, esse é o objetivo do *Yoga*: unificar os veículos e estados de consciência, *arūpa* e *rūpa*, trabalhando nisso até que a disfunção entre eles desapareça. Quando essa conquista domina inteiramente uma pessoa e se torna o objetivo subjacente à vida, esse processo continua o tempo todo, independentemente de a pessoa meditar ou não. Um processo de junção foi iniciado no momento em que o desejo de praticar *Yoga* foi sentido pela primeira vez. Depois disso, um tipo de fermento, que produz transformações nos veículos da consciência, continua atuando constantemente. A prática, em qualquer momento específico, da forma apropriada de *Yoga*, tem o efeito, entre muitos outros, de acelerar o processo de fusão, num único estado de consciência, o superior e o inferior.

O serviço amoroso, a inofensividade e a pureza produzem liberdade *kármica*, enquanto o *Yoga*, como modo de vida e meditação, ajuda a alcançar a liberdade de consciência. Isso, todo Mestre fez, e todo aspirante à condição de Mestre deve fazer.

O Futuro da Humanidade

A Sexta Raça verá praticamente o fim do sofrimento neste planeta. A Sexta Sub-Raça da Quinta Raça-Raiz trará, em seu progresso, uma grande redução da soma da miséria humana. Mas ela ainda está para nascer e, assim, continuam os erros, as crueldades, maiores e menores, bem como as explorações de tudo que está indefeso, gerando suas inevitáveis dificuldades para com os responsáveis e para a raça como um todo, que, lembre-se, deve incluir os Adeptos. Todos os seres em nível abaixo do *Maha-Chohan* sofrem com a humanidade, da qual eles ainda fazem parte. Parece-me muito claro que a causa humanitária é de suprema importância e que os verdadeiros humanitários, especialmente aqueles que não cedem às tentações, são os verdadeiros curadores da humanidade, bem como os precursores do novo dia. O humanitarismo é inseparável da Teosofia ...

CAPÍTULO 12

O Mundo da Super-Humanidade

Realizações e Poderes Distintivos do Adepto

Não existe uma característica física pela qual um Mestre possa ser distinguido, mas Ele sempre parece impressionante, nobre, digno e perfeitamente sereno. A menos que ele tenha escolhido velar a si mesmo ou inibir a consciência dos outros, qualquer pessoa que o encontrasse dificilmente deixaria de reconhecer que estava na presença de um homem notável. Seu corpo brilha com vitalidade e Seus olhos permanecem notavelmente vivos e iluminados em todas as circunstâncias. Os olhos expressam total sabedoria. Embora seja verdade que a posse e o uso do corpo físico diminuam o grau de manifestação do verdadeiro Eu Interior do *Mahatma*, existem fatores compensatórios que devem ser levados em consideração na tentativa de entender a situação. Alguns deles são:

1. Todos os veículos foram refinados e sensibilizados de tal forma para estarem sempre disponíveis para a Mônada. Por essa razão, o Adepto pleno pode superar temporariamente qualquer restrição desse tipo e trazer Sua presença *Átmica* a qualquer um dos veículos inferiores, incluindo o físico e, assim, ficar consciente, sensível e poderoso de forma sobrenatural. A expressão no nível físico exige um esforço considerável, mas pode ser feito e é feito quando exigido na execução de um determinado trabalho. Mesmo sem esse esforço, o Adepto usa certos *siddhis* normalmente como parte de Suas capacidades sensoriais naturais e de outras também.

A transformação de uma corrente de ar gelada em uma quente, que o Mestre escreveu, exige pouco ou nenhum esforço de um Adepto. Quando devidamente instruído até os lamas possuem essa habilidade, como também muitos iogues avançados.[128]

2. O Adepto desenvolveu a capacidade de usar mais de um veículo de consciência ao mesmo tempo. Mesmo falando fisicamente com uma pessoa ou um grupo, Ele pode estar se dirigindo a outro no nível mental, experimentando iluminação no Causal e estar conscientemente unido à vida universal em princípios ainda mais elevados. Nenhuma dessas experiências e atividades interfere na outra, estando o Adepto, por assim dizer, no centro – ativo e consciente em todas elas. Isso ocorre porque a consciência de ser um eu separado desapareceu completamente em todos os níveis da consciência. (Caso se encontre em um corpo físico, Ele ainda está ciente da unidade, o Eu Uno sendo plenamente realizado.) Além disso, há uma ausência total de qualquer interesse próprio para a ação. Essas duas realizações são as mais difíceis de todas, exigindo intenso esforço por um tempo, até que finalmente a "bolha rompe-se" e Ele se torna um Adepto.

3. Seu intelecto está há tanto tempo fundido na Inteligência universal (*Mahat*), que, na verdade, Ele não usa a mente pessoal como uma característica restritiva. Ele sabe o tempo todo que está agindo em nome da Mente Una, que é uma personificação da Vida Una e uma expressão da Vontade Una.

4. Quanto às emoções, Ele não tem absolutamente nenhuma, nem nenhuma preferência. Compaixão e simpatia são, nele, *Buddhi* puro e sem

---

[128] *The Mahatma Letters to A.P. Sinnett, Carta XXII*, p. 140. [*Cartas dos Mahatmas para A. P. Sinnet*, Vol. II, Carta 90, 2017, p. 68-77. (Nota Ed. Bras.)]

mancha. Ele não ama no sentido humano, porque Ele próprio é o amor encarnado. Isso se aplica também a todos os outros atributos, pois o elemento de ser distinto e diferente desapareceu completamente. Se Ele brilha Seu amor sobre uma pessoa é apenas porque essa pessoa é vista como uma personificação da Vida Una e, por isso, é realmente igual a todos os outros.

5. Se Ele escolhe fazer isso, Sua vitalidade física é inesgotável. Isso ocorre porque Ele vive conscientemente em unidade e contato com a fonte da vida em todos os níveis. Ele é, por assim dizer, uma encarnação do Sol. Em Seu próprio ser, todo Adepto é um *Avatar*. Os *Avatares* históricos surgiram em virtude de uma ação definida do *Logos* Solar.

6. Se um Adepto do Sexto Grau decidir manter um corpo, então esse veículo é realmente extraordinário comparado ao corpo físico de um homem. Não só cada veículo está com carga máxima e é hipersensível, mas todo o corpo foi e é purificado de todo elemento grosseiro, de todas as discordâncias possíveis, de modo que todas as forças de sustentação da vida, *prânica*, eletromagnética e as energias dos planos e corpos superfísicos, estão em plena e perfeita harmonia presente e expressa.

As espirilas dos átomos liberam nos átomos físicos, nas moléculas e células físicas, na plena medida da força vital de todos os planos. Somente um Adepto consegue fazer isso. As células, regiões e os órgãos do cérebro como um todo são, por essa razão, inteiramente únicos, extraordinários, de fato. O cósmico pode alcançar o humano a qualquer momento e vice-versa. Na verdade, o homem inteiro está em sintonia perpétua e perfeita com o Universo, seus corpos planetários e estelares e suas forças e inteligências. Todo o seu ser é capaz de vibrar nos comprimentos de onda de todo o zodíaco, incluindo signos desconhecidos pelo homem, estrelas, planetas, satélites e se assemelha a uma harpa eólica, respondendo às correntes de ar. É claro que todos os *Chakras* e centros são hipervivificados e ativos em virtude da *kundalinī* estar totalmente desperta ...

Simplificando, todas as correspondências foram totalmente ativadas e colocadas em operação de forma consciente no Adepto. Isso se aplica especialmente a todos Que atingiram a Sexta das Grandes Iniciações.

Embora seja verdade que as espirilas superiores dos átomos do sistema cefalorraquidiano já se tornaram totalmente ativas como veículos para a força vital e a consciência dos Planos *Búddhico* e *Átmico*, com todos seus resultados, outro fator deve ser levado em consideração. Isto é, o *sūtrātmā*, que interconecta todos os veículos, torna-se inteiramente ativado em virtude da prática do *Yoga*, do progresso evolutivo e da passagem pelas Grandes Iniciações. Esse aumento e hiperatividade do *sūtrātmā* vinha ocorrendo por várias vidas, particularmente aquelas em que a adoção da vida do Caminho começou seriamente e foi levada a cabo com firmeza.

Esse desenvolvimento provoca mudanças e concede poderes que transcendem inteiramente todas as faculdades humanas, mesmo as de elevada inspiração e heroísmo; pois a própria Mônada, inteiramente adequada e manifestada, é capaz de atuar em grau cada vez maior em qualquer veículo, inclusive o físico. Isso se refere à Sétima Iniciação mais especialmente e aumenta a partir de então. Os grandes Budas e o Senhor do Mundo estão em estados de consciência *Monádica* o tempo todo, tendo alcançado a consciência no nível de *Anupādaka*. O *Logos* Solar permanece consciente de forma contínua e plena no plano de *Ādi*, como também, em menor grau, os *Logoi* Planetários, do Sistema, Cadeia e Ronda, bem como outros em níveis comparáveis.

Os *Chohans* do Primeiro e do Segundo Raios

O Chefe do Primeiro Raio – o Raio da Vontade e do Poder – é conhecido por Seu nome racial, Morya. Ele é um rei de Rajput por nascimento e do clã Morya. Eles são os mais belos de todos os povos indianos. Ele exibe no mais elevado grau, dignidade, força e poder. Ele tem um metro e oitenta e cinco de altura e usa o cabelo habitual na altura dos ombros, bigode e barba abertos à moda de Rajput. Os olhos são especialmente grandes e luminosos; seu rosto é ascético.

Embora Ele seja a bondade personificada, pode ser muito severo e fala em frases curtas como um comandante militar ao emitir ordens ou instruções.

O método de treinamento é produzir o extremo de autossuficiência e uma vontade totalmente sob controle, principalmente na autodisciplina e no cumprimento de ordens. É dito que os discípulos do Primeiro Raio às vezes são deixados à própria sorte, por períodos consideráveis, o que é penoso, mas os torna autossuficientes. Ser deixado sozinho é um bom sinal e indica que não há necessidade de o Mestre interferir. Trabalhos como organização, liderança e gabinete presidencial estão sob o Primeiro Raio.

Mestre Morya é também um profundo estudante da Filosofia Oculta e um professor ocultista, como mostram Suas cartas a A.P. Sinnett, e as obras *Isis Sem Véu* e *A Doutrina Secreta*. Ele mora numa ravina perto de Shigatse, no Tibete, no lado oposto do desfiladeiro da casa do Mestre Kuthumi, que fica na curva do rio na foto.[129]

---

[129] Do vale no Tibete. Vide C.W. Leadbeater, *Os Mestres e a Senda*. (Ed.) [Brasília: Editora Teosófica, 2015. (Nota Ed. Bras.)

Embora reconhecendo o tremendo senso de poder e até de severidade que O caracteriza; não se deve esquecer que as qualidades do amor universal, compaixão e ternura estão perfeitamente desenvolvidas Nele.

No passado, diz-se que ele tenha sido o faraó egípcio Ramsés, o Grande, que foi um homem em todas as vidas investigadas e que está se preparando para ser o *Manu* da Sexta Raça Raiz.

A Sociedade Teosófica, da qual Ele é um dos fundadores Adeptos é, em parte, um ponto de reunião e treinamento daqueles que O servirão em Seu futuro Ofício. Ele é também o chefe interno da E.E. fundada por H.P. Blavatsky, sob Sua direção, em resposta à ação, nos primeiros anos da Sociedade Teosófica, de membros dedicados que se comprometeram ao estudo do esoterismo e a levar uma vida esotérica.[130] Todo membro da E.E. está sendo treinado diretamente sob Sua orientação e todo membro da Sociedade Teosófica é um canal em potencial para Sua sabedoria, poder e idealismo.

O Chefe do Segundo Raio é o Adepto cujo nome místico é Kuthumi. Ele também está usando um corpo hindu e há evidências de que Ele pertence ao Punjab, embora se diga que Ele foi para a Caxemira quando jovem. Alguns livros dizem que ele é um *Kashmiri Brahman*. Ele é muito justo, tem olhos azuis, e seus cabelos e barba são castanhos, com um toque de ouro. Seu cabelo é longo e esvoaçante, e seu rosto é descrito como fino e ascético.

Ele mora no lado oposto da ravina do Mestre Morya, em uma casa com um jardim e uma fazenda nas proximidades.

---

130 *Letters of the Masters of Wisdom*, Primeira Série. Carta V, p. 25. [*Cartas dos Mestres de Sabedoria*. Brasília: Editora Teosófica, Primeira e Segunda Séries, Carta 5, 2010, p. 29-31. (Nota Ed. Bras.)]

Sua característica predominante é a sabedoria, com um desenvolvimento especial do amor que tudo abrange. É dito que, ao contrário do Mestre Morya, Ele dá considerável atenção pessoal aos discípulos que parecem precisar dela e está sempre pronto para explicar, repreende muito suavemente as pessoas e mostra extrema paciência com todos, inclusive com os desertores.

De Seus alunos, Ele exige gentileza, bondade, refinamento, pureza e constante disponibilidade para prestar um serviço sábio e amoroso. Geralmente são, por temperamento, amantes naturais de seus semelhantes, servos da raça humana e, principalmente, professores.

No passado, ele foi Nagarjuna, o grande sábio indiano, e Pitágoras, geralmente considerado o maior intelecto que a humanidade produziu. Isso é característico do desenvolvimento completo desse Adepto. Ele também ajudou na fundação da Sociedade Teosófica e "escreveu" *Isis Sem Véu, A Doutrina Secreta* e muitas das cartas publicadas dos Mestres da Sabedoria.

Ele é o futuro *Bodhisattva* da Sexta Raça Raiz e, por Sua vez, está selecionando Seus colegas de trabalho para esse período, começando com uma colônia daqui a uns 700 anos.

O Mestre Kuthumi é especialmente gentil com os aspirantes ao Discipulado que são jovens no corpo, e foi chamado de "o Mestre dos jovens", de quem Ele evoca um amor muito profundo. Em *Aos Pés do Mestre*[131], há um relato por escrito de Suas instruções ao autor desse livro quando menino.

Ambos os Mestres são especialistas em Ciências Ocultas, Filosofia Oriental e na produção de fenômenos ocultos. Ambos ensinam e são produtos do *Raja Yoga* ...

---

[131] Brasília: Editora Teosófica, 9ª ed., 2019. (Nota Ed. Bras.)

O Mestre Rakoczy

Na Transilvânia, que era uma extensão da Hungria, o Regente Adepto da Europa tem Sua casa e centro, usando um castelo que, segundo se diz, ele construiu em uma vida anterior como Hunyadi Janos, o general húngaro.

Ele é um grande cerimonialista e realiza rituais poderosos lá (no castelo), usando ordens cerimoniais humanas como instrumentos para ajudar a humanidade, sendo a Maçonaria um exemplo.

Este grande Adepto é algumas vezes referido como o Mestre Príncipe, porque Seu corpo atual foi tomado da casa principesca da Hungria, a Casa de Rakoczy. Diz-se que sua influência se estende também ao mundo de língua inglesa, sem dúvida a todo o mundo. Ele está associado à personagem verdadeira, mas misteriosa, conhecida como o Conde de St. Germain.

Ele é um Centro receptor e distribuidor do tremendo poder do *Logos* Solar por meio do Senhor do Mundo e das Hostes Angélicas, e este é o Seu trabalho para todo o planeta e toda a sua vida. Ele é como um dínamo e está além de qualquer poder conhecido na Terra. Mesmo assim, Seu próprio povo sempre pode procurá-Lo, mesmo que apenas para aproveitar Sua aura, luz e vida ...[132]

---

[132] C. W. Leadbeater, *The Masters and the Path*, p. 286-287. [Brasília: Editora Teosófica. *Os Mestres e a Senda*, 2015, p. 243. (Nota Ed. Bras.)]

A Grande Fraternidade Branca

A Fraternidade de Iniciados e Adeptos neste planeta é uma Fraternidade extremamente **poderosa**. É tão forte que nenhum grupo de indivíduos e nenhuma nação, por mais diabólica que seja, pode ferir a raça humana além de certo ponto. A Fraternidade estabeleceu um limite definido para a distância que qualquer um pode percorrer. Quando esse ponto se aproxima, os agentes perdem seu poder... Na queda desses, você pode ver a mão da Fraternidade, como também na descoberta de energia atômica pelo homem. A Fraternidade também é divina e inclusivamente **compassiva**. Toda a humanidade é objeto de sua profunda preocupação, proteção e amor. A Fraternidade também é extremamente **sábia**, intelectualmente hábil e tudo sabe. Os planos, nos quais todo o seu trabalho se baseia, são planos perfeitos que não podem falhar, por mais que homens maus e ignorantes possam distorcê-los e atrasar sua realização.

Esses três atributos divinos e altamente desenvolvidos se aplicam especialmente a cada membro da Fraternidade. Todo Iniciado está mais próximo dessas atividades triplas do que a raça humana como um todo. Quando, por exemplo, um Iniciado entra no Getsêmani – seja temporariamente em preparação e sob estresse *kármico* e julgamentos errôneos, seja plenamente no *Arhatado* – os dois são intimamente ligados e Seu amor e compaixão envolvem o Iniciado. A escuridão da alma humana provoca a mais profunda ternura em todo Adepto e Ego Iniciado. Embora os Adeptos saibam que todas as trevas são criadas pelo próprio indivíduo, por engano, Eles voltam toda a Sua atenção para a restauração da luz e de modo algum condenam as causas – tantas e tão variadas – das sombras. É importante que os Iniciados compreendam verdadeiramente a Fraternidade à qual pertencem e, especialmente, como é o coração da Fraternidade. Penetrando infalivelmente em profundos motivos internos e nas causas acumuladas no passado, eles compreendem perfeitamente e nunca condenam.

A Fundação da Grande Hierarquia

A Teosofia ensina que a Hierarquia Oculta foi fundada neste planeta há cerca de seis milhões e meio de anos atrás. A humanidade não estava então em um estágio muito elevado de desenvolvimento, e assim o planeta Vênus, cuja evolução está mais do que uma Ronda adiante da Terra, forneceu professores ao nosso planeta. Eles vieram assim fundar nossa Hierarquia Oculta e estimular a centelha da mente na humanidade infantil.

Com o líder vieram Seus três delegados e vinte e seis assistentes. Eles são chamados Senhores da Chama, Filhos do Fogo, Filhos da Luz. A maior parte deles completou seu trabalho de ajudar nossa evolução e seguiram adiante. Até onde sabemos, apenas quatro dos grandes Senhores de Vênus permanecem em nosso planeta. Eles são conhecidos na literatura oculta como os Quatro *Kumaras*. Eles são os quatro Regentes do mundo, dos quais um é superior aos outros e é conhecido como o Senhor do mundo. Na tradição hindu, Ele é chamado *Sanat Kumara*, e às vezes é chamado de "o Eterno Jovem" e "o Ancião dos Dias". É considerado o maior Ser atualmente vivendo em nossa Terra, sendo responsável perante o *Logos* pela evolução deste planeta. Toda forma de vida manifestada nesta Terra está dentro de sua poderosa aura e consciência, de modo que ele sabe literalmente tudo o que acontece nela. Ele é o Único Iniciador. Sem o

Seu consentimento e o Seu poder, ninguém pode ser iniciado na Grande Fraternidade Branca. Seu trabalho é com a humanidade como um todo, e não com indivíduos.

Durante cada período mundial, há três Senhores do Mundo sucessivos e o atual titular da Função é o terceiro. Seus três discípulos e "assistentes" se tornarão Senhores do Mundo de Mercúrio e guiarão a evolução naquele Globo. Esses três são conhecidos como *Pratyeka Budas* – os *Budas* Solitários –, pois estão no nível do Buda ou Supremo Instrutor. Pertencendo ao Primeiro Raio, eles dão aos homens poder e não sabedoria, como é feito por aqueles pertencentes ao Segundo Raio ou Raio da Instrução. Nenhum desses Senhores de Vênus assumiu a encarnação em nossa humanidade. Eles construíram para Si veículos com a mais elevada forma humana na aparência, mas não influenciada pelo tempo e não sujeita à deterioração ou mudança. Estes são feitos por *kriyashakti* ou poder do pensamento, "o poder de fazer". Sob os quatro *Kumaras* estão os outros membros da Hierarquia Oculta, seres humanos de nossa própria evolução, Que, por meio da total devoção ao ideal de serviço, se tornaram Adeptos.

O Senhor do Mundo desce apenas ao Plano *Átmico* e o Senhor Buda para o nível *Búddhico*. No entanto, sem o trabalho Deles nos níveis superiores, nenhum seria possível nos níveis inferiores; assim, a influência Deles se estende até o plano mais baixo por meio de Seus representantes, o *Manu* e o *Bodhisattva*, respectivamente. Esses dois grandes Adeptos estão no mesmo nível do *Mahachohan* em seus respectivos Raios, e assim um "triângulo" é formado para administrar os poderes do *Logos* até o Plano Físico.

O primeiro ou o departamento do governo – o departamento das leis – guia nossa evolução externa, muda a face e a superfície do globo, constrói e destrói continentes. Este grupo de Regentes age pela força da vontade. O Senhor do Mundo é o chefe supremo da Hierarquia, bem como o chefe do departamento de governo. Ele governa todos os reinos visíveis e invisíveis da Terra, que incluem os *elementais*, os espíritos da Natureza e o reino angélico.

Sob sua Direção está o *Manu*, cujo trabalho está relacionado à evolução das raças. Ele dirige o desenvolvimento físico da raça humana, forma um novo tipo de raça, modificando a que já existe, de acordo com o plano do *Logos* e determinado a Ele pelo Senhor do Mundo. Durante as centenas de milhares de anos da história da Raça Raiz, Ele dirige emigrações e casamentos inter-raciais para produzir variante após variante das Sub-Raças.

O segundo ou Departamento da Instrução – o da religião e da educação – está sob o comando do Senhor Buda, que é o Chefe do Segundo Raio na Hierarquia Oculta de nosso Globo. Ele se dedica a trabalhar nos planos superiores. O trabalho nos planos inferiores é confiado ao Seu assistente e representante, o *Bodhisattva*, "Aquele Que é a essência da Sabedoria", e Quem vigia os destinos espirituais da humanidade. Ele vem ou envia um de seus discípulos para fundar uma nova religião quando considera que isso é necessário. Ele trabalha por meio de todas as religiões, usando tudo o que é bom em termos de devoção, autossacrifício e serviço em cada uma.

O Buda é o Mestre dos anjos, assim como dos homens. O atual Buda é o Senhor Gautama e é o primeiro de nossa humanidade a atingir essa grande função, que corresponde à Oitava Iniciação na Grande Fraternidade Branca.

Centenas de milhares de anos atrás, enquanto os Grandes de Vênus estavam agindo na qualidade de Instrutores do Mundo, dois amigos, agora conhecidos como o Senhor Buda e o Senhor Maitreya, decidiram se dedicar à tarefa de se tornarem salvadores da humanidade. Por esforços quase inconcebíveis Eles conseguiram, e Um deles, o Senhor Buda, ocupou o cargo de Instrutor do Mundo até 2.500 anos atrás. Ele alcançou inicialmente essa capacitação na Raça Ariana como *Vyasa*, na Índia, ensinando o dever como sendo o caminho para Deus. Depois, séculos mais tarde, Ele veio ao Egito como Tehuti, tendo a luz como Seu símbolo e ensinando a verdade, a sabedoria e o conhecimento. Mais tarde, Ele veio como Zaratustra para a Pérsia, pregando pureza, cujo símbolo é o fogo. Então ele veio à Grécia como Orfeu, harmonia e beleza como Seu tema e música como Seu símbolo; e na Grécia surgiu uma civilização, ainda não superada pela beleza e alegria. Por fim, Ele voltou à Índia, como o Senhor Gautama, ensinando sabedoria e ausência de desejo, a doutrina da boa lei e o Nobre Caminho Óctuplo, pelo qual os homens podem obter a libertação da roda do nascimento e da morte, e alcançar a perfeição. Foi durante essa encarnação que Ele alcançou o estado de Buda, e assim passou para outro trabalho. A história de Sua realização pode ser lida em *A Luz da Ásia*[133] e em *The Gospel of Buda (O Evangelho do Buda).*

Com a Sua partida, Seu amigo, o Senhor Maitreya, ocupou Seu lugar como Instrutor do Mundo, chegando primeiro como *Shri* Krishna na Índia, pregando bondade e devoção amorosa, e depois como Cristo, pregando amor e autossacrifício.

O terceiro grupo de atividades da Grande Fraternidade Branca realiza grande parte de seu trabalho no mundo fora das atividades de governo e instrução, sob o comando do *Mahachohan*, Que é o grande "Guardião dos Registros" dos processos evolutivos do Globo e Quem dirige todos os membros da Grande Fraternidade à medida Que desenvolvem, estágio

[133] Brasília: Editora Teosófica, 2ª ed. 2018. (Nota Ed. Bras.)

após estágio, o grande Plano. O *Mahachohan*, também conhecido como o Senhor dos Cinco Raios, supervisiona os Raios numerados de três a sete.[134]

O Chamado da Flauta de *Shri* Krishna

Shri Krishna é, principalmente, um símbolo poderoso do Sol espiritual e físico, no sentido macrocósmico, e no microcósmico, da Mônada-*Ātmā*. Ele é o *Amen Ra* dos egípcios, o *Logos* criativo em todos os aspectos, o Uno sem segunto, os três, os sete, os nove, os dez e os doze, os números eternos da criação, cada um referente a um atributo, um poder e um *Dhyan Chohan* no macrocosmo e um poder e um princípio do homem no microcosmo. Todos estão resumidos no grande círculo do zodíaco que circunda o Sistema Solar e o Planeta, como as *gopis* cercaram *Shri* Krishna. Pois o zodíaco representa o poder, a presença e a influência de todos os atributos da Deidade e do homem, a Mônada. Estes devem ser evoluídos de latência para potência pela Deidade e pela Mônada, que simbolicamente dançam com eles e estão unidos a eles em unidade espiritual.

A flauta é um chamado espiritual de amor – a música, a doçura e o encanto mágico que descrevem e emanam simbolicamente de estados puramente espirituais de consciência. A Mônada sempre chama todos os princípios do homem para se fundirem e se unirem a si mesma, e esse chamado da Mônada, do vale[135] da separação e lágrimas, para a alta colina da unidade celestial e alegria, é simbolizada pela flauta de *Shri* Krishna.

---

[134] Para uma descrição mais detalhada, consulte G. Hodson, *Lecture Notes*, vol. I, capítulo XVI, p. 490-1 e 501-5. (Ed.)

[135] A transcrição datilografada do ditado era "*veil*" (véu). Os dois significados podem ser aplicados. (Ed.)

Nesse aspecto, toda a história é mística. O poder e a maravilha peculiar disso é que seu significado e influência se estendem para todos os níveis do Cosmos, desde o homem primitivo chamado ao mais elevado que ele pode ver, ao Adepto, *Logos* Planetário, Senhor Solar e Cósmico. Cada um deles ouve a flauta de *Shri* Krishna, que é o chamado para o próximo estágio mais elevado de evolução e consciência, culminando no chamado de retornar a *Parabrahman.*

A música da flauta é um som inerente a toda a Natureza, em todos os níveis, do subfísico ao *Ādi.* É a própria voz da vida falando para a matéria e para a consciência corporificada. É, por isso, que a flauta é escolhida, sendo feita de madeira da Árvore da Vida e transmitindo música pelo poder do grande sopro que é *Purusha-Fohat.* A flauta é *Prakriti* e a música é a canção de toda a criação, seu som vindo da Voz do *Logos* e expressando a Palavra Criativa. A cadência ou ritmo da flauta de *Shri* Krishna chama sempre para a dança, o que significa despertar *Prakriti* adormecido e inativo para o movimento rítmico, ou seja, de *Pralaya* a *tattva* em resposta à música expressiva do *tanmatra* do Supremo. Pois a música da flauta é simplesmente a Ideação divina modificada como *tanmatra*, e é "ouvida" por *Prakriti*, que por esse meio é chamada, ou melhor, encantada com a dança.

Para o *Logos* criativo, o processo de criação não é uma guerra entre o espírito e a matéria, mas uma união criativa dos dois. A guerra só começa nos níveis mais baixos quando, na consciência humana, durante uma fase ou período do *Manvantara, ahamkāra* entra e temporariamente desfigura a música da flauta, lançando a harmonia divina em discórdia ao longo dos mundos *rūpa.* Os planos e níveis de consciência *rūpa* são assim, porque são governados pelo divino, porque o equilíbrio perfeito e a harmonia são neles estabelecidos e alcançados. Os mundos *rūpa* são aqueles que ainda não foram trazidos para o pleno controle divino, sendo construídos de materiais ainda não subservientes ao espírito. Em nossa Quarta Cadeia, Ronda e Globo, a fronteira entre os dois está no *Manas IV* e, em todos os níveis abaixo, a matéria e a forma tendem ainda a ser superiores à vida e ao ritmo.

O nascimento de *Shri* Krishna, como o de todos os salvadores, é o nascimento da vida nos mundos *rūpa*. Todos os inimigos da criança recém-nascida, como Kamsa e Herodes, representam essencialmente o atributo de *ahamkāra* dos quatro subplanos inferiores de *Manas*, sempre mortalmente perigosos para a intuição, embora finalmente subserviente, para se tornar um veículo perfeito. Todo o resto das grandes histórias descreve simbolicamente a passagem da vida real pelos mundos das formas – mental, astral e física – e os vários incidentes retratam tanto a resistência como a subserviência final desses planos. Essa é a chave.

Os Iniciados dos santuários, responsáveis pela construção dessas alegorias, sempre têm um substrato de fato físico, de história real, sobre o qual agrupar os símbolos e construir as histórias. A história, no entanto, é sempre considerada como sendo a cor fluida na paleta de um pintor, o material a ser usado, misturado a critério do artista... Dúvidas, contradições, diferenças e a possibilidade de várias colocações cronológicas são sempre permitidas, na verdade encorajadas para que o poder alegórico e simbólico das histórias possa ter a mais completa influência e diversão, pois a dúvida, lembre-se, é um apelo à intuição...

A vinda de *Shri* Krishna virou a maré da vida evolutiva para este planeta e garantiu o sucesso deste período mundial... A influência sobre o planeta de todo o maravilhoso evento permanecerá até o final do período mundial e ao longo do restante da Ronda e da Cadeia. Ela foi cósmica em seu poder e foi cuidadosamente programada para levar a onda da vida para além do ponto morto da Quarta Raça, Ronda e Cadeia de nosso Esquema... Foi o maior evento espiritual desde a chegada dos Senhores da Chama no qual o *Logos* Solar também estava envolvido.

Epílogo

Para aqueles que ousam, e que se entregarão incondicionalmente ao serviço da humanidade:

Aspire ardentemente e continuamente, pois sem isso nada pode ser alcançado. A aspiração é uma expressão mental da vontade e, no final de contas, é a vontade que leva o ocultista até o fim, como levou cada um dos membros da Grande Hierarquia dos Adeptos. Portanto, com motivação pura, buscando eficiência no serviço da Fraternidade e da Sociedade Teosófica, e em todo o trabalho que aparecer à sua frente, aspire ardentemente e trabalhe pelos Graus e Iniciações ocultas nos Mistérios Maiores que estão à frente de todos os sinceros e comprometidos servidores da humanidade.

Ninguém sonha ocultamente com aquilo que está além da realização, pois o sonho representa as possibilidades divinas que procuram florescer dentro do Ser. A vida, a mente e a vontade se combinam para elevar você às alturas.

Escolha o caminho certo, que é o caminho do amor e do serviço, seguido com fidelidade absoluta à grande Causa da iluminação do homem. Siga adiante, com seus olhos no topo, no objetivo da perfeição, no sentido simbólico, oculto e em consciência. Os Graus no Caminho, que levam às Iniciações dos Mistérios Maiores existem atualmente, como sempre existiram. Homens e mulheres estão passando por Eles. Faça o mesmo, confiando na proteção, tutela e auxílio dos Pastores Adeptos das almas. Lembre-se de que tudo é possível para quem aspira e ao mesmo tempo, trabalha.

Apêndice I

Perigos do Despertar Prematuro da *Kundalinī*

Alguns dos perigos do despertar **prematuro** ou sem instrução da *kundalinī* são:

1. Excitação indesejada da força sexual. Isso é perigoso ao extremo, pois o fogo interior intensificará os desejos, e tornará quase impossível o seu controle.

2. Perturbações emocionais devido a incursões do Plano Astral de forças e seres através do *Chakras* do plexo solar e pelo sistema nervoso simpático, que não são prontamente racionalizados e, assim, tornam-se confusos.

3. Um senso de autoimportância crescente, a partir do qual o orgulho excessivo pode se desenvolver.

4. Sensações confusas no cérebro com consequente sofrimento e medo de insanidade.

5. Sensações físicas de vários tipos, como de ser tocado, sujeito a energias aparentemente elétricas, uma sensação de arrepio na pele, especialmente nos *Chakras* e uma sensação de calor na medula espinhal, particularmente no sacro.

6. Parcialmente vistas e, portanto, mal interpretadas, visões clarividentes do Plano Astral. Estas podem aumentar qualquer senso de autoimportância que possa ter surgido.

7. Excentricidades de conduta, personalidade e fala, fora do controle imediato da mente.

8. Suscetibilidade de ser influenciado por seres suprafísicos, especialmente de cascões de pessoas falecidas, buscando a renovação de sua vitalidade enfraquecida e se apegando a pessoas sensitivas, causando danos consideráveis.

As pessoas devem ser avisadas a respeito de todos esses perigos. Quando o despertar da *kundalinī* e o consequente desenvolvimento dos *siddhis* puderem ser úteis a uma pessoa, um instrutor espiritual sempre se apresenta e guia o neófito com segurança ao longo dos perigos e das dificuldades que possam surgir. "Quando o discípulo está pronto, o Mestre aparece", afirma um aforismo oriental.

Apêndice II

A Escada de Ouro

(H.P. Blavatsky)

"Vida limpa,
mente aberta,
coração puro,
intelecto ardente,
clara percepção espiritual,
afeto fraternal para com seu condiscípulo,
presteza para dar e receber conselho e instrução,
leal senso de dever para com o Instrutor,
pronta obediência aos preceitos da verdade,
uma vez que nela pusemos nossa confiança
e cremos que o Instrutor a possui.
Corajoso suportar das injustiças pessoais,
destemida declaração de princípios,
valente defesa daqueles que são injustamente atacados,
e mira constante no ideal de progresso e perfeição humanos
que a Ciência Secreta revela.
Esta é a Escada de Ouro,
cujos degraus
pode o aspirante galgar
até o Templo da Sabedoria Divina".

Apêndice III

A Linguagem do Símbolo e da Alegoria[136]

A Bíblia cristã, como também as escrituras de outras religiões, tem sido vista, desde tempos remotos, como pertencendo a uma categoria especial, até única, de literatura. Expoentes de escritos religiosos orientais, os primeiros cabalistas, os discípulos de Ammonius Saccas, outros neoplatonistas de Alexandria conhecidos como "Analogeticistas" e seus sucessores até os tempos modernos – todos eles consideraram as escrituras mundiais como sendo, em grande parte, mas não inteiramente, alegóricas...

Esse método de escrita é chamado de Linguagem Sagrada ou dos Mistérios, e é dito que foi inventada e usada pelos Sábios da antiguidade, tanto para revelar aos que seriam ajudados quanto para ocultar daqueles que poderiam ser prejudicados por essas escrituras, uma profunda sabedoria espiritual que pode conferir poderes teúrgicos a seus possuidores. A necessidade dessa reserva se torna clara quando se observa o uso que o homem moderno faz das descobertas científicas. Um exemplo do uso indevido do conhecimento é a liberação, como agente explosivo em bombas atômicas, da energia derivada da fissão e fusão nuclear.

Reconhecendo que suas descobertas pertenciam à raça humana, os filósofos e cientistas da antiguidade sabiam que esse conhecimento colocado ao alcance de todos, particularmente nas mãos de elementos turbu-

---

136 Extraído de G. Hodson, *The Hidden Wisdom in the Holy Bible*, Vol. I, Parte um, capítulo II. Vide também *The Concealed Wisdom in World Mythology*. [Brasília: Editora Teosófica. *A Sabedoria Oculta na Bíblia Sagrada*, 2ª ed., 2018. (Nota Ed. Bras.)]

lentos da sociedade, poderia ser extremamente perigoso. Eles, portanto, construíram a linguagem enigmática na qual as escrituras e mitologias inspiradas do mundo foram escritas. Embora geralmente fundamentadas em eventos históricos, essas narrativas têm significados ocultos e, em alguns casos, até sete vezes mais significados...

Nosso Senhor fez uso desse método de ensino. Ao dirigir-se a Seus discípulos, Ele falava abertamente de verdades espirituais, mas para os que não eram discípulos, falava em parábolas.[137]... Uma razão para essa diferenciação não está longe para encontrarmos. O conhecimento pode conferir poder, e os escritores da Linguagem Sagrada... tinham que impedir o uso indevido de seu conhecimento enquanto garantiam sua preservação para o benefício futuro da humanidade.

Na verdade, no caso do conhecimento dos mundos suprafísico e espiritual, sua estrutura, suas forças naturais e as Inteligências associadas a eles, e suas correspondências com os veículos e poderes suprafísicos do homem, a necessidade de sigilo é muito maior. Em mãos erradas, o poder que esse conhecimento coloca à disposição do homem é muito mais perigoso que a energia atômica física. Os produtos de fissão e fusão nuclear só podem destruir objetos físicos. O conhecimento oculto e o poder associado a ele, caso sejam mal utilizados, podem destruir a integridade, endurecer e distorcer a natureza e, consequentemente, retardar seriamente a evolução dos transgressores e daqueles sob sua influência maligna. Os antigos profetas, portanto, criaram... uma linguagem enigmática na qual algumas das palavras mantêm seu significado normal, enquanto outras são criptogramas ou hierogramas para verdades espirituais e ocultas. Ao fazer isso, os escritores da antiguidade sabiam que somente aqueles que possuíam as chaves da interpretação seriam capazes de descobrir as ver-

137 Mateus 13:10-11.

dades que a Linguagem Sagrada revela, mas também oculta. O segredo é tornado ainda mais seguro pelo fato de que, para usar com sucesso as chaves, é preciso ter desenvolvido a faculdade intuitiva e ser imbuído de um forte senso de responsabilidade moral.

Tais aspectos, brevemente e parcialmente descritos, são a origem e os propósitos da Linguagem Sagrada na qual as escrituras e mitologias dos povos antigos foram escritas.

Termos Sinônimos

O Caminho, ~ do Discipulado, ~ do Desdobramento Rápido, ~ do Ocultismo, ~ da Santidade, ~ da Evolução Acelerada, ~ da Revelação Acelerada, ~ do Caminho da Iniciação, ~ do Caminho do Fio da Navalha, ~ do Caminho da Santidade.

Teosofia, TheoSophia, a Sabedoria Antiga, a Sabedoria Sem Idade, *Ātmā Vidyā*, *Brahmā Vidyā*, *Gupta-Vidyā*, Gnose.

A Fraternidade, a Grande Fraternidade Branca, a Fraternidade dos Adeptos, a Hierarquia, a Hierarquia Oculta.

A Mônada, o Espírito Divino, o Eu Divino do homem, o Eu Imortal, o Eu Recôndito, o Morador do Recôndito.

O Ego, o Eu Espiritual, o Eu Superior, a individualidade, a alma.

Informações sobre a Sociedade Teosófica:

A Sociedade Teosófica (S.T.) foi fundada em Nova Iorque, E.U.A., em 17 de novembro de 1875, por um pequeno grupo de pessoas, dentre as quais se destacavam uma russa e um norte-americano: a Sra. Helena Petrovna Blavatsky e o cel. Henry Steel Olcott, seu primeiro presidente.

Em 1878 o cel. Olcott e a Sra. Blavatsky partiram para a Índia. Em 3 de abril de 1905, foi estabelecida legalmente a sede internacional da S.T. no bairro de Adyar, na cidade de Chennai (antiga Madras), estado de Tamil Nadu, no sul da Índia, onde permanece até hoje.

Organização e atividades

Com mais de um século de existência, a Sociedade Teosófica (S.T.) espalhou-se por cerca de sessenta países em todos os continentes. Internacionalmente, a S.T. está organizada basicamente em Seções Nacionais, e estas, por sua vez, compõem-se de Lojas e Grupos de Estudos.

A maioria das Lojas e Grupos de Estudos da S.T. realiza reuniões públicas com palestras, cursos, debates e outros eventos deste tipo, bem como atividades de confraternização entre os seus membros e simpatizantes, sempre em conformidade com seus três objetivos. Além disso, em geral, contam com bibliotecas para facilitar estudos e pesquisas.

Não há religião superior à Verdade

Este é o lema da Sociedade Teosófica, o qual foi traduzido do sânscrito – *Satyan nasti para dharmah*. A palavra *dharma* foi traduzida como religião, mas também significa, entre outras coisas, doutrina, lei, dever, direito, justiça, virtude. Portanto, em sentido amplo, o lema da S.T. afirma que não há dever ou doutrina superior à Verdade.

Mais informações no site: www.sociedadeteosofica.org.br